INFOGRAPHIC

파워포인트를 활용한
데이터 인포그래픽
디자인 제작실무

이수동 · 김선주 공저

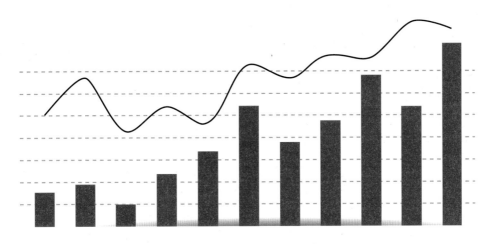

예문사

PREFACE

'**인포그래픽** 기획&디자인 by 파워포인트'를 출간한지 2년여 만에 신간을 내놓게 되었습니다. '통계 데이터 시각화'라는 책의 특성에 맞춰 '그래프 특징과 사용법'을 파악해 하나하나 그리고 데이터 예문 역시 현장에서 기 사용한 것, 사용빈도가 높을 것으로 생각되는 주제만을 골라 실전에 맞게 '윤색((潤色)'하는 과정이 쉽지만은 않았습니다. 또한 시각화 방법도 '다양한 도해(圖解) 유형'으로 제시하여 독자 여러분이 상황에 맞도록 사용할 수 있도록 여러 가이드를 제시하기 위해 기존 원고 집필보다 2배 이상의 시간이 소요되었습니다.

최근 대입 수능문제의 흐름이나 주요 기업 채용문제, 정부기관 발표자료, 4차 산업혁명(예: 인공지능로봇, 자율주행차, 블록체인, ICT, 빅데이터 등) 등에서 알 수 있듯이 데이터를 해석하고 시각화하는 일련의 과정인 인포그래픽 활용 능력을 갖추는 것이 필수인 시대가 되었습니다.

이 책은 그 동안 해외 번역서에만 의존해 왔던 것에서 벗어나 국내 상황에 맞춰 꼭 배워야 할 주제들을 기반으로 '통계 데이터의 시각화', '표와 그래프의 유형과 사용 방법', '데이터 도해 처리 과정', '표와 그래프 디자인 및 시각화', '데이터 인포그래픽' 방법을 소개하였습니다. 뿐만 아니라 챕터마다 알아두어야 할 전문가 TIP, 디자인 TIP을 제시하여 작업이 수월하게 진행될 수 있도록 하였습니다.

이 책이 실무에서 사용하는 실용서에 그치지 않고, '데이터 문해력(文解力: 데이터를 읽고 분석하여 전달 의도에 맞도록 표현)'을 키우는 데 도움을 줄 수 있는 '통계교양서'로서도 많은 역할을 할 수 있도록 내용을 구성했습니다. 중·고등학생들에겐 수능 및 논술 준비는 물론 다양한 관점에서 다양한 지문을 해독하고 분석할 수 있는 참고서로, 대학생들에겐 각종 발표 자료 및 디자인 제작 기초서로, 직장인은 4차 산업혁명시대 어려운 기술 용어의 재해석은 물론 다양한 통계 발표자료를 시각화하는 방법을 배우는 데 도움을 줄 수 있는 안내서로서의 역할을 할 수 있길 바랍니다.

뿐만 아니라 컴퓨터를 활용하여 단순히 그래픽 기술을 익히는 데 그치지 않고, 데이터 너머의 소중한 가치를 발견할 수 있는 '지식', '기술', '사고'의 3대 능력을 모두 갖추는 데 일조할 수 있기를 바랍니다.

본격적으로 작업을 시작하기에 앞서 책에 사용된 데이터들은 현장의 기 사례들을 활용하여 구성하였으나, 기관명칭이나 일부 수치들은 수정 과정을 거쳤음을 미리 알려드립니다. 또 그래프 제작기법과 표 변환 등의 노하우 역시 필자가 현장에서 체득한 경험과 의견을 반영한 것으로, 절대적인 기준은 아니므로 독자 여러분이 생각한 방법이 있다면 변경하여 사용해도 좋습니다.

책이 나오기까지 힘든 여정을 함께 해준 디자이너 김선주 저자에게 먼저 무한한 고마움을 전합니다. 출판사 관계자, 책 편집에 늘 좋은 조언을 아끼지 않는 홍성근 대표와 추천사를 써주신 여러분께도 감사인사 드립니다. 또한 지난 2년간 현장에서 많은 영감과 조언을 준 전국의 교육생 및 애독자 여러분, 함께 일하는 인포그래픽웍스, 인포그래픽협회, 메이크비콘 직원 여러분, 전국 언론사 선후배와 데이터 시각화 제작에 도움 주신 공공기관 관계자 여러분께도 머리 숙여 고마움을 전합니다.

끝으로 '경천애인(敬天愛人)'을 늘 실천하며 '나를 위한 지식이 아닌 남을 위한 지식으로 세상에 보답' 하라는 인생의 친구이자 스승 같은 가친(家親)께 이 책을 드립니다.

/ 저자 이수동

디자인은

실생활에서 자주 접하는 다양한 디자인들은 시각적으로 굉장히 중요한 역할을 합니다. 매일 보는 핸드폰의 작은 배너광고를 비롯한 주변의 모든 것들이 디자인이고, 최근의 디자인은 예쁘고 아름다운 것을 넘어 더 실용적이고 더 눈에 띄는 것을 추구합니다. 따라서 레포트나 보고서, 제안서 등을 제작할 때 그래프와 통계자료는 우리에게 중요한 디자인 요소가 되어, 더 설득력 있는 자료를 만들기 위해 탄탄한 아이디어와 플래닝, 디자인 도구를 잘 활용해야 합니다.

책을 집필할 때 어려울 수 있는 정보를 어떻게 하면 더 쉽고 흥미롭게 공부하고 쉽게 따라할 수 있을지를 우선순위에 두고 작업하였습니다. 현장에서 교육을 진행해 보니 현업에서 필요로 하는 정보들은 생각보다 간단함에도 불구하고 그에 관련된 정보를 얻는 것이 어렵다는 것을 알고 정말 궁금해 하고 어려워했던 부분을 풀어 한 권에 알차게 담아야겠다는 생각으로 집필했습니다.

이 책은 어렵지 않게 통계데이터 제작방법을 습득할 수 있다는 것이 장점입니다. 인포그래픽이 필수 분야로 자리 잡고 있는 시대에 더 나은 정보를 전달하기 위해 기획 및 시각화의 기초적인 지식과 더불어 제작에 갖춰야 할 필수적인 기능을 익히는 방법을 구체적으로 소개합니다. 기획 과정에서 그래프를 다루는 방법과 다양한 전환 케이스, 상황에 맞는 정보 편집 방법을 익힌 후 시각화 과정에서 필요한 프로그램의 기능적 설명은 물론 서체와 색상, 사진, 오브젝트 등 기본적인 도구를 통한 구성, 시각적 관점과 기능 활용법, 프로그램 버전별 차이점 등을 다양한 과정을 통해 이해할 수 있도록 실무에서 직접 사용하는 실전 노하우로 제작했습니다.

디자인에 정답은 없습니다. 책의 내용을 토대로 아이디어를 발휘하여 작업하면 만족스러운 결과물을 완성할 수 있습니다. 프레젠테이션 디자인이나 인포그래픽 디자인을 넘어 통계데이터를 시각화하는 내용이므로 세부적인 설명이 포함되어 예제에 따라 다소 난이도의 차이가 있을 수 있지만 파워포인트를 최대한 활용하여 쉽고 간단하면서도 꼭 알아두어야 할 내용을 팁으로 구성하였기 때문에 차근차근 따라하다보면 멀게만 느껴졌던 디자인에 한 발 더 다가갈 수 있을 것입니다. 다양한 정보가 담긴 이 책이 독자 여러분들에게 많은 도움이 되기를 바랍니다.

더 좋은 정보를 담을 수 있도록 많은 시간을 고민하며 함께 해주신 이수동 소장님께 진심으로 감사드립니다. 또 책을 멋지게 출간할 수 있도록 도와준 예문사와 편집에 힘써주신 홍성근 대표님께도 감사드립니다. 본인의 일인 듯 큰 관심으로 많은 격려와 응원을 아끼지 않고 보내준 주변 지인들과 선후배들에게도 감사의 인사를 전하며, 마지막으로 표현할 수 없는 사랑으로 언제나 큰 힘이 되어주신 사랑하는 부모님, 항상 딸처럼 여기시며 함께 해주시는 할머니, 하나뿐인 친구 같은 동생과 가족들에게 이 책을 바칩니다. 하느님 감사합니다.

/ 저자 김선주

CONTENTS

DATA INFOGRAPHIC

CONTENTS

DATA INFOGRAPHIC

파워포인트를 활용한
데이터 인포그래픽
디자인 제작실무

직장에서 자주 사용하는
그래프&도해 완전정복

보고서, 제안서, 홍보자료 등 모든 문서에서 늘 빠지지 않는 것이 통계 데이터다. 통계 데이터에는 시장점유율, 판매액 추이, 지역별 판매량, 연간 성장률 등 다양한 데이터 유형을 다루게 된다. 이처럼 통계 데이터는 숫자로 나타낸 지표이므로 어떤 의사결정을 하거나 숫자 간 관계성에서 중요한 의미를 발견하고, 상대를 설득할 때 유리하기 때문에 자주 사용된다. 따라서 통계를 어떤 목적으로 해석하고, 표현해야 하는지 알고 있는 것은 직장생활에서 매우 중요한 업무 능력 중 하나가 된다.

SECTION 1 | 자주 사용하는
'막대'와 '원' 그래프 사용법

각종 서식에서 주로 사용되는 그래프는 '막대그래프'와 '원그래프'다. 두 그래프는 데이터 간 크기 비교는 물론, 증감추이, 백분율, 수량의 많고 적음, 증가하고 줄어드는 양, 크고 작음 등을 나타낼 때 주로 사용된다. '막대그래프'는 크게 '수직'과 '수평' 형식이 있으며 주로 대소의 차이를 표현하고, '원그래프'는 전체에 대한 각 항목의 비율을 표시할 때 사용한다. 원그래프 중 합이 100%인 경우 '파이 그래프'가 적합하며, 같은 원 모양이지만 데이터 크기를 비율이 아닌 수량의 크기를 표시할 때는 '도넛그래프'가 적합하다. 직장에서는 짧은 시간에 자료를 해석하여 어떤 그래프를 사용할지 빠른 판단을 해야 할 때가 많다. 여기서는 작업시간을 줄여주는 그래프 선택 방법과 사용법에 대해 자세하게 알아보자.

(1) 막대그래프 사용 노하우 7가지

① 그래프 제목은 그래프를 해독할 때 나침반 역할을 하는 가장 중요한 메시지다.

막대그래프는 간단한 그래프이긴 하지만 확인해야 할 요소가 많기 때문에 정보 제공자는 그래프 제목에 보다 신경을 써야 한다. '5년간 매출액 비교'나 '10개국 국가별 판매 현황'같이 어떤 수치를 집중해서 봐야 하는지 혼란을 주는 제목은 지양하고 전달하려는 제작자의 메시지가 그래프 제목에 명확하게 담겨 있어야 한다. 따라서 현황, 비교, 추이와 같은 추상적 단어는 가급적 그래프 제목에서 사용하지 않는 것이 좋다.

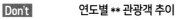

| Don't | 연도별 ** 관광객 추이 | Do | 2017년 관광객 증가폭 사상 최대 |

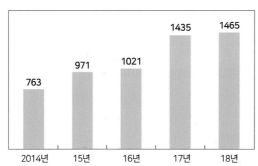
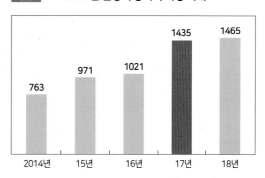

② 막대그래프는 0에서 얼마나 떨어져 있는가를 높이로 나타낸 표현 방법이다.

막대그래프는 대소 차이를 비교하는 데 유리한 그래프로, Y축(높이)은 0에서 출발해야 하므로 X축이 무엇보다 중요하다. 따라서 X축을 베이스라인(Base line : 기축선)이라고 한다. 이렇게 중요한 X축선은 함부로 생략하지 않아야 하며 가급적 실선으로 표시하는 것이 좋다.

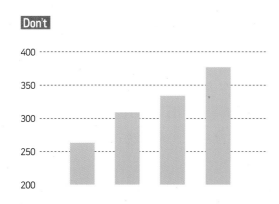
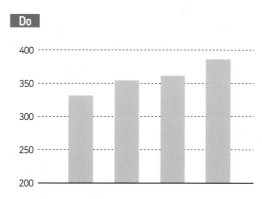

③ 막대그래프로 비율을 나타낼 때는 상한선을 반드시 표시한다.

연속하는 비율 데이터를 나타내거나 2개 이상의 항목 차이를 비교할 때 막대그래프를 사용할 수 있다. 이 경우 100% 비율 안에서 차지하는 구성 비율(내역의 비)을 보여주어야 하기 때문에 100% 상한선을 반드시 표시해야 한다. 다만, 비율이 50% 미만으로 미미한 경우 50%(100%의 ½) 상한선을 사용할 수도 있다.

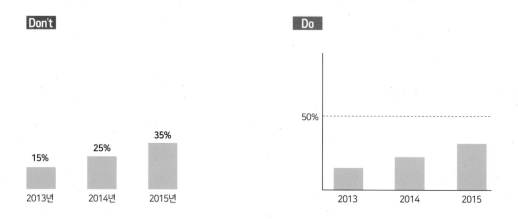

④ X축은 눈금 수, Y축은 최댓값이 중요하다.

막대그래프에서 X축은 독립변수를, Y축은 종속변수를 표현한다. 이 두 개의 변수를 구분한 후 X축과 Y축의 눈금수와 최댓값이 얼마인지 파악해야 하는데 이는 그래프를 그릴 때 공간 할당을 가늠할 때 중요한 요소가 된다. 즉, 항목과 수치의 값에 따라 비교할 개수와 단위가 결정되므로 미리 고민하고 판단해 그래프를 그려야 한다.

X축 변수 찾기(독립변수) ➡ 몇 구간(X축 눈금)

국가별, 지역별, 연령별, 성별, 연도별, 월별

Y축 변수 찾기(종속변수) ➡ 최소, 최댓값

판매액, 증가율, 증가량, 점유율 등

⑤ X축은 실선, 내부 선은 옅은 컬러 또는 점선으로 나타낸다.

막대그래프에서 X축은 중요한 기준선이 되므로 눈에 잘 보이도록 실선으로 처리한다. 다만, 내부선(Grid Line)은 그래프를 확인할 때 방해가 되지 않도록 옅은 컬러나 점선으로 나타내는 것이 좋다(파워포인트의 경우 선 스타일에서 둥근 점선을 사용하는 것이 좋다).

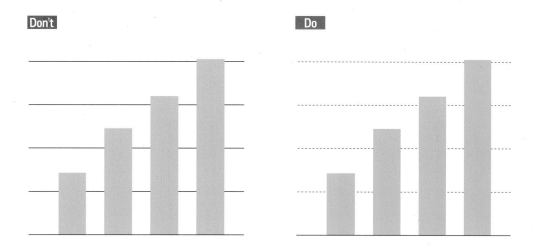

⑥ 막대그래프 끝부분에는 그림을 표시하지 않는다.

수직 막대그래프 또는 수평 막대그래프는 대소의 차이를 나타낼 때 사용한다. 그래프 극단점(끝부분) 위에 아이콘을 배치하면 인접한 그래프와의 차이를 확인하는 데 방해가 되므로 그래프의 안쪽에 표시하는 것이 좋다.

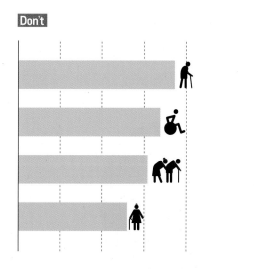

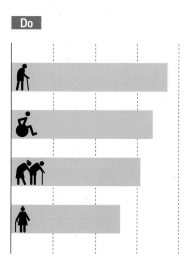

⑦ 2중 막대그래프에서 색각 이상자가 판독하기 어려운 컬러나 난색(煖色)과 한색(寒色)은 함께 사용하지 않는다.

2개가 나란히 있는 막대그래프의 컬러를 적색, 녹색으로 표현하면 색각 이상자는 두 색을 모두 회색으로 인식하는 문제가 발생한다. 또한 차가운 색과 따뜻한 색을 함께 사용하지 않아야 하며, 같은 계열의 색을 사용하고 강조할 그래프는 상대적으로 명도를 낮춰 사용한다.

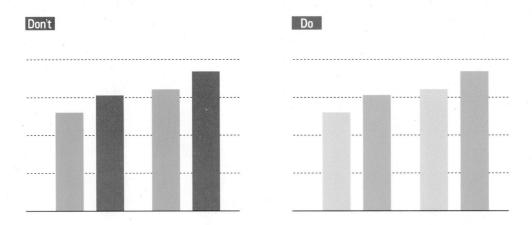

(2) 원그래프 사용 노하우 5가지

① 데이터 비율의 합이 100%인 경우 사용한다.

원그래프는 원의 면적을 통해 차지하는 구성 비율의 차이를 확인할 때 사용한다. 따라서 전체 데이터의 합이 100%인지 먼저 계산한다. 예를 들어 영국 30%, 한국 35%, 독일 10%, 일본 25%인 경우는 합이 100%이므로 원그래프로 나타낼 수 있다. 단, 모든 데이터는 순차배열(슬라이스의 크기를 의미한다)한다. 따라서 한국, 영국, 일본, 독일 순으로 데이터를 배열한다.

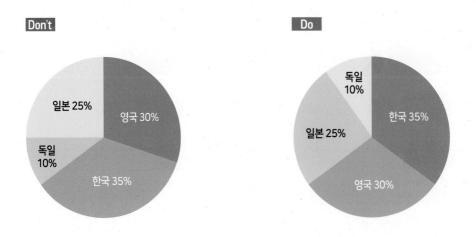

② 원그래프는 다양한 색을 사용하지 않는다.

원그래프는 전체 100%에서 항목의 비율을 확인하는 그래프다. 따라서 조각마다 다양한 색으로 표현하지 않고, 동일 계열색에서 명도만 다르게 사용한다. 강조 부분은 명도를 낮게 한다.

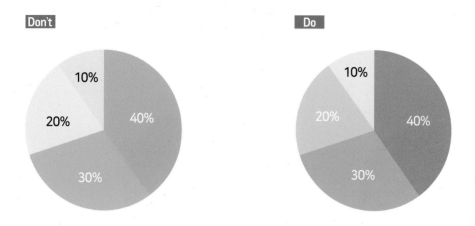

③ 원그래프 비율(%) 앞에 '비중'이란 말을 사용하지 않는다.

'비중이 높아', '비중이 낮아'라는 단어보다는 '비율이 높아', '비율이 낮아'를 사용한다. 비중은 물의 밀도 1(표준)에 대한 차이를 나타낼 때 사용한다. 원그래프는 %로 나타낸 통계이므로 '비율 높음', '비율 낮음'이라고 표현하는 것이 정확한 표현이다.

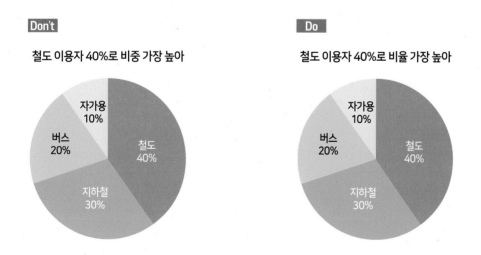

④ 3D로 표현하지 않는다.

원그래프는 원의 면적으로 비율의 크기를 확인하기 때문에 시각적으로 착각을 일으키는 3차원 그래프는 사용하지 않는 것이 좋다. 3차원 그래프는 보는 방향에 따라 면적(그래프의 크기)이 다르게 보이기 때문이다. 다음 그림에서 첫 번째 조각이 가장 큰 40%이지만 두 번째 조각인 30%가 옆면의 면적 때문에 더 커 보인다. 파이그래프는 부채꼴 면적의 크기로 데이터 차이를 봐야 하므로 2차원(2D) 그래프로 나타낸다.

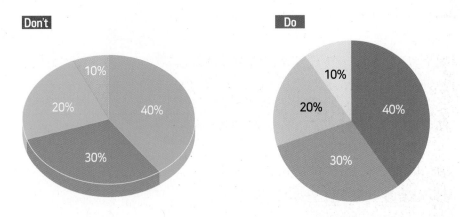

⑤ 데이터 차이가 미묘한(작은) 경우 원그래프 대신 막대그래프를 사용한다.

1, 2위 데이터 차이가 거의 나지 않는 경우 원그래프의 면적만으로는 구분하기가 쉽지 않다는 단점이 있다. 이런 경우라면 원그래프 대신 막대그래프를 선택하는 것이 적절하다.

연령대	(%)
10대	20
20대	25
30대	30
40대	15
50대	10

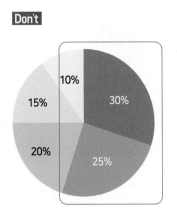

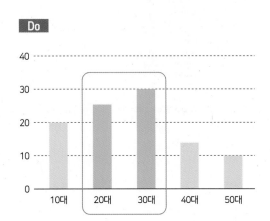

(3) 보고서, 제안서에 자주 사용하는 도형과 도해

① 도형이 갖는 특징

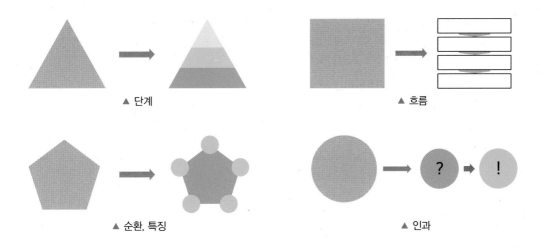

▲ 단계

▲ 흐름

▲ 순환, 특징

▲ 인과

② 언어와 화살표 및 기타 도형과의 관계

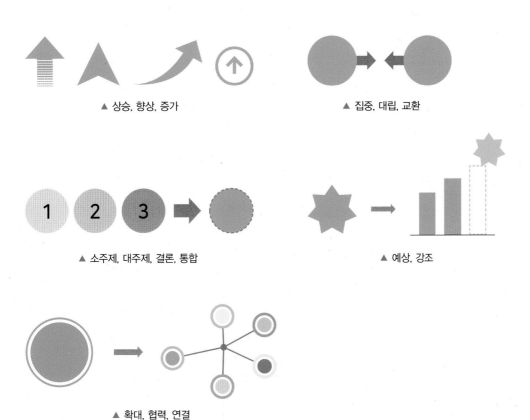

▲ 상승, 향상, 증가

▲ 집중, 대립, 교환

▲ 소주제, 대주제, 결론, 통합

▲ 예상, 강조

▲ 확대, 협력, 연결

KEY NOTE

1 그래프 제목은 그래프를 이해하는 데 중요한 역할을 한다. 따라서 그래프 제목은 구체적인 핵심 메시지가 들어있어야 하며, 그래프를 어디서부터 확인해야 하는지 바로 인지할 수 있도록 불분명한 메시지를 삼가야 한다.

2 2중 막대그래프, 파이그래프에서 색으로 비교할 경우 가급적 동일 계열의 색을 사용한다. 강조하고자 하는 항목은 명도가 낮은 색을 사용한다.

3 비율 데이터에서 각 항목의 차이가 적으면 원그래프의 넓이로는 구분이 어렵다. 이 경우에는 100% 누적 막대그래프를 사용해 차이를 명확하게 한다.

4 전달 메시지, 데이터 구성을 분석해 보고 도형 및 도해로 발전시킨다.

여러 소주제를 한 장에 담은
기관(회사) 소개자료 만들기

슬라이드 한 장에 글자 크기까지 고려해 소주제 4개를 넣어야 한다면 공간이 부족하다고 느낄 것이다. 실제 제작 시 공간은 부족하고 정보량이 많다면 먼저 원문 데이터에서 중복단어나 조사 등을 정리하는 과정을 거쳐야 한다. 또한, 각 각의 소주제가 상호 영향을 주지 않는 항목이라면 소주제를 균등하게 나눈 레이아웃(도해)을 선택하는 것이 좋다.

SECTION 1 | 설립이념, 조직도, 인력구성, 예산 등 각 항목 분석하기

공공기관 및 일반기업에서 자주 다루고, 보고서 첫 페이지를 구성하는 소개자료 항목을 활용해 소주제 분석부터 시각화까지 제작 과정을 순서대로 살펴보자. 다음 공공기관 소개 자료는 4가지 항목으로 구성되어 있다. 각 소주제의 의미를 분석한 후 배열 형태와 시각화 방법까지 알아보자.

01 공공기관 소개자료

기관소개

- **설립근거** : 기술 이용촉진 및 정보보호 등에 관한 법률 제10조
- **조직** : 1원장 5본부 4실 51팀
- **인력** : 총 500명(A직군 400명(80%), B직군 100명(20%))
- **예산** : 총 2,000억 원(가칭 : 미래교육부, 정보방송위, 교육자치부 등)

(1) 소주제 항목 분석

① 핵심 단어(메시지)부터 찾아라!

> **"설립근거 : 기술 이용촉진 및 정보보호 등에 관한 법률 제10조"**

설립근거에서 핵심이 되는 단어는 '기술 이용촉진 및 정보보호'다. 설립근거에 등장하는 단어는 대부분 기관이 선택하고 만든 고유 어휘라고 볼 수 있다. 이 경우 그림으로 대치해도 뜻을 해독하기 어려우므로 단어 그대로를 사용하자. 반드시 단어마다 의미부여를 해 거기에 맞는 그림을 넣고자하는 의무감은 버리도록 하자.

전문가 TIP!
전문 용어는 가급적 그림 문자 없이 핵심단어 그대로 사용한다.

② 조직도는 트리맵 배열이 우선이나 예외성도 있다.

> **"조직 : 1원장 5본부 4실 51팀"**

조직도는 대부분 계층구조를 갖는다. 따라서 트리맵 형태로 나타내는 것이 일반적이다. 조직도는 대부분 서열 구조이므로 위에서 아래로 내려오며 조직이 퍼져나가는 형태다. 레이아웃에 따라서는 좌에서 우로 조직도를 그려나가는 방법도 있다. 하지만 조직도가 다른 소주제 3개와 나란히 공간을 나누어 배열해야 하므로 조직도 형태로 넣기에 부담스러운 크기다. 특히 현업에서는 조직개편이 빈번하게 이루어져 조직도가 자주 변경될 수 있다. 그때마다 수정하기에는 번거로울 수 있으므로 숫자 그대로 적는 것이 좋다.

③ 통계 데이터에서 %(비율)은 '기준량을 100으로 보았을 때 비교하는 양'을 말한다.

> **"인력 : 총 500명(A직군 400명(80%), B직군 100명(20%))"**

대부분 %(비율) 그래프 유형은 '원그래프'를 사용하는 경우가 많다. 하지만 A 항목에 관한 비율 데이터, B 항목에 관한 비율 데이터 등 복수 이상의 데이터를 연속해서 비교해야 하는 경우 원그래프 간 비교는 쉽지 않아 막대 모양의 100% 그래프를 사용하기도 한다. 통상적으로 %의 단위는 전체 100% 안에서 차지하는 구성비이므로 % 데이터의 합이 100%인지 계산하는 습관을 들여야 한다.

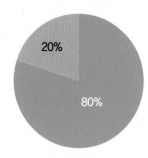

▲ 파이그래프

원그래프 대신 막대 모양의 '띠그래프'를 사용할 수도 있다. 다만, 사용 공간이 정사각형 구조로 되어 있으므로 비율을 생각해서 선택하도록 한다. 띠그래프를 사용할 때는 끝점에 100%라는 기준점을 반드시 표시해야 한다.

▲ 띠그래프

④ 숫자가 크다면 가독성을 높이는 단위로 변환한다.

> **"예산 : 총 2,000억 원 (미래교육부, 정보방송위, 교육자치부 등)"**

예산의 경우 '돈'을 상징하는 그림을 활용해 2,000억 원을 표현하는 그래프를 만들 수도 있다. 하지만 해당 기관의 경우 상급 기관으로부터 받는 예산이 각각 다르고 예산은 국민들에게 제공하는 정책을 환산한 가치나 다름없으므로 신중하게 숫자 그대로 표현하는 것도 방법이다. 또는 '2천억 원'으로 수정해서 가독성을 높이는 방법도 있다. 이 외에도 예산을 지원하는 관할 부처 명칭 앞에 해당 부처 로고를 넣는 것도 잊지 않아야 한다.

(2) 적합한 레이아웃(도해)

4개의 소주제를 가로 형태 레이아웃(도해)에 작성할 때 4개의 박스를 옆으로 나열하는 경우가 많다. 하지만 오프라인에서 발표하는 자료를 만들어야 한다면 현장의 빔 해상도 문제, 보는 사람들의 가시거리 등을 감안해야 한다. 4개의 박스에 해당 소주제를 넣을 경우 글자의 크기가 작아져 보기 어려워질 수 있으므로 '열십자(+)' 도해를 선택하는 것이 좋다.

① 가로형 나열식 박스 도해

사각형 박스를 가로 형태로 나열하는 경우 글자의 크기가 작아지고 4개의 박스를 연속해서 해독해야 하므로 피로감을 느낄 수 있다. 다만, 세로형(웹)으로 제작하는 경우 나열식은 해당 소주제별로 영역을 나누기 쉽기 때문에 매우 유용한 정보도해 차트가 된다.

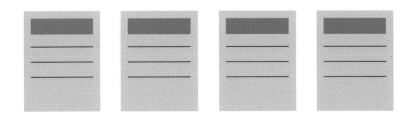

② 열십자 도해

열십자 도해는 파워포인트에서 4개의 소주제를 나타낼 때 유용한 레이아웃으로 시계방향 순으로 각 항목을 순차적으로 나열한다.

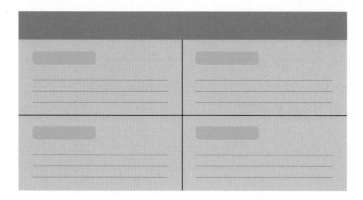

KEY NOTE

1 조직도는 공간 비율, 조직개편 빈도 여부에 따라 '트리맵'을 사용할지 여부를 결정한다.

2 비율(%) 그래프의 경우 데이터의 합이 100%일 때 사용하며 때로는 '띠그래프'를 대신 사용해도 좋다. 이때는 막대 끝점에 100%라는 것을 표시한다.

3 '예산' 항목에서 금액은 '돈'을 상징하는 그림 문자를 연계해 나타낼 필요는 없다. 공공예산의 경우 그 금액 자체가 갖는 의미는 매우 신중하다. 예산이 많은 것을 부각할 필요는 없기 때문에 숫자 그대로 표현하는 것이 좋다.

02 일반 기업 소개자료

> **회사소개**
>
> - **비전** : '4차 산업혁명'을 선도하는 인공지능 및 스마트 팩토리 기반 기술 보유
> - **인력구성** : 총 1,000명(연구인력 300명, 생산인력 500명, 마케팅인력 100명, 기타 100명)
> - **매출현황** : 2019년 1조 원(2018년 8,000억 원)

(1) 소주제 항목 분석

① 경영 슬로건에 '글로벌 신조어'가 포함된 경우 그림문자와 병행해 표현한다.

> "비전 : '4차 산업혁명'을 선도하는 인공지능 및 스마트 팩토리 기반 기술 보유"

'비전' 항목은 전략기획을 수립하면서 회사가 경영환경에 맞춰 수시로 채택하는 경영 슬로건일 수 있다. 특히 세계적으로 사용되는 용어(4차 산업혁명, 스마트 팩토리)는 '그림문자'와 병행해 표기한다.

② 데이터의 구성 항목이 비율이 아닌 수량의 크기로 나타낼 경우 도넛그래프를 사용한다.

> "**인력구성** : 총 1,000명(연구인력 300명, 생산인력 500명, 마케팅인력 100명, 기타 100명)"

비율 항목으로 나타낸 통계 데이터가 아니며, 인력에서 총 인원이 1,000명이란 숫자가 주어지고 그 안에 구성 항목을 살펴봐야 하는 데이터다. 연구인력 300명, 생산인력 500명, 마케팅인력 100명, 기타 100명으로 이루어져 있으므로 원그래프 중 도넛그래프를 사용하는 것이 좋다. 도넛그래프는 호의 길이로 데이터 크기 차이를 나타낼 때 사용한다. 전체 합이 1,000명이고 호의 길이에 따라 연구인력 500명, 생산인력 300명, 마케팅인력 100명, 기타 100명 순으로 나타낼 수 있다.

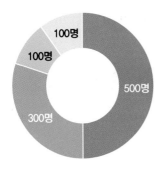

③ 강조하려는 구체적인 메시지를 그래프 제목에 넣으면 해독 시간을 줄일 수 있다.

"매출현황 : 2019년 1조 원(2018년 8,000억 원, 2017년 5,500억 원)"

일반 기업은 대부분 '예산' 지표 대신 '회사매출현황'을 소개한다. 기업공개가 의무사항이기도 하지만 회사의 성장지표를 홍보할 때 필요한 지표이기 때문이다. 제시된 기업은 2017년, 2018년, 2019년 3년간 매출현황을 공개했다. 통계 데이터에서 3년간 매출현황 추이를 나타낼 때 우선 생각하는 그래프 유형은 수직 막대그래프다. 연속하는 막대그래프에서 중요한 포인트는 막대 간 높낮이(대소) 차이를 잘 나타내는 것이다.

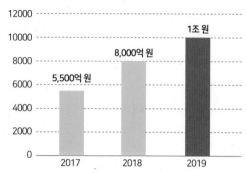

수직 막대그래프는 크기의 증감을 나타낼 때 가장 일반적으로 사용하는 그래프이다. 그래프에 시각적 표현을 강조하는 것도 중요하지만 그래프 제목에 '2019년 매출액 1조 원 달성'과 같이 강조하고 싶은 홍보문구를 제목에 넣어 그래프의 전달 속도를 높이는 것도 방법이다.

(2) 적합한 레이아웃(도해)

3개의 소주제를 나타낼 때 일반적으로 사용하는 도해는 '가로형 나열식 도해'이다. 3개의 박스를 나란히 배열하거나 트라이앵글(삼각형) 도해로 표현할 수 있다.

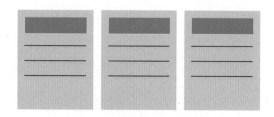

▲ 3개의 소주제는 나열식 도해로 나열 가능

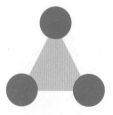

▲ 3개의 소주제에 맞는 삼각형 도해로 정사각형 공간에 적합

1 세계적 흐름을 나타내는 용어를 포함하는 '비전'의 경우 그림문자와 병행해 사용한다.

2 전체 데이터 크기 내에서 각 데이터 크기 차이를 나타낼 때는 '도넛 그래프'를 사용한다.

3 연속하는 데이터 크기의 추이를 나타낼 때는 '수직 막대그래프'를 사용하며, 독립변수는 연도별(X축, 3년간), 종속변수는 매출액(Y축, 매출액)을 기준으로 삼는다.

회사소개서나 기관 내 보고자료 등을 제작할 때에는 최대한 간결하고 깔끔하게 만드는 것을 권장한다. 한 장에 들어가는 내용의 표현이 너무 많을 경우 전달력이 떨어질 수밖에 없다. 또, 최소한의 색상과 표현을 사용하더라도 내용물의 대칭과 높낮이 등이 잘 맞았을 때 안정감과 신뢰도를 높이는 효과가 있다. 가장 기본적인 가이드를 활용하여 만드는 방법을 알아보자.

STEP 01 >> 인포그래픽 PREVIEW

DESIGN POINT >> **공공기관 소개자료**

❶ 앞서 살펴본 공공기관 소개자료는 열십자 배열로, 디자인에서 중요한 것은 4가지 항목을 나타낼 공간 분할이다. 먼저 파워포인트 안내선 기능을 활용하여 열십자 공간을 정확하게 분할한다.

❷ 소주제와 본문 내용은 글자 크기와 색으로 차이를 둔다. 강조하는 요소는 크고 진하게 표현해 가장 먼저 시야에 들어오도록 한다.

❸ 핵심 내용을 정확하게 전달하기 위해 한 가지 색을 선정하고, 명도를 조절해 사용한다.

❹ 계층차트로 조직도를 그릴 경우 표현 공간이 협소해지고 조직 변경이 잦은 경우 그때마다 수정해야 하는 번거로움이 따르므로, 조직 형태를 보여주는 도해 정도로 표현하는 것이 좋다.

• **완성파일** : 2장\[완성파일] 폴더   • **실습자료** : 2장\[실습파일] 폴더

1 제작을 위해 [실습파일] 폴더에서 '회사
소개.pptx'를 더블클릭하여 파일을 연다.

예제에서 사용되는 폰트는 상업적으로 사용할 수 있도록 무료배포된 폰트이며, 각 배포 사이트에서 다운받을 수 있다. 기본적으로
제공하는 폰트 외에 다양한 폰트를 활용해야 할 때 유용하게 사용할 수 있다. 폰트는 문서작업용(window)의 'ttf' 파일로 다운 받을
것을 권장한다(otf 파일은 고해상도의 그래픽 작업용 폰트로, 세밀하나 처리속도가 느리다). 폰트가 설치되어 있지 않은 경우 다른
폰트로 대체되거나 깨짐 현상이 발생한다.

• NAVER 나눔고딕, 나눔스퀘어, 나눔스퀘어라운딩 : http://hangeul.naver.com/2017/nanum
• 한국출판인회의 Kopub 고딕체, 바탕체 : http://www.kopus.org/Biz/electronic/Font.aspx
• 아모레퍼시픽 아리따돋움체, 아리따부리체 : http://www.apgroup.com/int/ko/about-us/visual-identity/arita-typeface.html
• 배달의민족 주아, 도현체 : http://font.woowahan.com/
• 서울시 남산, 한강체 : http://www.seoul.go.kr/v2012/seoul/symbol/font.html
• NHN 고도체 : http://design.godo.co.kr/custom/free-font.php
• 더페이스샵 잉크립퀴드체 : http://www.thefaceshop.com/event/lipquid/main.jsp#FontDownload
• Tvn 즐거운이야기체 : http://tvn10festival.tving.com/playground/tvn10font
• 야놀자야체 : http://cast.yanolja.com/detail/2171
• 구글 Noto Sans : https://www.google.com/get/noto/ > 하단 스크롤 'Noto Serif CJK KR' 다운

2 [보기] 탭－[표시] 그룹－[눈금자]와 [안내선]에 체크하여 미리 그려진 안내선을 확인한다. 정확한 영역 분할을 위해 도형을 활용해보자. [삽입] 탭－[일러스트레이션] 그룹－[도형]－[직사각형]을 선택하여 본문 영역의 안내선 안쪽 빈 공간에 맞춰 도형을 삽입한다.

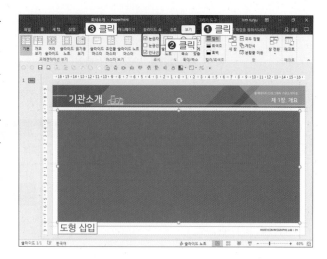

전문가 TIP!
• 안내선(가이드라인)이란, 기본적인 레이아웃(배열)을 정할 때 오브젝트(개체)의 정렬을 쉽게 맞출 수 있도록 미리 지정해 놓는 선이다. 실제 결과물에서는 출력되지 않으며, 안내선의 세밀한 조정을 통해 개체 간 정확한 위치 확인 및 비교가 용이하다.
• Alt + F9 : 활성화 / 비활성화

3 영역 분할을 위해 먼저 도형을 1/4 크기로 조절해보자. 도형을 선택하고 [마우스 오른쪽 클릭]－[도형 서식]－[도형 옵션]－[크기 및 속성]을 선택한다. 속성 창의 [크기]에서 [높이 조절]과 [너비 조절]을 각각 '50%'로 지정한다. 도형의 크기가 1/4로 작아지면 안내선 왼쪽 상단으로 도형을 배치한 후 도형의 크기에 맞춰 슬라이드에 열십자 형태로 안내선을 추가한다. 안내선 삽입이 완료되면 도형은 삭제한다.

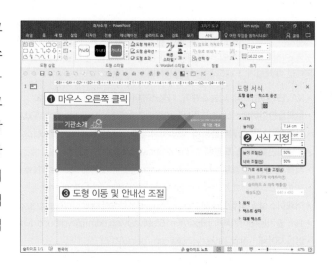

전문가 TIP!
• Alt + 안내선 드래그 : 미세 위치 조절
• Ctrl + 안내선 드래그 : 안내선 복사

4 [텍스트 상자]를 선택하여 각 분할된 영역에 소제목과 본문 내용을 입력하고 서식을 지정한다. 본문을 강조하기 위해 소제목은 본문의 내용보다 작고 흐리게, 본문은 크고 진하게 표기한다. 입력한 텍스트를 선택한 후 [서식] 탭-[WordArt 스타일] 그룹-[텍스트 채우기]-[다른 채우기 색]을 선택한 후 글꼴 색을 변경하기 위해 '빨강(R)', '녹색(G)', '파랑(B)' 값을 입력한다.

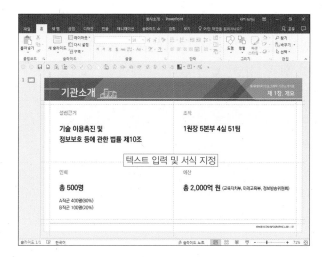

텍스트	글꼴/글꼴 크기	글꼴 색(RGB)
소제목	KoPub돋움체 Bold/18	132/151/176
본문 내용	KoPub돋움체 Bold/24	51/51/51
본문 내용 – 부연	KoPub돋움체 Medium/16	51/51/51

5 소주제의 뚜렷한 구분을 위해 블릿(Bullet)을 추가하자. [삽입] 탭-[일러스트레이션] 그룹-[도형]-[다이아몬드]를 선택하고 소주제 앞에 배치한다. [그리기 도구]-[서식] 탭-[도형 스타일] 그룹-[도형 채우기]는 '■ 132/151/176'으로, [도형 윤곽선]은 '윤곽선 없음'으로 설정한다. 나머지 소주제 항목에도 블릿을 추가하기 위해 Ctrl 을 누르고 복사할 위치로 드래그한다.

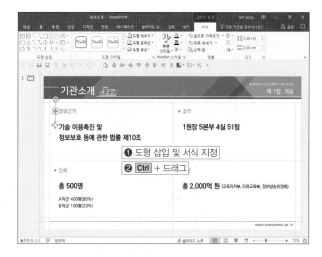

전문가 TIP!
• 개체 + Ctrl + Shift + 드래그 : 수직, 수평 복사(정확한 수직, 수평을 유지하며 복사 가능)
• 개체 + Ctrl + Alt + 드래그 : 미세 조정 복사(미세하게 원하는 위치로 복사 가능)

6 조직도 항목에 들어갈 계층구조 도해를 만들어보자. 가장 하위조직의 도형을 만들기 위해 [삽입] 탭-[일러스트레이션] 그룹-[도형]-[사각형 : 둥근 모서리]를 선택하여 긴 직사각형 형태로 그린다. 사각형의 모양 조절점을 드래그하여 모서리의 둥글기를 조절해주고, [도형 스타일] 그룹-[도형 채우기]-[다른 채우기 색]과 [도형 윤곽선]을 서식에 맞게 지정한다.

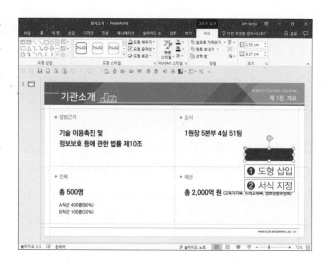

도형	도형 색(RGB)	윤곽선
둥근 모서리 도형	■ 28/65/147	없음

7 도형을 선택하고 Ctrl + Shift 를 누른 상태에서 도형을 위쪽으로 복사한다. 2번 더 반복하여 4개의 도형을 만들어준다. 화면과 같이 '실'의 도형은 하위 '팀'을 포함하는 형태이므로 길이 조절 없이 두께만 얇게 조절하고, '본부'와 '원장'에 해당하는 도형은 하위보다 짧게 길이를 조절하여 구조도 형태로 만든다. 각 도형을 더블클릭하여 텍스트를 입력하고 서식을 지정한다.

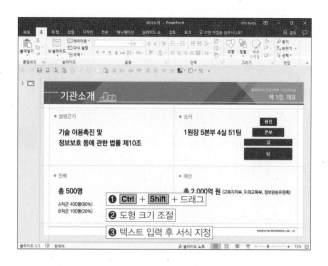

텍스트	글꼴/글꼴 크기	글꼴 색(RGB)
원장/본부/실/팀	나눔스퀘어 Bold/16	□ 흰색

8 계층 구분을 위해 도형의 색을 변경한
다. 규모가 큰 하위계층을 진하게 하고 상
위계층으로 갈수록 명도에 차이를 주어 점
점 밝아지는 형태를 만든다. 각 도형을 선
택하고 [마우스 오른쪽 클릭]-[도형 서
식]-[채우기]-[색]-[다른 색]을 선택한
후 색상 값을 입력한다.

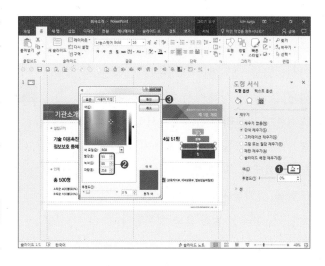

도형	도형 색(RGB)
'원장' 도형	138/168/237
'본부' 도형	91/130/239
'실' 도형	53/88/216

전문가 TIP!
색 팔레트에서도 색 변경이 가능하며, 오른쪽의 명도 조절 화살표를 위아래로 조절하여 명도를 변경한다.

9 [삽입] 탭-[일러스트레이션] 그룹-
[도형]-[선]을 선택해 조직도 가운데에 들
어갈 직선을 삽입한다. [그리기 도구]-
[서식] 탭-[도형 스타일] 그룹-[도형 윤
곽선]을 클릭하여 [색]은 '■ 59/56/56',
[두께]는 '1pt'로 변경한다. [서식] 탭-[정
렬] 그룹-[뒤로 보내기]-[맨 뒤로 보내
기]로 선을 도형 뒤로 보낸다.

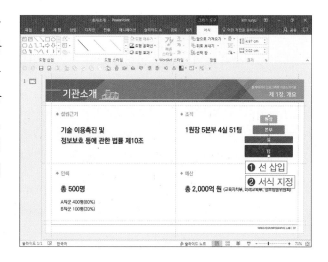

10 인력 항목 데이터를 표현할 원그래프를 만들어보자. [삽입] 탭-[일러스트레이션] 그룹-[도형]-[타원]을 선택한 후 Shift 를 누른 상태에서 드래그하여 원을 그려준다. [그리기 도구]-[서식] 탭-[도형 스타일] 그룹-[도형 채우기]-[스포이트]를 선택한 후 조직도에서 사용한 '원장' 도형을 클릭하여 색을 변경하고 [도형 윤곽선]은 '윤곽선 없음'으로 설정한다.

11 '80%'의 값을 나타내는 도형을 만들어 주기 위해 [삽입] 탭-[일러스트레이션] 그룹-[도형]-[부분 원형]을 선택하고 Shift 를 누른 상태에서 먼저 그려둔 타원과 같은 크기로 그린 후 중심점을 맞춘다. [그리기 도구]-[서식] 탭-[도형 스타일] 그룹-[도형 채우기]-[스포이트]를 선택해 조직도의 '실' 도형을 클릭하여 색을 변경하고, [도형 윤곽선]은 '윤곽선 없음'으로 설정한다.

12 원그래프의 값은 시계 방향으로 표현해야 하므로 부분 도형을 클릭한 후 [그리기 도구]-[서식] 탭-[정렬] 그룹-[회전]-[좌우 대칭]을 선택한다. 모양 조절점을 드래그하여 그림처럼 크기를 변경한다.

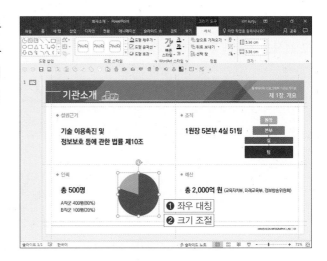

❶ 좌우 대칭
❷ 크기 조절

전문가 TIP!

정렬의 좌우 대칭, 상하 대칭, 회전 기능은 도형이나 이미지를 반대 방향으로 뒤집어야 하거나 회전시킬 때 필요한 자동 변형 기능이다. 개체를 선택하면 선택 상자 상단에 둥근 화살표가 활성화되는데 이 화살표를 클릭하면 도형을 자유롭게 회전시킬 수 있다. 만약 정확한 수치로 조절해야 하는 경우에는 개체를 선택하고 [정렬]-[회전]에서 다양한 모양으로 만들 수 있다.

① 오른쪽으로 90도 회전

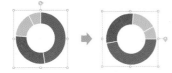

[기능-회전 대칭1]

② 왼쪽으로 90도 회전

[기능-회전 대칭2]

③ 좌우 대칭 : 좌우 반전

[기능-회전 대칭3]

④ 상하 대칭 : 상하 반전

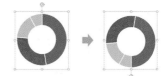

[기능-회전 대칭4]

⑤ 기타 회전 옵션 : 각도를 입력하여 조절 가능하며, 개체의 크기 조절도 가능하다.

[기능-회전 대칭5]

⑥ 직접 마우스로 조절 시 : Shift 를 누른 상태에서 회전하면 15도씩 조절된다.

[기능-회전 대칭6]

13 [텍스트 상자]를 선택하여 값을 입력하고 서식을 지정한 후 그래프 위에 배치한다.

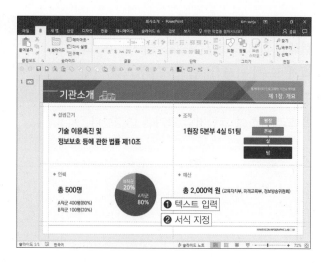

텍스트	글꼴/글꼴 크기/속성	글꼴 색(RGB)
A직군	나눔스퀘어/16/가운데 정렬	흰색
80%	나눔스퀘어 Bold/20/가운데 정렬	흰색
B직군	나눔스퀘어/16/가운데 정렬	흰색
20%	나눔스퀘어 Bold/20/가운데 정렬	흰색

14 도넛그래프를 활용하여 원그래프의 100% 합을 표현해보자. [삽입] 탭-[일러스트레이션] 그룹-[도형]-[원형:비어 있음]을 선택하여 원그래프보다 조금 크게 삽입한다. [그리기 도구]-[서식] 탭-[도형 스타일] 그룹-[도형 채우기]-[스포이트]로 조직도의 '팀' 도형을 클릭하여 색을 변경하고 [도형 윤곽선]은 '윤곽선 없음'으로 설정한다. 모양 조절점을 드래그하여 원그래프의 내용을 가리지 않도록 두께를 조절하고 [텍스트 상자]를 선택하여 '100%'를 입력한 후 서식을 지정한다.

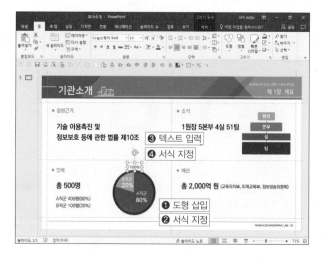

텍스트	글꼴/글꼴 크기	글꼴 색(RGB)
100%	나눔스퀘어 Bold/14	28/65/147

15 완성된 그래프를 그룹화하기 위해 전체를 드래그하여 선택한 뒤 [마우스 오른쪽 클릭] – [그룹화] – [그룹]을 선택 (Ctrl + G)하여 그룹으로 설정한다. 같은 방법으로 조직도의 아이콘도 그룹화해준다.

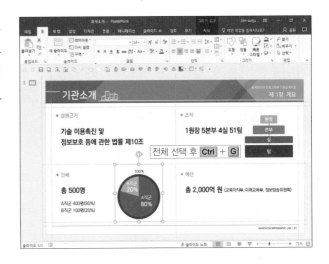

• 여러 개의 도형을 선택해 그룹화하면 이동하거나 크기를 조절할 때 한 번에 적용할 수 있다.
• 그룹화된 도형을 클릭하여 선택한 상태에서 다시 한 번 선택하면 각각의 도형을 선택해 서식을 적용할 수 있다.
• 그룹을 해제할 때는 [마우스 오른쪽 클릭]–[그룹화]–[그룹 해제] 또는 Ctrl + Shift + G 를 누른다.

16 예산 항목에 들어갈 로고 이미지를 삽입해 보자. [삽입] 탭–[이미지] 그룹–[그림]을 선택해 [실습파일] 폴더에서 'CI_정보.png', 'CI_교육.png', 'CI_미래.png'를 불러온다.

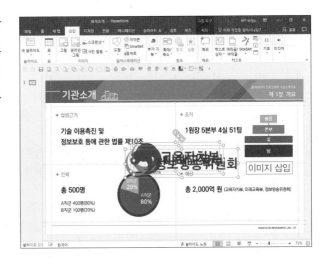

17 불러온 이미지를 [그리기 도구] – [서식] 탭 – [정렬] 그룹 – [맞춤] – [가운데 맞춤], [중간 맞춤]을 선택하여 정렬해준 다음 공간에 맞게 크기를 줄여준다. 나란히 배열되면 모두 선택한 후 [그리기 도구] – [서식] 탭 – [정렬] 그룹 – [맞춤] – [가로 간격을 동일하게]를 선택해 정렬한다.

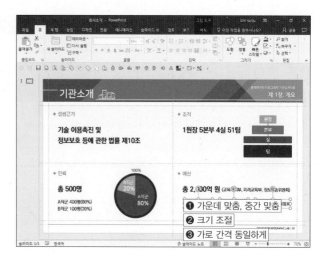

[정렬]의 [(위치)에 맞춤] / [가로-세로 간격을 동일하게]는 깔끔하고 정돈된 디자인을 위한 필수적인 기능이다. 개체를 일정한 간격으로 맞추거나 일정한 선상으로 정렬하여 완성도를 높일 수 있다. 여러 개의 개체를 삽입할 경우 배열 및 정렬 단계에서 [정렬] 기능을 사용하는 습관을 들여보자.

① [(위치)에 맞춤] : 다수의 개체를 선택했을 때 지정 위치를 기준으로 개체들을 일정하게 맞추는 기능

• 가운데 맞춤

• 아래쪽 맞춤

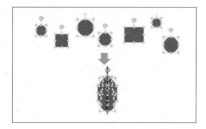

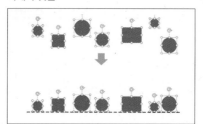

※ 하나의 개체를 선택하고 맞춤을 할 경우, 슬라이드를 기준으로 위치를 지정한다. 슬라이드를 기준으로 개체를 균형에 맞게 정렬할 때 유용하다. 다음은 개체 선택 후 [정렬]–[맞춤]–[가운데 맞춤]/[위쪽 맞춤]을 지정한 결과다.

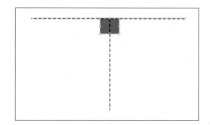

② [가로/세로 간격을 동일하게] : 여러 개의 개체를 가로/세로 간격을 동일하게 배열하는 기능

• 가로 간격을 동일하게

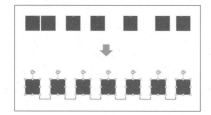

18 마지막으로 각 영역을 구분해 줄 선을 그어준다. [삽입] 탭-[일러스트레이션] 그룹-[도형]-[선]을 선택해 안내선에 맞게 가로와 세로 선을 그어준 다음 [마우스 오른쪽 클릭]-[도형 서식]-[선]을 '실선'으로 지정한 후 서식을 지정한다. [보기] 탭-[표시] 그룹-[안내선]을 선택하여 안내선을 감춘 후 결과물을 확인한다.

속성	서식
색	191 / 191 / 191
너비	1.75pt
대시 종류	둥근 점선
끝 모양 종류	원형

시장분석 자료를 활용한
성과보고서 만들기

성과보고서는 말 그대로 업무를 처리하면서 일정 기간 동안 개인 또는 팀에서 얻은 성과를 정리해 보고하는 자료다. 일반적으로 기술개발, 이익, 성장 등 다양한 지표를 표현해 장점을 부각시키게 되는데 여기서는 실적을 강조하기 위한 성과보고서 중 도입 부분의 시장 조사 파트를 만들어보자.

SECTION 1 전달력을 높이는
그림그래프와 아이콘 활용법

공공기관 성과보고서 앞부분에 들어가는 연구개발 배경이나 필요성을 강조하는 부분은 대부분 통계자료가 인용되는 경우가 많다. 이런 성과보고서는 평가 및 심사를 받는 경우가 많으므로 앞부분에 제시된 통계자료는 그대로 사용하지 말고 강조할 부분만 추출해 부각하는 것이 중요하다.

01 공공기관 성과보고서

세계 최초 기능성 쌀 개발로 선진 농업 국가로 도약
개발 배경 및 필요성

• 서구 식생활 증가로 쌀 소비는 지속적으로 감소 중이다. 하지만 노령화 사회의 진입과 식습관 변화로 뇌졸중과 당뇨병과 같은 생활습관 질병 환자가 꾸준히 증가하고 있다.

① 1인당 쌀 소비량의 경우 2000년 93.6kg, 2005년 80.7kg, 2014년 65.1kg으로 연간 평균 2.2% 정도 감소하고 있다.

② 뇌졸중 치료제 시장은 연간 10조 원 이상, 2014년 전 세계 환자 4천만 명이며, 매년 10만 명의 환자가 발생해 2만 6000명 이상이 사망하는 한국인 사망 원인 제2의 질병이다.

③ 세계 당뇨병 진단 및 치료 시장 규모는 2016년 1,250억 달러에서 2021년에는 1,550억 달러, 당뇨 환자는 2040년 6억4천만 명으로 성인 10명중 1명이 당뇨를 앓을 것으로 예상한다.

(1) 소주제 항목 분석

① 통계 데이터의 앞부분은 대부분 조사의 '원인(Cause)'을 나타낸다.

> "서구 식생활 증가 - 쌀소비 감소", "노령화 사회와 식습관 변화 - 생활습관질병 환자 증가"

1개의 원인이 아닌 3개의 원인이 제시된 문장이다. 제1원인은 '식생활 증가', 제2원인은 '노령화사회 진입', 제3원인은 '식습관 변화'다. 각 원인은 상호 인과관계가 없는 독립적 변수들이다. 이에 대응하는 종속변수, 즉 조사 결과 역시 3개의 항목이 제시되었다.

② 독립변수와 종속변수, 즉 원인과 결과를 찾고, 문장에서 중요한 메시지만 요약하는 문장 다듬기를 한다.

- **원인1** : 서구 식생활 증가로 쌀 소비 감소 중
- **결과1** : 1인당 쌀 소비량 2000년 93.6kg, 2005년 80.7kg, 2014년 65.1kg으로 연간 평균 2.2% 감소

- **원인2** : 노령화 사회 진입
- **결과2** : 뇌졸중 치료제 시장 연간 10조 원 이상, 2014년 전 세계 환자 4천만 명, 매년 10만 명 환자 발생 2만 6000명 이상 사망하는 한국인 사망 원인 제2의 질병

- **원인3** : 식습관 변화
- **결과3** : 세계 당뇨병 진단 및 치료 시장 규모는 2016년 1,250억 달러, 2021년에는 1,550억 달러, 당뇨 환자 2040년 6억4천만 명으로 성인 10명중 1명 당뇨

원인 3개와 결과 3개로 이루어진 통계 데이터의 경우 하나라도 생략할 수 없으며 데이터를 모두 시각화해 주어야 한다. 우선 각 항목을 살펴보고 그래프 유형을 결정하는 단계로 넘어간다.

전문가 TIP!
그래프 유형을 결정하기 전까지 시각화 부분을 먼저 생각하지 않는다.

- 원인1−결과1의 데이터는 연도별 쌀 생산량을 그래프로 표현할 수 있다.

2000년, 2005년, 2014년까지 3개년도 쌀 소비량의 높낮이 차이를 막대그래프 또는 선그래프로 나타낼 수 있다.

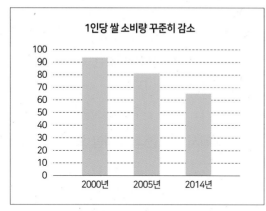

▲ 1인당 쌀 소비량 막대그래프

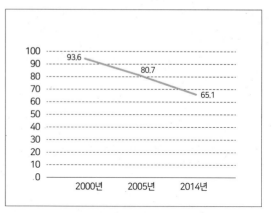

▲ 1인당 쌀 소비량 선그래프.
변곡점마다 소비량을 나타내는 숫자 표시

- 원인2−결과2는 각각의 데이터를 아이콘+숫자 조합으로 나타낸다.

− 시각화 대상1 : 뇌졸중 치료제 시장 연간 10조 원 이상
− 시각화 대상2 : 2014년 전 세계 환자 4천만 명
− 시각화 대상3 : 매년 10만 명 환자 발생, 2만 6000명 이상 사망하는 한국인 사망 원인 제2의 질병

제공되는 데이터에는 실제 많은 정보가 포함되어 있다. 특히 매년 10만 명 환자 발생, 2만6천명 사망 부분은 "사망률 무려 26%"와 같이 데이터를 재편집하는 표현도 생각해 볼 수 있다.

- 원인3−결과3은 시장 규모는 그래프로 처리하고, 환자 수는 아이콘+숫자 조합으로 표현한다.

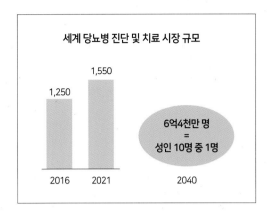

(2) 적합한 레이아웃(도해)

'원인 3개−결과 3개' 도해 처리방법은 먼저 자료의 크기에 따라 달라진다. 해당 성과보고서는 A4 사이즈(세로)로 보고하는 경우로 가로의 크기는 제한적이라는 점을 고려해야 한다. 앞서 살펴본 대로 원인1−결과1은 1개의 그림, 원인2−결과2는 3개의 그림, 원인3−결과3은 2개의 그림이다. 총 6개의 그래프와 아이콘 등을 3개의 영역으로 구분해서 표현해야 한다.

- 3열로 이루어진 나열식 레이아웃(도해)

1열부터 3열까지 총 3개의 소주제를 차곡차곡 쌓아서 그려 넣는 방식이다. 독해도 편리하고 추후에 잘라서 사용하기에도 매우 유용한 방법이다.

1 막대그래프에서 막대는 소비량이므로 상징하는 그림으로 표현할 수 있다. 쌀 소비량이 지속적으로 감소한다는 표현이 중요하다.

2 뇌졸중 시장 규모, 사망률 및 한국인 사망 원인 2위 요소를 부각하는 것이 핵심이다. 숫자와 글자 크기를 다르게 해서 강조하는 것도 고려하자.

3 시장 규모 단위는 달러. 뇌졸중 치료제 시장 규모가 원(won)이므로 단위를 통일해서 사용할 수도 있다. 성인 10명 중 1명이 낮은 비율이 아니라는 점을 강조하는 것도 중요하다.

성과보고서나 결과보고서에 도입부에 삽입되는 시장분석 시각화 자료는 전달하고자 하는 성과 또는 결과에 대한 핵심 메시지를 먼저 이미지로 보여준 뒤 세부적인 내용은 글로 설명할 때 큰 역할을 한다. 제작에서 가장 중요 포인트는 전체적인 내용을 쉽게 파악할 수 있도록 적절한 아이콘과 강조할 텍스트를 결합하여 전달하고자 하는 내용을 확실하게 보여주는 것이다. 그래프 표현을 관련 아이콘으로 대체하여 주제를 부각시킬 수 있는 방법을 알아보자.

STEP 01 » 인포그래픽 PREVIEW

DESIGN POINT >> 성과 보고서

❶ 성과 보고서의 각 파트별로 전달하고자 하는 핵심 메시지를 파악하고 시각화할 수 있는 키워드를 추출하는 것이 가장 중요하다. 소주제별 키워드는 '1-쌀, 2-환자, 세계, 국내, 치료제 시장, 3-인구, 치료시장 규모' 등이다.

❷ 보고서에 삽입되는 설명 자료이므로, 배경색은 삽입하지 않는 것이 좋다. 배경색을 삽입할 경우 미색을 적용한다.

❸ 주가 되는 색상은 키워드 아이콘에서 추출하여 사용하는 것이 좋다. 쌀 아이콘과 시장을 나타내는 돈 아이콘 에서 노랑 계열색과 초록 계열색을 뽑아내 두 색의 조합으로 색을 사용할 수 있다. 또한 색의 가짓수는 최대 5개 이상 사용하지 않는 것이 좋다. 두세 가지 색을 선정하여 명도와 채도에 차이를 주어 사용하는 것이 깔끔하고 안정적이다.

❹ 금액의 표현은 읽기 쉽도록 한글로 단위를 표기해주는 것이 좋다.
  예 '100,000명' → '10만 명'

• **완성파일** : 3장\[완성파일] 폴더　　• **실습자료** : 3장\[실습파일] 폴더

1　[디자인] 탭-[사용자 지정] 그룹-[슬라이드 크기]-[사용자 지정 슬라이드 크기]를 선택하고 [슬라이드 크기] 대화상자에서 너비 '19cm', 높이 '23cm'로 지정한 후 [확인]을 클릭한다.

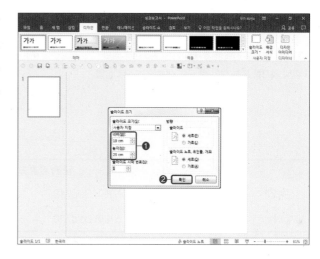

• 슬라이드는 파워포인트를 제작하는 기본 바탕으로 결과물의 크기에 따라 슬라이드 크기를 지정할 수 있다.
• 슬라이드는 제작하기 전 크기를 지정하는 것이 좋으며, 파워포인트 2013버전부터 와이드(16:9) 사이즈로 기본 설정이 되어 있다.
• 슬라이드가 여러 장일 경우, 각각의 슬라이드 크기를 따로 지정하는 것은 불가능하며, 부분적으로 슬라이드의 크기를 다르게 지정하고 싶은 경우 새 파일을 추가하여 크기를 새로 지정한 후 작업해야 한다.

2　[보기] 탭-[표시] 그룹-[눈금자]와 [안내선]을 선택해 체크하고, 제목이 들어갈 위치와 각 내용이 들어갈 공간에 안내선을 추가한다. 제목이 들어갈 위치에 [삽입] 탭-[일러스트레이션] 그룹-[도형]- [직사각형]을 선택해 도형을 삽입한 후 서식을 지정하여 제목 영역을 구분해준다.

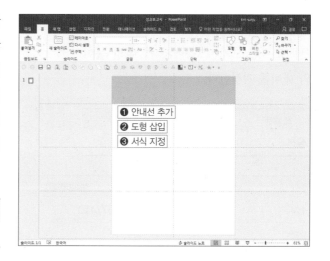

도형	도형 색(RGB)
직사각형	246 / 195 / 54

3 [텍스트 상자]를 추가해 제목을 입력하고 서식을 지정한다.

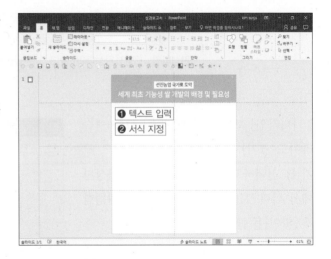

텍스트 뒷부분을 흰색으로 배경 처리한 것은 텍스트를 강조하기 위함이며, 구현하는 방법은 다양하다.
- 흰색 사각형 도형을 글자 뒷부분에 배치
- 텍스트 상자를 선택한 후 채우기를 흰색으로 처리
- 흰색 사각형 도형 삽입 후 도형 내부에 텍스트 삽입

텍스트	글꼴/글꼴 크기	글꼴 색(RGB)
선진농업~	나눔스퀘어 Bold/18	■ 116/91/49
세계 최초~	나눔스퀘어 Bold/28	□ 흰색

4 다음으로 각 소주제의 내용이 들어갈 영역을 그려보자. [삽입] 탭-[표] 그룹-[표]를 선택하고 1X2 표를 삽입한다. 입력된 표를 선택한 후 [표 도구]-[디자인] 탭-[테두리 그리기] 그룹에서 테두리와 색상 서식을 지정하고, [표 도구]-[레이아웃] 탭-[셀 크기] 그룹에서 각 행의 높이와 너비를 지정한다.

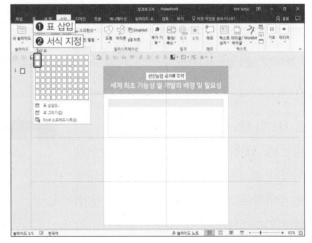

선 종류	너비	선 색(RGB)
실선	0.75pt	■ 191/191/191

표	색상(RGB)	크기(높이/너비)
1행	■ 252/237/170	1.1cm/17.5cm
2행	□ 흰색	4.4cm/17.5cm

삽입된 표를 선택하고 가장자리의 크기 조절점을 조절하여 표 전체의 크기를 변경할 수 있으며 열과 행을 수정할 경우 변경하고자 하는 칸의 가장자리에 마우스를 위치시키면 검정색 화살표로 마우스포인터가 변경된다.
← / → : 행 선택, ↑ / ↓ : 열 선택, ↗ : 칸 선택

5 Ctrl + Shift 를 누른 상태에서 완성된 표를 드래그하여 아래로 2개 더 복사한다. 일정한 간격을 맞추기 위해 표를 모두 선택하고 [홈] 탭-[그리기] 그룹-[정렬]-[개체 위치]-[맞춤]-[세로 간격을 동일하게]를 선택해 정렬하고 각 표의 상단에 제목을 작성한 후 서식을 지정한다.

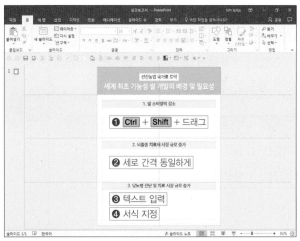

텍스트	글꼴/글꼴 크기/속성	글꼴 색(RGB)
소제목	나눔스퀘어 Bold/18/가운데 정렬	■ 116/91/49

전문가 TIP!

• 같은 서식을 일일이 설정하면 작업과정이 많아지게 되므로 이때는 서식 복사를 활용한다. 복사할 서식이 적용된 대상을 선택한 후 [홈] 탭-[클립보드] 그룹-[서식 복사]를 선택하고 적용할 대상을 클릭(드래그)하면 서식이 복사된다.
• [서식 복사]를 더블클릭하면 여러 곳을 지정할 수 있으며 서식복사 모드를 해제하려면 Esc 를 누른다.
  – Ctrl + Shift + C : 서식 복사
  – Ctrl + Shift + V : 서식 붙여넣기

6 이제 영역 1의 수직 막대그래프를 제작하자. 차트를 활용할 수도 있지만 차트 활용 시 시각화를 위한 아이콘 사용이 어려우므로 간단한 그래프일 경우 직접 그려준다. [삽입] 탭-[일러스트레이션] 그룹-[도형]-[선]으로 x축 기준선과 y축 눈금선을 그려준다.

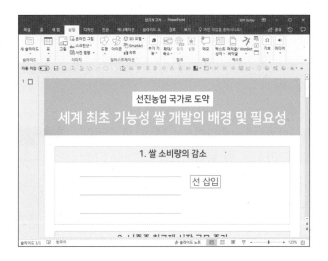

7 선을 선택하고 [마우스 오른쪽 클릭]-
[도형 서식]-[선]에서 서식을 지정한다.
기준선은 명확하게 표시하고, 눈금선은 구
분이 가능할 정도로만 표시한다.

선	종류	두께	선 색(RGB)
기준선	실선	1pt	■ 24/23/23
눈금선	실선	0.25pt	■ 191/191/191

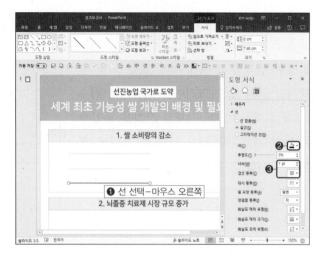

8 [텍스트 상자]를 이용하여 축의 단위를
입력한다.

x축	2000, 2005, 2014
y축	0, 50, 100

텍스트	글꼴/글꼴 크기	글꼴 색(RGB)
축 단위 (x축, y축)	나눔스퀘어/8	■ 89/89/89

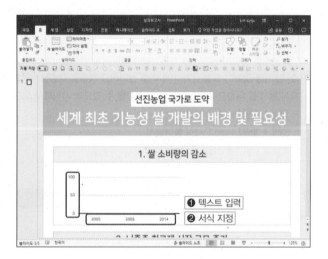

9 [삽입] 탭-[슬라이드] 그룹-[새 슬라이
드]를 클릭해 새 슬라이드를 추가하고 [삽
입] 탭-[이미지] 그룹-[그림]-[실습파일]
폴더에서 '쌀.emf' 파일을 불러온다. [마우
스 오른쪽 클릭]-[그룹화]-[그룹 해제]를
2번 반복하여 개체를 분리시킨다. 분리된
세워진 형태의 쌀자루와 눕혀진 형태의 쌀
자루를 선택하여 복사(Ctrl + C)한 뒤 첫
번째 슬라이드에 붙여넣기(Ctrl + V)한다.
새로 삽입한 슬라이드는 삭제한다.

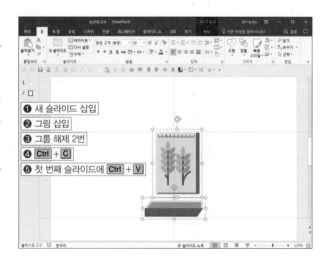

10 그래프의 크기에 맞게 쌀 아이콘의 크기를 줄여준 후 값에 맞게 높이를 조절한다. 높이는 쌀자루를 복사해 쌓는 방법과 쌀자루의 높이 자체를 조절하는 방법 등 다양하게 표현할 수 있다.

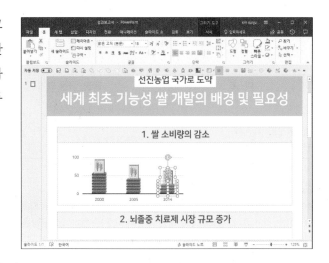

11 높이 조절이 완료되면 각각 분리되어 있는 아이콘을 선택하고 [마우스 오른쪽 클릭]-[그룹화]-[그룹]을 선택하여 이동 및 수정이 편리하도록 그룹화한다. [텍스트 상자]를 추가하여 해당 값을 표기한다.

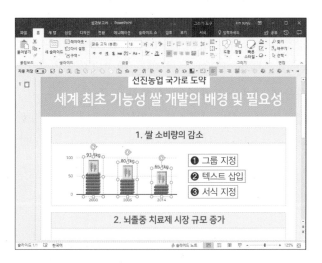

값	93.6kg, 80.7kg, 65.1kg

텍스트	글꼴/글꼴 크기	글꼴 색(RGB)
값	나눔스퀘어 Bold/9	▦ 89/89/89

12 [텍스트 상자]를 이용해 그래프의 오른쪽에 강조할 핵심 내용을 서식에 맞게 입력한다.

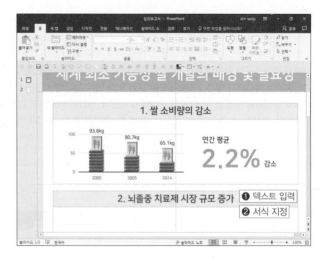

텍스트	글꼴/글꼴 크기	글꼴 색(RGB)
2.2%	나눔스퀘어 ExtraBold / 48	240 / 170 / 30
그 외 입력 텍스트 (연간 평균, 감소)	나눔스퀘어 Bold / 14	89 / 89 / 89

전문가 TIP!

수치 데이터는 객관적 판단이 가능하고 특히 성과보고서에서 주로 다루어야 할 요소이기 때문에 크기와 두께, 색을 다르게 하여 더 강조하는 것이 좋다. 강조하고자 하는 부분의 색상은 전체적인 균형을 맞추기 위해 주색상을 크게 벗어나지 않는 한두 가지 색을 정하여 사용한다. 그 외의 글자들은 비중에 따라 크기를 다르게 하여 내용의 강약을 조절하면 된다.

13 이제 2. 영역의 내용을 구성해보자. 강조하고자 하는 내용에서 그림으로 표현할 요소를 파악하고 그에 맞는 아이콘을 활용해 내용을 이해하는 데 도움을 줄 수 있도록 해야 한다. [텍스트 상자]를 이용해 내용을 입력하고 서식을 지정한다.

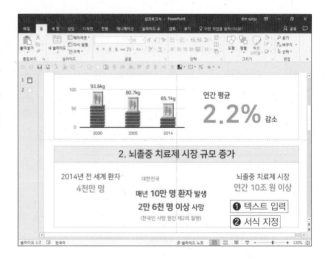

텍스트	글꼴/글꼴 크기/속성	글꼴 색(RGB)
2014년 전 세계 환자/뇌졸중 치료제 시장	나눔스퀘어/14/가운데 정렬	89/89/89
4천만 명/연간 10조 원 이상	나눔스퀘어 ExtraBold/16/가운데 정렬	240/170/30
10만명 환자/2만 6천 명 이상	나눔스퀘어 ExtraBold/16/가운데 정렬	52/130/60
대한민국/(한국인 사망 원인 제2의 질병)	나눔스퀘어/10/왼쪽 정렬	127/127/127

14 텍스트를 선택한 후 [홈] 탭-[글꼴] 그룹-[문자 간격]-[기타 간격..]을 선택하고 [글꼴] 대화상자의 [문자 간격] 탭에서 자간을 변경한다.

문자 간격	값
좁게	0.7pt

전문가 TIP!
텍스트의 자간은 기본 설정보다 좁혀서 작성하면 가독성을 높일 수 있다.

15 내용을 강조할 이미지를 불러오기 위해 [삽입] 탭-[이미지] 그룹-[그림]-[실습파일] 폴더에서 '환자.emf', '태극기.emf', '돈.emf' 파일을 불러온다. 이미지가 삽입되면 해당 내용에 맞게 크기를 조절하고 배치한다.

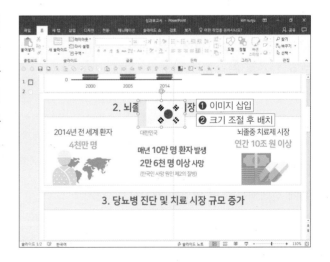

16 왼쪽 데이터는 전 세계 값이고 그 옆 데이터는 국내 데이터 값이므로 각 데이터 간 혼동을 막기 위해 구분해서 표기해야 한다. 구분선 개념으로 태극기의 봉을 그려보자. [삽입] 탭-[일러스트레이션] 그룹-[도형]-[직사각형], [순서도 : 지연]을 선택하여 태극기의 봉과 봉의 머리를 그리고 태극기 왼쪽에 배치한다. 다음으로 전세계 환자와 대한민국의 환자가 급증하고 그로 인해 치료제 시장 규모가 증가함을 표시하는 화살표를 그려준다. 태극기의 봉과 화살표에 서식을 지정한다.

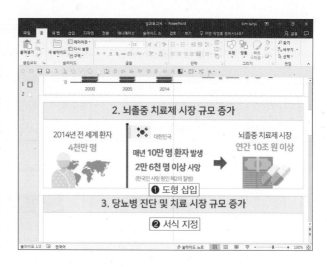

아이콘	도형	도형 색(RGB)
태극기 봉	직사각형	137/108/84
봉 머리	순서도 : 지연	95/70/65
화살표	화살표 : 오른쪽	118/113/113

17 마지막 세 번째 영역의 내용을 구성해보자. 10명 중 1명이라는 정보는 아이콘으로 수를 나타내 표현할 수 있다. [삽입] 탭-[이미지] 그룹-[그림]-[실습파일] 폴더에서 '사람픽토그램.emf' 파일을 불러온다. 불러온 파일을 먼저 그룹 해제(Ctrl+Shift+G 2번 반복)한 후 아이콘 뒤에 선택되는 투명 영역을 제거한다. 다시 아이콘을 전체 선택하고 그룹화(Ctrl+G)한다.

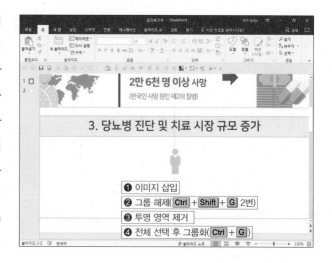

전문가 TIP!

불러온 아이콘의 색을 변경하면 아이콘의 배경색이 변경되는 것을 확인할 수 있다. 파워포인트에서 wmf나 emf 파일 형식을 사용할 때에는 배경의 유무와 관계없이 개체를 2번 그룹 해제(Ctrl + Shift + G)한 후 개체 아이콘 주변의 빈 영역을 선택했을 때 투명색 영역이 선택되는지 확인한다. 선택된 투명 영역을 제거한 후 다시 그룹화(Ctrl + G)하여 사용한다.

18 아이콘을 Ctrl + Shift +드래그하여 10 개 복사하고 그림처럼 배치한 후 첫 번째 아 이콘의 색을 '■ 100/165/82'로 변경한다.

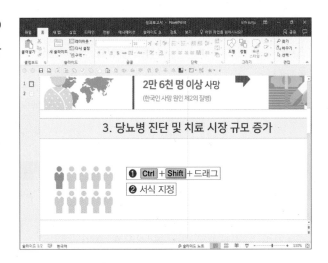

19 [삽입] 탭 – [일러스트레이션] 그룹 – [도형] – [사각형 : 둥근 모서리]를 선택하여 소제목이 들어갈 도형을 그려준다. 모양 조절점으로 그림과 같은 모양이 되도록 모 서리를 둥글게 조절한다.

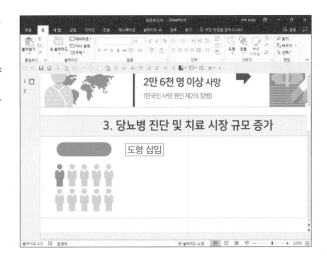

20 [텍스트 상자]를 추가해 내용을 입력 하고 서식을 지정한다. 왼쪽의 제목 도형 을 Ctrl + Shift +드래그하여 복사하고 텍 스트를 수정한다.

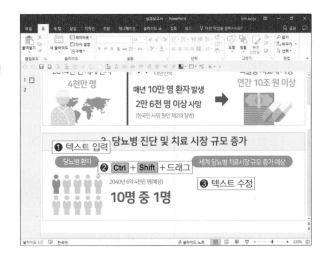

텍스트	글꼴/글꼴 크기/속성	글꼴 색(RGB)
소제목	나눔스퀘어/12/가운데 정렬	☐ 흰색
2040년 6억~	나눔스퀘어/10/왼쪽 정렬	■ 127/127/127
10명 중 1명	나눔스퀘어 ExtraBold/24/왼쪽 정렬	■ 52/130/60

21 데이터를 표현할 그래프는 선그래프를 사용한다. 효율적인 작업을 위해 앞서 영역 1에서 제작했던 그래프를 복사하여 기본적인 기준선과 눈금선의 서식을 유지한 상태에서 변경되는 변수들을 변경하여 그래프를 제작한다.

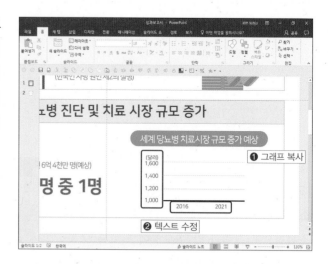

x축 변수	값	글꼴/글꼴 크기/속성	글꼴 색(RGB)
2016	1,250	나눔스퀘어 Bold/8/가운데 정렬	■ 89/89/89
2021	1,550	나눔스퀘어 Bold/12/가운데 정렬	■ 52/130/60

22 [삽입] 탭-[일러스트레이션] 그룹-[도형]-[선]을 선택하여 데이터를 표현하고 서식을 지정한 후 [텍스트 상자]를 이용해 값을 입력하고 서식을 지정한다. 2016년과 2021년의 미래 예상 수치를 비교하고 증가할 것을 나타내기 위한 그래프이므로 2021년 수치를 강조한다. [삽입] 탭-[일러스트레이션] 그룹-[도형]-[직사각형]을 선택해 2021년 데이터 영역의 배경을 삽입한다. [그리기 도구]-[서식] 탭-[정렬] 그룹-[뒤로 보내기]-[맨 뒤로 보내기]를 선택해 배경으로 보이도록 한다.

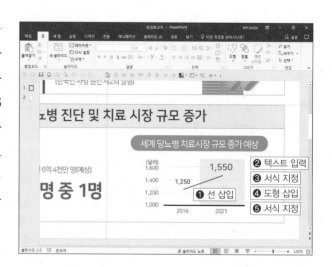

도형	도형 색(RGB)
직사각형	☐ 235/245/235

23 [삽입] 탭 – [이미지] 그룹 – [그림] – [실습파일] 폴더에서 그래프 관련 아이콘인 '약병.emf' 파일을 그래프의 오른쪽에 삽입한다. 당뇨병 환자 자료와 당뇨병 치료시장 증가 자료의 상관관계를 나타내기 위해 영역 2에 사용된 화살표를 복사하여 두 자료 사이에 삽입한다.

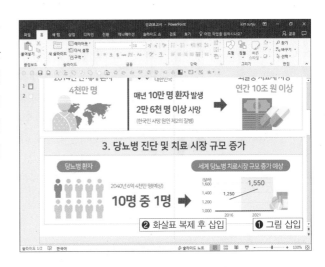

연도별 매출 추이를 홍보하는
실적발표자료 만들기

마케팅 부서 및 담당자 입장에서는 판매량이 증가하는 것만큼 행복한 것은 없을 것이다. 많은 기업에서 판매증가 추이를 주, 월, 분기, 반기, 연도별로 나누어 분석해 제품판매량이 늘어나면 보도자료를 통해 알리기도 한다. 이때 전달 포인트는 기자(미디어) 역시 쉽게 이해해서 기사를 쓸 수 있도록 데이터를 재가공해 표현하는 것이다. 이번 장에서는 연도별 매출 추이 실적 자료를 시각화하는 방법에 대해 알아보자.

SECTION 1 | 판매 급성장 제품 통계 데이터 시각화 방법

최근 1인 가구 증가와 외식 비율이 높아지면서 편의점 매출이 급성장하고 있다. 편의점에서 대표적 제품인 도시락 판매 데이터를 시각화하는 방법을 살펴본다.

01 편의점 도시락 매출 급성장 자료 1

통계청에 따르면, 주요 편의점의 2016년 도시락 매출이 일제히 세 자릿수로 큰 폭 상승했다. GS25와 CU(씨유) 도시락 매출은 각각 176.9%, 168.3%로 증가했다. 이는 도시락 매출이 전년과 비교해 2~3배 뛴 셈이다. 2016년 전체 편의점 도시락 시장 규모도 5,000억 원에 이를 것으로 추산하고 있다. 자세히 살펴보면 2013년 GS25 도시락 매출은 67.6%, CU는 51.8%다. 2014년에는 43.8%, 10.2%로 감소했으나 2015년은 58.9%, 65.8%, 2016년은 각각 176.9%, 168.3%로 급성장했다. 편의점 도시락 시장이 급성장하는 이유는 1인 가구의 증가에 따라 간편하게 식사를 해결하는 소비 패턴이 확산된 영향이 크다는 분석이다. 〈보도자료 인용〉

(1) 데이터 요약 및 분석

① 전체 분석

통계 데이터에서 앞부분에 언급된 기관/기업명은 대부분 자료의 출처가 된다. 먼저 몇 개의 소주제로 나눌 수 있는지부터 살펴본다. 이후 항목별로 자료를 다시 정리한다.

통계청에 ~~따르면~~**(출처)** 주요 편의점의 2016년 도시락 ~~매출이 일제히 세 자릿수로 큰 폭 상승했다.~~**(핵심 메시지 : 제목으로도 처리 가능)**

GS25와 CU(씨유) 도시락 매출은**(회사명 : 독립변수)** 각각 176.9%, 168.3%로 증가했다. (중요한 통계지만 이후에 세부 데이터가 나오므로 세부 데이터를 사용하기로 한다.)

~~이는 도시락 매출이 전년과 비교해 2~3배 뛴 셈이다.~~ (이후에 세부 데이터가 나온다면 크게 중요하지 않음)

2016년 전체 편의점 도시락 시장 규모도 5,000억 원에 ~~이를 것으로 추산하고 있다.~~ **(소주제1. 종속변수: 도시락 시장 규모)**

~~자세히 살펴보면~~**(소주제1과 연결되는 데이터로 다시 한 번 부연설명)** 2013년 GS25 도시락 매출은 67.6%, CU는 51.8%다. 2014년에는 43.8%, 10.2%로 감소했으나 2015년은 58.9%, 65.8%, 2016년은 각각 176.9%, 168.3%로 급성장 했다.**(소주제2. 독립변수 : 4년간, 종속변수 : 매출 성장률)**

편의점 도시락 시장이 급성장하는 이유는 1인 가구의 증가에 따라 간편하게 식사를 해결하는 소비 패턴이 확산된 영향이 크다는 분석이다.**(핵심 메시지 부연설명)**

소주제가 2개로 이루어져 있는 통계 자료다. 소주제 1은 '전체 도시락 시장규모'를 나타내고, 소주제 2는 '4년간 도시락 매출 증가율'을 설명하고 있다. 위 자료는 대표적인 회사 2개의 매출 증가율을 비교하고 있다. 따라서 그래프는 2개 회사*4년간 추이 그래프로 나타낼 수 있다. 그래프 가운데 2016년도는 특히 세 자릿수로 증가하였으므로 이 부분을 강조해야 한다.

전문가 TIP!

그래프 제목은 전달하려는 데이터의 내용을 사용하여 그래프 해독률을 높이는 것이 중요하다. 특히 소비자에게 배포하는 경우 그래프 제목으로 먼저 이해시키도록 한다.

② 소주제 항목을 재정리하고 강조할 제목과 데이터 표현 방법을 결정한다.

- **제목 및 핵심 메시지** : 주요 편의점 2016년 도시락 매출 세 자릿수로 상승
  - GS25와 CU(씨유) 2016년 도시락 매출 176.9%, 168.3%로 증가
- **제목 및 핵심 메시지(부연)** : 편의점 도시락 시장 급성장 이유는 1인 가구 증가
- **소주제1** : 2016년 전체 편의점 도시락 시장 규모 5,000억 추정
- **소주제2** : 2013년 GS25 도시락 매출은 67.6%, CU는 51.8%, 2014년 43.8%, 10.2%, 2015년 58.9%, 65.8%, 2016년은 각각 176.9%, 168.3%로 급성장

제목은 '편의점 도시락 매출 2016년 세 자릿수로 급성장' 정도로 표현이 가능하다. 소주제1은 그림과 숫자로 표현하고, 소주제2는 수직 막대그래프를 응용한 그림그래프로 표현이 가능하다.

③ 소주제2 데이터에 사용 가능한 그래프 예시

2개 회사의 4개년 추이(2013년, 2014년, 2015년, 2016년) 데이터이므로 2중 수직 막대그래프로 나타낼 수 있으며 총 항목 수는 8개(2개 회사＊4년)가 된다. GS25와 CU는 회사의 로고를 활용하거나 회사 로고의 메인 컬러를 그래프 컬러로 사용해 쉽게 인지할 수 있도록 한다.

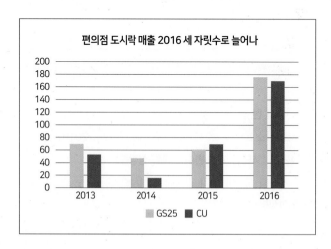

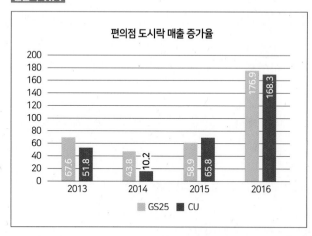

- 교정1 : 제목은 구체적으로 전달하고자 하는 메시지를 넣는다. 2016년은 100% 이상 증가한 매우 중요한 연도다.
- 교정2 : 수치는 세로로 쓰지 않는다. 가로로 읽기 쉽도록 그래프 위에 표시한다.
- 교정3 : 100% 선을 가로로 길게 그어서 표현한다. 2016년도가 유일하게 100% 이상 증가했다는 것을 설명할 때 좋다.

(2) 적합한 레이아웃(도해)

전체 데이터를 설명하는 자료 속에 함께 들어가는 한 컷 데이터로 표현한다. 비율은 가로가 약간 긴 직사각형 사이즈로 만든다.

① 소주제 2개로 이루어진 통계 데이터 도해(레이아웃)

시장 규모는 간단한 숫자와 그림으로 표현하고 4년간 도시락 매출 추이는 2중 수직 막대그래프로 표현한다. 회사로고를 활용하고 전체 박스는 편의점 공간을 벡터 소스로 활용해 디자인해서 나타낼 수도 있다. 편의점 도시락 모양을 대표 아이콘으로 활용할 수도 있다.

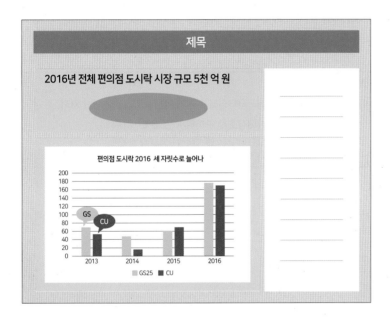

KEY NOTE

1 그래프 컬러는 회사 대표 컬러를 사용한다.

2 수치는 세로로 작성하지 않는다.

3 그래프 제목은 전달 메시지로 적어 해독 시간을 줄이고, 100% 비율 선을 넣는다.

02 도시락 이용에 대한 소비자 조사 발표 자료 2

농림수산식품부가 지난해 9월 실시한 '도시락 이용에 대한 소비자 조사'에 따르면 도시락을 이용하는 상황은 '집 · 사무실에서 혼자 먹을 때'(53.3%)가 과반을 차지했다. 도시락을 선택하는 이유는 '판매장소가 가까워서'(25.0%), '건강하다고 생각해서'(22.5%), '가격이 저렴해서'(17.7%) 순으로 조사됐다.

(1) 데이터 요약 및 분석

'농림수산식품부'는 출처가 된다. 통계 자료를 읽고 소주제가 몇 개로 이루어져 있는지 파악한다. 비율(%) 데이터라고 해서 모든 자료를 반드시 그래프로 표현할 필요는 없다. 이번에는 그림과 수치를 적절히 활용해 표현해 보자.

소주제	원인(이유)	결과
소주제1	도시락을 이용하는 상황	'집 · 사무실에서 혼자 먹을 때'(53.3%) 과반 차지
소주제2	도시락을 선택하는 이유	'판매장소가 가까워서'(25.0%) – 1위 '건강하다고 생각해서'(22.5%) – 2위 '가격이 저렴해서'(17.7%) – 3위

전문가 TIP!

그래프로 표현하기 어려운 데이터다. 원문 데이터가 아닌 일부 내용만 추출해서 보여주기 때문에 그래프 대신 그림과 수치를 적절히 병합하여 표현하는 것이 좋다.

(2) 적합한 레이아웃(도해)

소주제 2개는 '그림 데이터'로 표현이 가능하다. 직사각형에 가까운 비율에 맞는 레이아웃을 선택하며 배경을 집 모양으로 표현하는 것도 한 가지 방법이다.

① 소주제 2개(그림 데이터) 도해(레이아웃) 방법

• 소주제1 : '도시락을 이용하는 상황'에 맞는 이미지를 활용한다. 53.5%는 100% 띠그래프를 활용할 수도 있고, 숫자를 그대로 써서 나타낼 수도 있다.
• 소주제2 : '도시락을 선택하는 이유'에 대한 조사 결과 항목을 이미지로 활용한다. 비율 데이터는 크기에 따라 순서대로 표현한다.

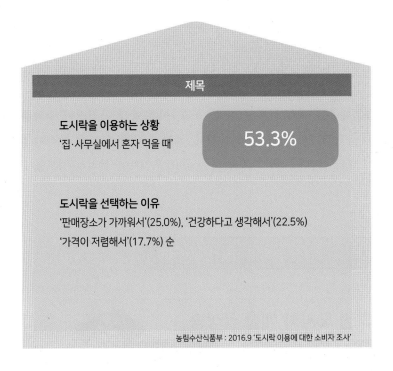

제목

도시락을 이용하는 상황
'집·사무실에서 혼자 먹을 때'

53.3%

도시락을 선택하는 이유
'판매장소가 가까워서'(25.0%), '건강하다고 생각해서'(22.5%)
'가격이 저렴해서'(17.7%) 순

농림수산식품부 : 2016.9 '도시락 이용에 대한 소비자 조사'

② 문장에 어울리는 그림 치환(대치) 방법

- 도시락을 이용하는 상황 : 도시락을 들고 있는 모습의 벡터 그림 활용 가능
- 집/사무실에서 혼자 먹을 때 : 사무실 테이블＋도시락 그림 병합해 사용 가능
- 도시락을 선택하는 이유 : 그림으로 나타내지 않는다(표현이 어렵다).
- 판매장소, 건강, 가격 단어를 대신하는 그림을 사용한다(표현 가능).

KEY NOTE

1 합이 100%가 되지 않는 데이터는 원그래프로 나타낼 수 없다.

2 그래프로 그릴 수 없는 경우 그림과 수치를 활용해 나타낸다.

3 배경을 사각형이 아닌 편의점 공간으로 설정해 전체 내용을 표현할 수 있다.

시장변화 및 매출규모 홍보를 위한
발표자료 만들기

매출에 관련된 발표 자료를 작성할 때에는 매출에 대한 이익, 효과, 이유 등의 긍정적인 수치를 정확하게 전달해야 하며, 그에 대한 공감과 인지도를 높여야 한다. 소재에 대한 인지가 빨라야 하기 때문에 시각적으로 표현하는 것이 효과적이다. 전달하고자 하는 중요 포인트를 살려서 정보를 표현하는 방법을 알아보자.

STEP 01 >> 인포그래픽 PREVIEW

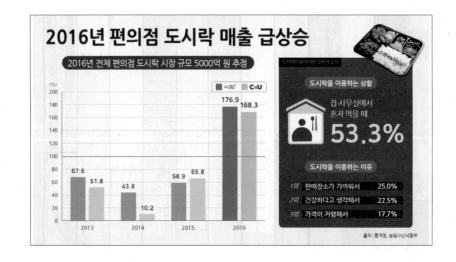

❶ 보고용(발표용) 자료를 만들 때에는 스크린에서 가장 선명하게 보일 수 있는 색을 선택하는 것이 중요하다. 객관적이고 구체적인 수치를 다루는 자료를 표현할 때에는 난색보다는 한색을 사용해야 스크린에서도 선명해 보인다.

❷ 구체적인 대상의 자료를 표현할 경우, 직접적인 사진 또는 해당 이미지를 부가적으로 보여주는 것이 시각적으로 효과적이다. 마찬가지로 어떠한 구체적인 대상을 표현할 경우, 실생활에서 쉽게 접할 수 있는 로고 등을 활용해 친숙함과 공감을 높인다.

❸ 그래프의 색을 선정할 때에는 비교 집단이 잘 구분될 수 있는 색을 사용하는 것이 좋으며, 색각 이상자를 고려하여 적녹/청황 등의 색을 피해 선정한다. 로고나 상징 컬러에서 색을 뽑아 사용할 수 있다. 예제의 경우 GS25는 파란 계열, CU는 연두색 계열을 선택해 구분했다.

❹ 다루는 내용이 무겁지 않도록 표현하기 위해 배경에 패턴 이미지를 적용하는 것도 시각화의 방법이다. 너무 조잡하지 않은 패턴의 이미지를 적용함으로써 전체적으로 부드러운 느낌을 줄 수 있으며, 자칫 허전해 보일 수 있는 부분을 감싸줄 수 있다. 그러나 배경 이미지를 넣었을 때 내용이 잘 안 보인다거나 내용을 방해하는 요소가 된다면 무조건 빼야 한다.

❺ '도시락을 이용하는 상황'의 보조 자료로 아이콘을 활용한다. 집·사무실에서 혼자 먹는 아이콘을 제작하기 위해 시각화할 수 있는 키워드를 추출하자면 '집, 사람, 먹다'이다. 이 중 〈먹다〉는 직접적으로 표현이 불가능하므로 대체할 수 있는 형태로 나타내야 하며, 예제에서는 수저로 표현했다.

• **완성파일** : 4장\[완성파일] 폴더 • **실습자료** : 4장\[실습파일] 폴더

1 [보기] 탭-[표시] 그룹-[눈금자]와 [안 내선]을 선택해 체크한 후 왼쪽 상단과 오른쪽 하단에 각 1cm의 정사각형을 그린다. 정사각형 크기에 맞춰 상하좌우에 안내선을 추가하여 동일한 여백을 만들어준다. 안내선을 추가한 후 정사각형 도형은 삭제한다.

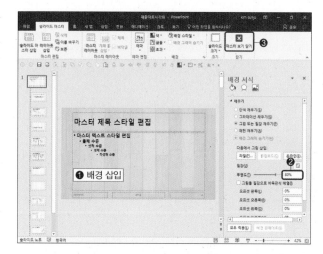

전문가 TIP!

일정한 크기의 정사각형을 상하좌우에 배치하는 것은 화면 여백을 남겨두기 위한 작업으로 이미지의 가장자리 여백은 전체적으로 안정감을 주는 역할을 한다. 좌우 여백을 일정하게 주어 균형을 유지할 수 있도록 한다.

2 [보기] 탭-[마스터 보기] 그룹-[슬라이드 마스터]를 클릭하면 공통으로 슬라이드에 적용되는 부분을 작성하거나 수정할 수 있다. 왼쪽 썸네일 첫 번째 슬라이드를 선택하고 [마우스 오른쪽 클릭]-[배경 서식]-[채우기]-[그림 또는 질감 채우기]-[파일]을 선택한 후 [실습파일] 폴더에서 '나무배경.jpg'를 불러온다. 투명도를 '80%'로 설정하여 흐리게 만들고 상단의 [마스터 보기 닫기]를 클릭한다.

전문가 TIP!

배경 이미지를 삽입할 때 [투명도] 및 [배경 서식]-[그림] 탭-[그림 보정]을 통해 밝기와 대비, 선명도 등을 조절할 수 있다.

슬라이드 마스터란, 모든 슬라이드에 공통적으로 적용되는 요소를 추가/편집할 때 사용하는 기능이다. 배경이나 로고, 페이지 번호 등 공통으로 들어가는 요소들을 각 페이지마다 일일이 추가하거나 수정하지 않고 마스터에서 편집하면 모든 페이지에 적용된다. 디자인 및 레이아웃을 변경하여 파워포인트 테마로도 저장하여 사용할 수 있다.

1 슬라이드 마스터 편집 상태로 이동하면 처음 보이는 화면이다. 왼쪽에 썸네일과 오른쪽에 슬라이드가 보인다. 썸네일의 최상단 1번이 '슬라이드 마스터'이며, 아래로 '레이아웃'을 지정할 수 있다.

2 맨 위의 1번 슬라이드 마스터를 클릭하고 공통적으로 들어갈 요소를 추가한다. 반드시 1번 슬라이드에 추가해야 전체적으로 적용된다. 기본 작업과 동일하게 [삽입] 탭에서 이미지나 도형 등을 추가할 수 있으며, [마우스 오른쪽 클릭]-[배경 서식]에서 배경을 적용할 수 있다. [마우스 오른쪽 클릭]-[배경 서식]-[단색 채우기]로 배경색을 지정해보자.

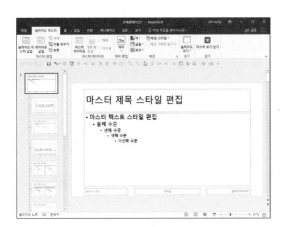

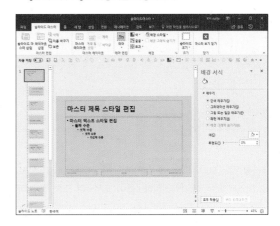

3 [삽입] 탭-[일러스트레이션] 그룹-[도형]에서 도형을 추가해보자. 도형을 선택하고 [그리기 도구]-[서식] 탭-[도형 스타일] 그룹에서 도형의 색과 윤곽선도 변경해보자. 그 외에 이미지나 로고, 텍스트도 추가해본다.

4 레이아웃은 작업 전 자주 사용하는 형태의 구성을 미리 만들어 매 슬라이드 작업마다 레이아웃을 반복적으로 만들지 않아도 되게끔 지정할 수 있으며 [슬라이드 마스터]에서 원하는 형태로 직접 레이아웃을 만드는 것이 가능하다. 첫 번째 슬라이드만 수정해보자. 1번 슬라이드 마스터 바로 아래의 슬라이드를 보면 제목 페이지를 구성하는 레이아웃이다. '마스터 제목 스타일 편집' 텍스트 상자를 선택하고 도형과 겹치지 않도록 위치와 크기를 조절해보자.

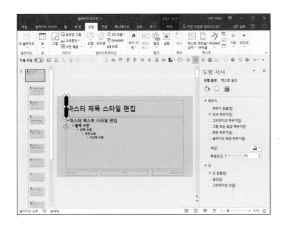

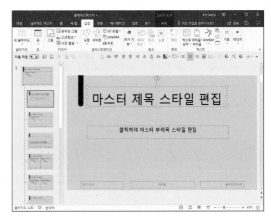

5 [삽입] 탭-[일러스트레이션] 그룹-[도형]에서 [직사각형]을 선택하고 슬라이드의 하단 부분에 삽입한다. [그리기 도구]-[서식] 탭-[도형 스타일] 그룹에서 [도형 채우기]는 '□ 흰색', [도형 윤곽선]은 '윤곽선 없음'으로 지정한다. [그리기 도구]-[서식] 탭-[정렬] 그룹-[뒤로 보내기]-[맨 뒤로 보내기]를 선택해 텍스트 상자 아래로 배치한다. [슬라이드 마스터] 탭에서 [마스터 보기 닫기]를 클릭한다.

6 다시 작업창으로 돌아오면 [슬라이드 마스터]에서 삽입한 디자인과 요소들이 슬라이드에 적용된 것을 확인할 수 있다. 슬라이드를 추가하면 빈 슬라이드가 아닌 [슬라이드 마스터]에서 지정한 형태로 추가된다.

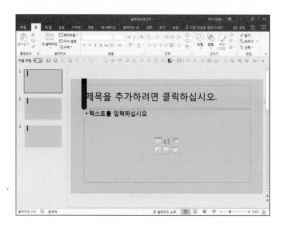

7 [홈] 탭-[슬라이드] 그룹-[레이아웃]을 선택하면 [슬라이드 마스터]에서 지정한 레이아웃들이 표시되며 그중 첫 번째 '제목 슬라이드'를 선택하면 [슬라이드 마스터]에서 수정한 레이아웃으로 적용된다. 그 외의 다른 슬라이드도 직접 수정하여 사용이 가능하다.

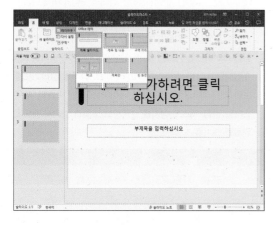

3 [삽입] 탭-[이미지] 그룹-[그림]-[실습파일] 폴더에서 '도시락.jpg' 파일을 불러온다. [그림 도구]-[서식] 탭-[조정] 그룹-[배경 제거]를 선택한다. 상단의 [보관할 영역 표시]를 눌러 도시락 영역만 남도록 세밀하게 조정하고, 삭제할 영역은 [제거할 영역 표시]를 누르고 마우스로 드래그하여 분홍색으로 만든다. 조정이 완료되면 [변경 내용 유지]를 클릭한다.

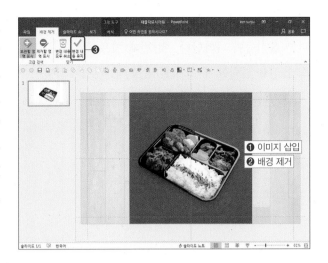

전문가 TIP!

- [배경 제거]는 이미지에서 필요한 부분만 추출할 때 사용하는 기능으로, 필요한 부분만 남겨두고 배경을 제거하여 이미지를 편집할 수 있다. 처음에 이미지에서 배경으로 인식되는 부분은 '분홍색'으로 표시되며, '분홍색' 영역은 삭제되는 영역이고 '실제 이미지 색상' 영역은 편집 후 남겨지는 영역이다.
- 상단의 [보관할 영역 표시]/[제거할 영역 표시] 버튼으로 수정이 가능하며, 삭제할 영역은 [제거할 영역 표시]를 누른 후 마우스로 드래그하여 '분홍색'으로 만들고, 남겨둘 영역은 [보관할 영역 표시]를 누르고 마우스로 클릭하거나 드래그하여 '실제 이미지 색상'이 되도록 '분홍색' 영역을 지워준다.
- 작업 중 선택을 잘못하였거나 이전 단계로 돌아가고 싶은 경우 Ctrl + Z 를 눌러 되돌아 갈 수 있으며, 조정 후 [변경 내용 유지]를 선택하면 배경이 지워진 개체를 확인할 수 있다. 편집을 취소하고 싶은 경우 [변경 내용 모두 취소]를 누르면 모든 작업이 취소된다.

4 이제 차트 기능을 활용하여 그래프를 그려보자. [삽입] 탭-[일러스트레이션] 그룹-[차트]-[세로 막대형]에서 [묶은 세로 막대형]을 선택한다. 데이터 시트에 그래프로 나타낼 값을 입력한다.

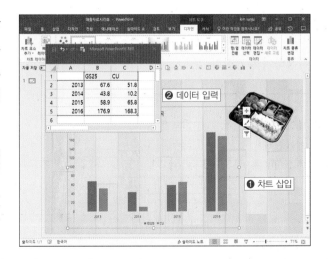

구분	2013	2014	2015	2016
GS25	67.6	43.8	58.9	176.9
CU	51.8	10.2	65.8	168.3

전문가 TIP!

[차트]는 데이터를 다양한 그래프 형태로 만들 수 있는 기능이다. 그래프가 필요한 경우 편리하게 사용할 수 있는 기능으로, 다양한 종류의 막대그래프와 꺾은선그래프, 원그래프, 분포도, 방사형 등 원하는 그래프를 선택하여 작성이 가능하다. 그래프 종류를 선택하면 엑셀 창이 나타나는데 이 데이터 시트에 데이터를 입력하면 입력한 데이터에 맞게 그래프가 만들어진다.

5 그래프를 선택하면 오른쪽에 차트에 관련한 옵션들이 나타난다. 첫 번째 차트 요소 옵션을 클릭한 후 표시될 항목(축, 데이터 레이블, 눈금선)을 체크한다.

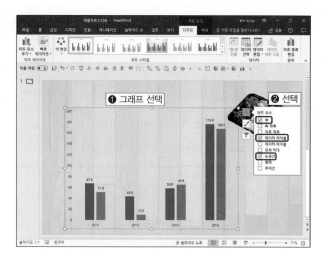

전문가 TIP!

그래프를 선택하면 오른쪽에 버튼 3개가 나타난다.

- [차트 요소] : 차트에서 나타낼 항목을 선택할 수 있으며, 각 요소의 [기타 옵션]에서 세부적인 수정을 할 수 있다(2013버전 이상 지원되는 기능으로 2010버전에서는 [차트 도구]-[레이아웃] 탭-[레이블], [축] 그룹에서 해당 요소를 선택하여 지정한다).
- [차트 스타일] : 그래프의 스타일 및 기본 테마 색상을 변경할 수 있다(2010 버전에서는 [차트 도구]-[디자인] 탭에서 변경 가능하다).
- [차트 필터] : 그래프의 입력된 데이터 중 요소를 선택하여 그래프를 임의로 변경할 수 있다(2010버전에서는 지원되지 않는다).

6 막대 너비와 간격을 조절하기 위해 막대를 선택하고 [마우스 오른쪽 클릭]-[데이터 계열 서식]-[계열 옵션]에서 서식을 지정하여 수정한다.

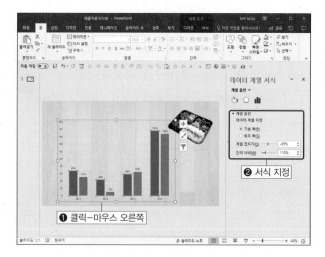

항목	값
데이터 계열 지정	기본 축
계열 겹치기	−25%
간격 너비	110%

전문가 TIP!

- 그래프는 X축, Y축, 기준선, 차트, 데이터 레이블, 눈금선, 범례 등으로 구성되어 있으며, 그래프를 작성한 후 차트의 구성요소를 선택하여 수정할 수 있다.
- 그래프를 선택한 후 변경할 요소를 한 번 클릭하면 파란색 점으로 해당 구성요소들이 함께 선택된다.
- 선택된 요소는 [마우스 오른쪽 클릭]-[데이터 계열 서식]에서 모양, 색상 등을 변경할 수 있다.
- 선택된 상태에서 따로 수정하고자 하는 요소를 한 번 더 클릭하면 해당 요소만 선택되며 개별적으로 수정이 가능하다(단, 축과 눈금선은 개별 요소 선택이 불가능하다).

7 입력한 데이터의 계열 막대색을 바꿔보자. 그래프를 선택하고 'GS25'에 해당하는 막대를 클릭한다. 파란색 점으로 해당 그래프 요소들이 선택되면 [마우스 오른쪽 클릭]-[데이터 계열 서식]-[채우기 및 선]-[색]에서 색을 변경하고 투명도를 지정해준다. 'CU' 막대도 같은 방법으로 색을 변경한다.

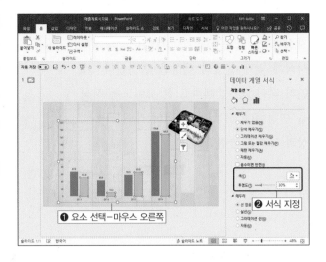

계열	색(RGB)	투명도	테두리
GS25	0/112/192	30%	선 없음
CU	146/208/80	30%	선 없음

8 2016년의 데이터를 강조하기 위해 해당 요소만 따로 수정하자. 계열의 막대가 선택된 상태에서 '2016년'의 막대를 한 번 더 클릭하면 클릭한 막대만 선택되고 다른 막대들은 선택이 해제된다. 선택된 '2016년' 막대의 투명도를 '0%'로 변경한다.

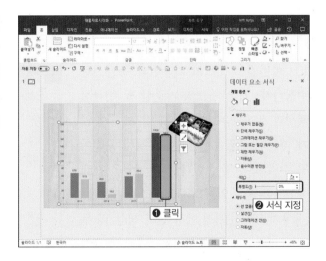

9 깔끔한 그래프를 만들기 위해 서식을 지정하자. 차트가 전체 선택된 상태에서 서식에 맞게 글꼴과 색상을 변경한다. 데이터 레이블을 선택하고 잘 보이도록 서식을 변경한다. 2016년 데이터 레이블의 색상과 크기를 변경한다.

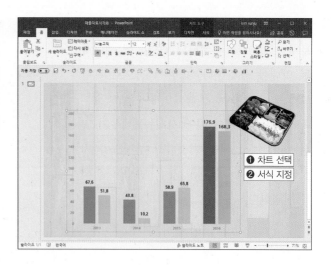

텍스트	글꼴/글꼴 크기	글꼴 색(RGB)
전체 그래프 차트	나눔고딕/12	■ 89/89/89
데이터 레이블	나눔스퀘어 ExtraBold/14	■ 89/89/89
2016년 GS25 데이터	나눔스퀘어 ExtraBold/16	■ 0/49/146
2016년 CU 데이터	나눔스퀘어 ExtraBold/16	■ 30/80/28

10 이번엔 그래프의 기준선과 눈금선을 수정하자. 기본 차트의 기준선 및 눈금선 색상과 두께가 배경에 묻혀 잘 보이지 않기 때문에 조금 더 진하게 수정해 구분이 될 수 있도록 해야 한다. x축 계열을 선택하고 [마우스 오른쪽 클릭]-[축 서식]-[채우기 및 선]-[선]에서 선의 색상 및 두께를 변경한다. 마찬가지로 y축과 눈금선도 각각 선택한 뒤 서식에 맞게 변경한다.

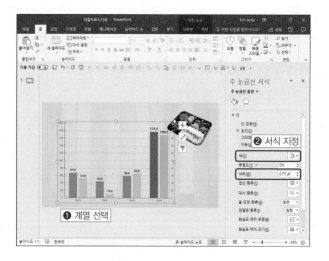

구분	선 색(RGB)	두께
x축/y축 기준선	■ 89/89/89	1pt
눈금선	■ 191/191/191	0.75pt

11 데이터는 (%) 값으로 구성되어 있으며 2016년도 데이터는 100%를 넘는다. 따라서 그래프에서 100% 기준선을 선명하게 표시해줘야 한다. [삽입] 탭-[일러스트레이션] 그룹-[도형]-[선]을 선택해 100% 라인 위에 선을 그린 후 서식을 지정한다. 그 다음 y축 위에 단위(%)를 적어준다.

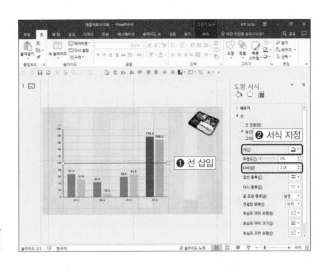

구분	선 색(RGB)	두께
100% 기준선	▦ 89/89/89	1pt

텍스트	글꼴/글꼴 크기	글꼴 색(RGB)
(%)	나눔고딕/10.5	■ 100/100/100

12 그래프의 범례는 각 브랜드의 로고를 활용하여 표현해보자. [삽입] 탭-[이미지] 그룹-[그림]-[실습파일] 폴더에서 'GS25 BI.emf', 'CU BI.emf' 파일을 불러온다. 불러온 이미지를 적당한 크기로 그래프 상단에 배치한다.

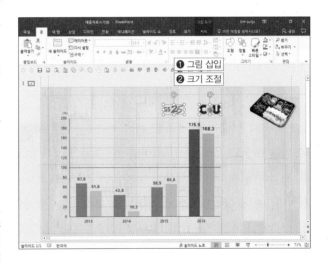

전문가 TIP!

기업의 로고는 대부분 웹 사이트에 게시되어 있다. 해당 사이트에서 AI(일러스트) 원본 파일 다운로드 후 'https://convertio.co/kr/' 사이트(파일 변환 사이트)에 접속 후 파일 형식을 'emf' 또는 'wmf' (윈도우 이미지 파일 형식)으로 변환하여 사용이 가능하다.

13 [삽입] 탭-[일러스트레이션] 그룹-[도형]-[직사각형]으로 정사각형 형태를 만든 후 각 로고 왼쪽에 배치하여 해당 그래프의 색으로 변경한다. 그 다음 [삽입] 탭-[일러스트레이션] 그룹-[도형]-[사각형:둥근 모서리] 도형을 선택한 후 범례를 감싸는 틀을 만들어준다. [홈] 탭-[그리기] 그룹-[정렬]-[맨 뒤로 보내기]를 눌러 개체 맨 뒤로 이동시키고 전체를 선택한 후 그룹화(Ctrl+G)한다.

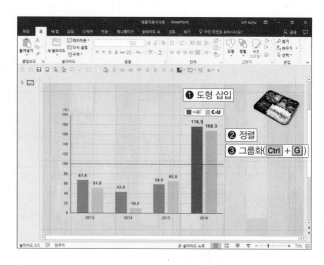

구분	도형 색(RGB)	선 색(RGB), 너비
gs25	■ 0/112/192	–
CU	■ 146/208/80	–
전체 틀	□ 흰색	■ 89/89/89, 1pt

14 완성된 그래프와 범례를 전체 선택하여 그룹화(Ctrl+G)한 뒤 적당하게 크기를 조절하여 배치하고 제목과 소제목을 작성한다. 소제목은 도형으로 처리하여 부수적으로 강조해준다. [삽입] 탭-[일러스트레이션] 그룹-[도형]-[사각형:둥근 모서리]를 선택한 후 조절점을 최대로 둥글게 조절하여 텍스트의 크기에 맞게 배치한다.

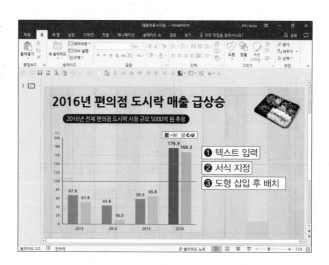

텍스트	글꼴/글꼴 크기/속성	글꼴 색(RGB)
큰 제목	나눔고딕 ExtraBold/44/왼쪽 정렬	■ 0/32/96
소제목	나눔고딕/20/가운데 정렬	□ 흰색

구분	도형	도형 색(RGB)
소제목 도형	사각형 : 둥근 모서리	■ 0 / 49 / 146

15 오른쪽에는 소비자 조사 결과를 보여주는 자료를 입력해 보자. 100% 정확한 모든 데이터를 보여주는 것이 아닌 중요한 상위 값만 보여주는 형식이기 때문에, 핵심 내용을 분명하게 전달해야 한다. [삽입] 탭 - [일러스트레이션] 그룹 - [도형] - [사각형 : 둥근 모서리]를 선택하여 내용을 입력할 틀을 그려준 후 색은 '■ 90 / 86 / 86', 윤곽선은 '선 없음'으로 지정한다. 도시락 이미지는 [정렬] - [맨 앞으로 가져오기]를 선택하여 가장 앞으로 이동하고 적절한 위치에 배치한다.

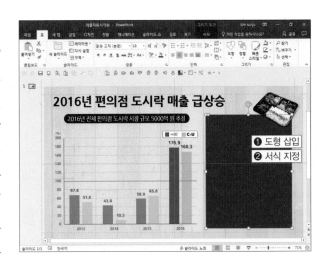

16 [텍스트 상자]를 이용해 내용을 입력하고 서식을 지정한다. 타이틀이나 순위 등의 항목에는 [사각형]과 [사각형 : 둥근 모서리] 도형을 활용하여 구분한다.

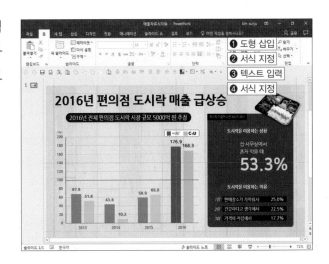

텍스트	글꼴/글꼴 크기/속성/문자 간격	글꼴 색(RGB)
도시락 이용에 대한 소비자 조사	나눔고딕 / 12 / 왼쪽 정렬 / 좁게	□ 흰색
조사 주제	나눔고딕 ExtraBold / 16 / 가운데 정렬	□ 흰색
집 · 사무실에서 혼자 먹을 때	나눔고딕 / 18 / 왼쪽 정렬	□ 흰색

텍스트	글꼴/글꼴 크기/속성/문자 간격	글꼴 색(RGB)
53.3%	나눔스퀘어 ExtraBold/60/왼쪽 정렬/좁게	162/225/255
순위	나눔고딕/14/왼쪽 정렬	흰색
순위 항목	나눔고딕/16/왼쪽 정렬/좁게	162/225/255
항목 비율	나눔고딕 ExtraBold/16/오른쪽 정렬	흰색

구분	도형	도형 색(RGB)
도시락 이용에 대한 소비자 조사	직사각형	24/23/23
조사 주제	사각형 : 둥근 모서리	34/90/180
순위 항목	직사각형	0/32/96

전문가 TIP!

"도시락 이용에 대한 소비자 조사"는 전체의 큰 제목이지만 비중이 낮으므로 강조할 필요는 없다. 그러나 생략해서는 안 되며, 알아볼 수 있도록 기입해준다.

17 새 슬라이드를 추가(Ctrl + M)해 '도시락을 이용하는 상황'에 들어갈 아이콘을 제작해보자. 집의 형태를 만들기 위해 [삽입] 탭-[일러스트레이션] 그룹-[도형]-[갈매기형 수장]을 선택하여 삽입한다. 모양 조절점으로 두께를 조절하고 회전시켜 지붕 형태를 만든 후 서식을 지정한다.

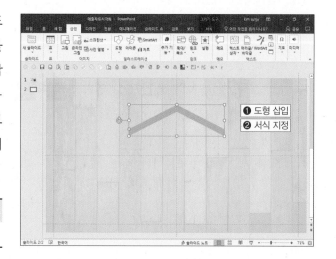

구분	도형 색(RGB)	윤곽선
갈매기형 수장	205/205/205	없음

18 이번엔 집 형태를 제작해보자. [삽입] 탭-[일러스트레이션] 그룹-[도형]-[사각형:둥근 모서리]를 선택해 지붕 도형보다 너비를 약간 작게 만든다.

구분	도형 색(RGB)	윤곽선
사각형 : 둥근 모서리	205 / 205 / 205	없음

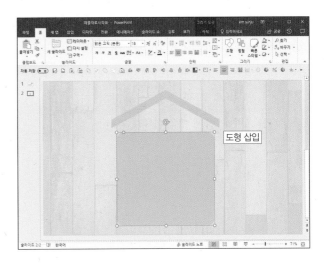

19 도형을 선택한 후 [마우스 오른쪽 클릭]-[점 편집]을 클릭한다. 도형 윗변 중앙에 마우스를 위치시키면 십자(+) 모양으로 마우스 포인터 모양이 변경된다. 점을 추가할 위치에 [마우스 오른쪽 클릭]-[점 추가]를 선택하면 점이 추가된다. 추가한 점을 위쪽으로 이동하여 집 형태로 변형한다.

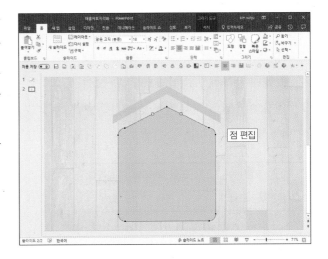

전문가 TIP!

- 점 편집은 도형을 직접 자유롭게 변형할 수 있는 기능이다. 도형을 선택하고 [마우스 오른쪽 클릭]-[점 편집]을 선택하면 도형의 테두리에 점이 표시된다. 이 점을 이동하여 도형의 형태를 자유롭게 변경할 수 있다.
- 점을 선택했을 때 나타나는 흰색 점은 곡선이 되도록 곡률을 조절하는 조절점이다.
- 점이 아닌 테두리 부분에 마우스를 올리면 커서의 모양이 변경되는데 이때 마우스 오른쪽 버튼을 클릭하면 새로운 점이 추가된다. 테두리 위에서 [마우스 오른쪽 클릭]-[점 추가]를 클릭해도 된다.
- Ctrl 을 누르고 점 위에 마우스를 가져가면 마우스 포인터가 X모양으로 바뀌는데 이때 클릭하면 점을 삭제할 수 있다. 또는 [마우스 오른쪽 클릭]-[점 삭제]로 삭제할 수 있다.

20 모서리 부분에 각이 생겨 부자연스러운 연결 부분을 자연스럽게 만들어보자. 각이 진 부분의 점을 클릭하면 흰색 점이 나타난다. 아래쪽 흰색 점을 이동하여 연결 부분을 자연스럽게 조절한다.

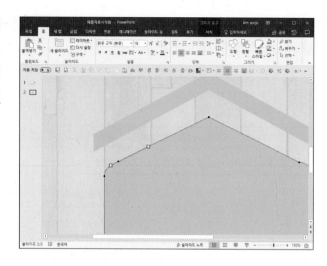

21 집 형태가 완료되면 집 내부 공간을 만들자. [삽입] 탭-[일러스트레이션] 그룹-[도형]-[사각형:둥근 모서리]를 선택해 집 형태 내부에 도형을 그려주고 모양 조절점을 이용해 모서리 각도를 조절한 후 서식을 지정한다.

도형	도형 색(RGB)	윤곽선
사각형:둥근 모서리	□ 흰색	없음

22 사람의 머리 부분을 [타원]을 선택하고 Shift 를 누른 상태에서 적당한 크기로 그려준다. 몸통 부분은 [삽입] 탭-[일러스트레이션] 그룹-[도형]-[순서도:지연]을 선택한 뒤 마찬가지로 Shift 를 누른 상태에서 그려준다. [그리기 도구]-[서식] 탭-[정렬] 그룹-[회전]-[왼쪽으로 90도 회전]을 선택하여 회전시킨 뒤 머리 부분 아래쪽에 배치하고 서식을 지정한다.

구분	도형 색(RGB)	윤곽선
머리/몸통	■ 0/49/146	없음

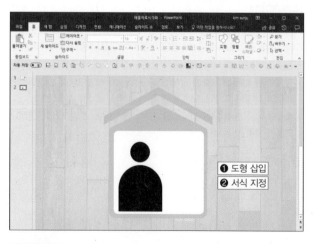

전문가 TIP!

도형이나 이미지의 크기를 변경할 때 Shift 를 누른 상태에서 조절하면 가로 세로 비율이 유지된다.

23 수저 형태를 제작하기 위해 [타원]으로 길쭉한 원형을 만든 후 [삽입] 탭－[일러스트레이션] 그룹－[도형]－[사다리꼴]을 이용해 막대 부분을 그려준다. 다시 한 번 [사다리꼴] 도형을 길쭉하게 만들어 젓가락 형태를 만든 뒤 서식을 지정한다. 만든 아이콘은 그룹화(Ctrl + G)한 뒤 크기를 조절하여 사람 아이콘 오른쪽에 배치한다.

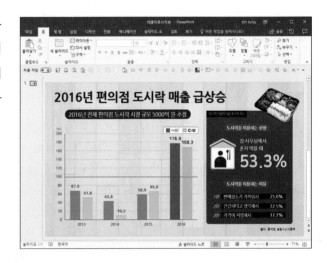

구분	도형 색(RGB)	윤곽선
수저 아이콘	■ 0/49/146	없음

24 완성된 아이콘을 기존 슬라이드로 복사해 적당한 크기로 조절한 후 오른쪽 텍스트 내용의 위아래 선에 맞춰 크기를 배치한다. [텍스트 상자]를 이용해 오른쪽 하단에 출처를 작성한 후 마무리한다.

텍스트	글꼴/글꼴 크기/속성	글꼴 색(RGB)
출처 : 통계청, 농림수산식품부	나눔고딕/11/오른쪽 정렬	■ 59/56/56

다양한 메시지로 나타내는
정책연구자료 만들기

같은 통계 자료라도 편집 방향에 따라 해석과 의미가 크게 달라지는 경우가 있다. 시간 순으로 자료를 나열하는 경우, 데이터 비율 순으로 나열하는 경우, 데이터 간 차이를 구한 후 큰 순서대로 부각하는 경우 등 메시지 목적에 따라 편집 방법이 변경된다. 정부자료는 대부분 국민에게 공개하는 것이 원칙이므로 메시지 목적을 먼저 수립하고 자료를 가공하는 것이 중요하다. 동일 데이터라도 메시지를 다르게 하여 표현하는 방법을 알아보자.

SECTION 1 노인의 가구 형태 변화를 소개하는 정책자료

1994년과 2008년의 두 자료를 비교한 데이터를 소개한다. 2008년과 1994년은 상당한 시간차가 존재한다. 이처럼 전년대비, 5년간 대비가 아닌 14년이란 긴 시간을 비교할 때는 사회의 통념이 그 만큼 크게 변화했다는 것을 강조하려는 의도가 반영됐다는 뜻이기도 하다. 해당 데이터는 시간 순으로 데이터 항목을 단순히 나열하는 방식도 있지만 두 변수의 차이 값을 계산하여 큰 데이터를 순서대로 배열하는 방법도 고려해 볼 수 있다.

01 노인 가구 형태 변화 자료

한국보건사회연구원에 의하면 우리나라 노인의 가구 형태가 빠르게 변화하는 것으로 조사됐다. 1994년은 자녀동거 가구가 54.7%를 차지해 가장 높은 비율을 차지했다. 다음으로는 노인부부 가구 26.8%, 노인독신 가구 13.6%, 기타 4.9% 순으로 나타났다. 반면 2008년은 노인부부 가구가 47.1%로 가장 높았으며, 자녀동거 가구 27.6%, 노인독신 가구 19.7%, 기타 5.6% 순으로 나타났다.

(1) 데이터 요약 및 분석 1

강조 메시지 : 최근 연도, 가구형태 비율이 큰 순서를 도해로 나타내는 경우

데이터를 독해한 후 바로 계산하는 것보다 먼저 간단한 표로 요약한 후 '데이터 표현 방법'을 결정하는 것이 좋다. 표는 일반적으로 가로에 많은 항목을 배열하는 것보다 세로, 즉 1열에 자료를 모아 보는 것이 보기에 편하다. 표는 표제목, 강조 숫자 등을 컬러로 처리하거나 글자 크기, 제목 옆 아이콘으로 강조할 수 있다.

가구형태/연도	2008년	1994년
노인부부	47.1	26.8
자녀동거	27.6	54.7
노인독신	19.7	13.6
기타	5.6	4.9
합계	100.0	100.0

1994년과 비교해 2008년에는 노인들이 어떤 가구 형태를 가장 많이 선호하는지가 중요하다. 이 경우 시간 순으로 배열하기보다는 2008년이란 최근 연도를 바로 옆 열에 넣어(기준) 가구 형태 비율을 순서대로 보여주는 것이 필요하다.

(2) 도해로 시각화하는 과정

표를 보는 사람에게 좀 더 쉽게 이해시키려면 도해를 사용하는 방법도 선택해 볼 수 있다. 메시지를 전달하려는 사람이 보는 사람에게 자신과 같은 방식으로 메시지를 해독하도록 유도하는 것이 좋다. 여기서는 표에 있는 구분선은(세로선) 최대한 없애고, 2008년과 1994년을 쉽게 비교할 수 있도록 했다. 14년 만에 노인부부, 자녀동거 등 두 가지 항목 변화가 가장 중요하므로 해당 항목만 다른 색으로 처리하였다. 이 밖에 가장 큰 비율을 차지하는 데이터는 가장 위에 표시하였으며, 화살표로 아래쪽으로 내려가면서 보도록 시선 처리를 하였다. 제목 역시 강조하고자 하는 내용을 구체적으로 적어 주는 것이 좋다. 표를 도해로 처리하는 연습은 매우 중요하며 도해는 평소 손으로 자주 만들어 보는 습관을 갖는 것이 필요하다.

2008년 노인부부 가구 가장 높은 비율 차지

단위 : 비율(%)

가구형태	2008	1994
노인부부	47.1	26.8
자녀동거	27.6	54.7
독신노인	19.7	13.6
기타 순	5.6	4.9

출처 : *****

(3) 데이터 요약 및 분석 2

> **강조 메시지 : 변화율 흐름과 차이를 그래프로 나타내는 경우**

변화율을 나타내는 경우 일단 시간 순으로 자료를 나열하는 것이 중요하다. 특히 변화율에서 큰 차이를 나타냄을 강조할 때는 '100% 2중 막대그래프' 또는 '선그래프'로 표현하는 것을 우선 생각해 볼 수 있다. 두 개의 그래프는 연도 차이를 동시에 살펴볼 수 있다는 장점이 있다. 다만 수직으로 그릴 때와 수평으로 그릴 때 연도순서는 다르다. 특히 수평으로 표현하는 경우에는 최근연도, 즉 2008년을 위쪽에 그리고 강조해야 하는 막대는 명도를 낮게 처리한다.

① 100% 이중 막대그래프로 표현하는 경우

수평 막대그래프로 표현 시 가장 상단에 높은 비율의 데이터가 위치하도록 하며, 최근 연도가 중요하므로 2008년 막대그래프를 위에 올려놓는다. 제목은 최상위 항목의 차이를 계산한 내용을 언급하고, 2008년 그래프 컬러는 명도를 낮게 하여 주목도를 높일 필요가 있다.

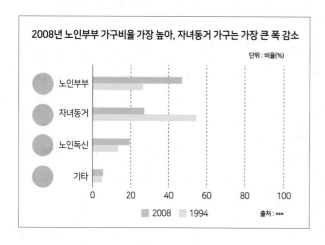

② 선(라인)그래프로 표현하는 경우

선그래프의 장점은 연속해서 두 개의 선 변화를 한눈에 살펴볼 수 있다는 점이다. 선그래프에서는 무엇보다 변곡점 부분의 숫자가 중요한데 두 선의 간격이 가장 큰 부분과 가장 작은 부분, 마지막으로 교차하는 부분이 큰 의미를 갖게 된다.

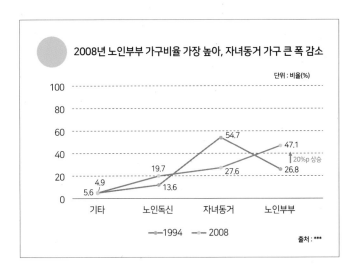

KEY NOTE

1 표는 열과 행으로 정보를 분류하며, 1열에 가급적 많은 정보를 모아서 세로로 표시하는 것이 해독하기 편하다.

2 표 디자인에서는 항목 영역 컬러, 글자/숫자의 굵기 또는 크기, 음영 등으로 강조한다.

3 표는 가급적 도해 형태로 전환하여 메시지 흐름을 제작자가 의도하는 방법으로 볼 수 있도록 처리한다.

4 선 그래프는 간격의 차이를 한눈에 보는 데 적합하다. 변곡점에 숫자표시, 강조할 선을 명도를 낮게 표시한다.

5 100% 누적 수평 막대그래프에서는 최근 연도를 위에 표시한다. 큰 데이터부터 아래 방향으로 순차 배열한다.

정책연구 통계자료를 다양한 기준으로 시각화하기

정책연구 자료를 기획 파트에서 다양한 방법으로 그래프를 사용했듯이 디자인의 방법도 다양하다. 자료를 어떻게 해석하느냐에 따라 표현을 다르게 할 수 있다. 정확한 정보 전달이 가능하다면 정해진 방식은 없다. 시각적인 도해 자료, 사용할 컬러의 의미와 표현 등을 고려하여 보다 전달력을 높일 수 있도록 디자인한다.

STEP 01 >> 인포그래픽 PREVIEW

▲ Preview 1

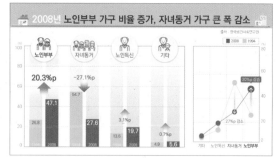

▲ Preview 2

DESIGN POINT >> 다양한 비율 비교 통계자료 시각화

❶ 전달하고자 하는 의도에 따라 큰 디자인의 변화 없이도 색을 다르게 사용하여 전체적인 분위기 전환이 가능하다. 부정적인 내용 또는 사회 문제의식을 다루는 부분에 중점을 둔다면 어둡고 차가운 색을 활용하여 경각심을 부각시키거나 반대로 밝고 차분한 색을 사용하여 어두운 내용을 긍정적인 메시지로 전달할 수도 있다. 여기서 중요한 부분은 웹에서 선명하게 보일 수 있는 색을 사용하는 것이다.

❷ 비율의 증감율은 Preview 1의 오른쪽 그래프처럼 누적 막대그래프를 활용해 데이터의 크기를 쉽게 비교할 수 있도록 하거나 Preview 2의 그래프처럼 점과 선그래프를 활용하여 집단의 기간 사이에 생략되어 있는 중간 값과 추세, 흐름 등을 알 수 있도록 표현한다.

❸ 강조하고자 하는 데이터의 아이콘이나 그래프에 사용된 컬러는 약간 다르게 선택하거나 설명 없이 상징적인 이미지나 아이콘을 사용하면 전달력을 높여주고 공감을 이끌어낼 수 있다.

• 완성파일 : 5장\[완성파일] 폴더   • 실습자료 : 5장\[실습파일] 폴더

1 [마우스 오른쪽 클릭]–[배경 서식]–[단
색 채우기]–[색]에서 배경색을 '■ 53/67/
79'로 지정한다.

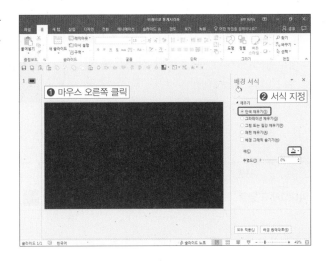

2 [삽입] 탭–[일러스트레이션] 그룹–[도
형]–[직사각형]을 선택하여 중앙에서 왼
쪽 아래에 위치하도록 그려준다. [그리기
도구]–[서식] 탭–[크기] 그룹에서 도형의
'높이'와 '너비'의 값을 입력하고 서식을 지
정한다.

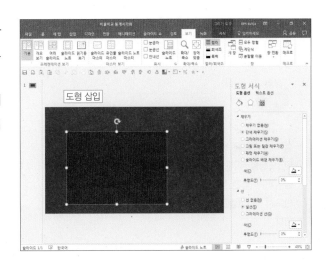

크기	도형 색(RGB)	선 색(RGB)	너비
높이:13cm/너비:19cm	■ 47/56/66	■ 34/42/53	1.5pt

3 그래프에 들어갈 데이터는 비율 데이터로, 100%를 기준으로 한다. [삽입] 탭-[일러스트레이션] 그룹-[도형]-[직사각형]을 선택하여 1994년과 2008년 값을 입력할 막대그래프를 그려준다. 도형을 `Ctrl` + `Shift` 를 누른 상태에서 아래쪽으로 드래그하여 복사한 후 적당한 간격으로 항목 개수만큼 복제한다.

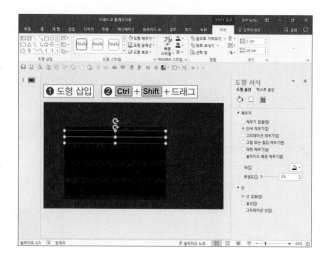

구분	크기	도형 색(RGB)	윤곽선
막대그래프 영역	높이 : 1cm / 너비 : 19cm	■ 34 / 42 / 53	없음

전문가 TIP!

복제 기능은 같은 모양을 복사하여 붙여넣는 기능이지만 복사될 위치를 지정할 수 있어 반복되는 복사 작업을 빠르게 진행할 수 있다. 간단히 따라해보자.

1 슬라이드에서 [삽입] 탭-[일러스트레이션] 그룹-[도형]-[타원]을 선택하여 슬라이드에 삽입한다.

2 삽입한 도형을 선택하고 복제(`Ctrl` + `D`)한다. 도형 위에 도형이 하나 더 복제된다.

3 복제된 도형을 원하는 위치와 간격을 조절하여 이동한다. 단, 도형을 복제하고 나서 다른 버튼을 누르거나, 마우스를 클릭하게 되면 복제 기능이 지워져 복제가 되지 않는다. 반드시 복제(`Ctrl` + `D`)를 누른 후 바로 도형을 이동해야 한다.

4 `Ctrl` + `D`를 누르면 이동한 위치와 방향으로 도형이 일정하게 복제된다.

4 [텍스트 상자]를 이용해 그래프의 x축과 y축을 입력한다. 비율 그래프이므로 [삽입] 탭 – [일러스트레이션] 그룹 – [도형] – [선]을 이용해 20% 단위로 서식에 맞게 척도를 그려준다.

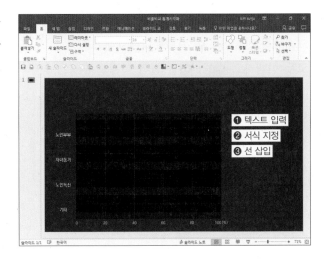

텍스트	글꼴/글꼴 크기/속성	글꼴 색(RGB)
y축 항목 이름	KoPub돋움체 Medium/16/오른쪽 정렬	흰색
x축 척도	KoPub돋움체 Medium/14/왼쪽 정렬	217/217/217

선 색(RGB)	너비
68/86/100	0.5pt

전문가 TIP!

그래프를 그릴 때에는 반드시 데이터 단위를 입력해야 한다. 그래프 상단에 '단위 : %' 형식으로 적거나 척도 옆에 '(%)' 형식으로 적어준다. 또한 쉽게 값을 볼 수 있도록 영역 위에 눈금선을 그려준다. 눈금선은 데이터를 읽는데 방해가 되지 않도록 얇은 실선으로 연하게 그려주는 것이 좋다.

5 이번에는 항목을 쉽게 확인할 수 있도록 아이콘을 넣어보자. [실습파일] 폴더에 있는 '아이콘.pptx'를 열고 항목에 맞는 적절한 아이콘을 선택해 Ctrl + C, Ctrl + V를 눌러 복사한 뒤 항목 텍스트 위에 배치한다.

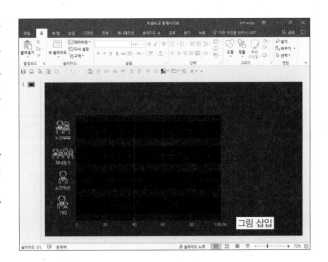

구분	색(RGB)
항목 아이콘	242/242/242

6 그래프의 기본 구성을 모두 마쳤다면, 그래프를 만들어보자. 100% 막대그래프를 모두 선택하고 Ctrl + D 를 눌러 복제한 후 [홈] 탭-[그리기] 그룹-[정렬]-[맨 앞으로 가져오기]를 클릭한다. 처음 만든 그래프와 같은 위치에 배치하고, 각 막대그래프의 색을 변경한다.

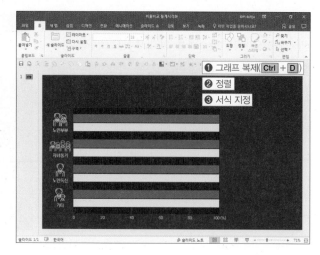

구분	색(RGB)
2008년 막대그래프	127/59/244
1994년 막대그래프	222/222/255

7 이번에는 그래프의 값을 입력해보자. 도형을 선택하고 [마우스 오른쪽 클릭]-[크기 및 위치]-[너비 조절]에서 해당 데이터 수치에 맞게 도형의 길이를 조절한다. [텍스트 상자]를 이용해 그래프 위에 해당 값을 표기한다.

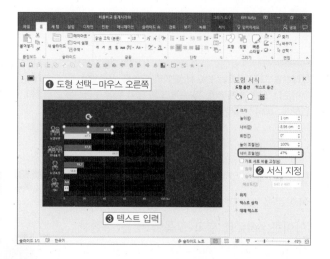

연도	값			
2008	47.1	27.6	19.7	5.6
1994	26.8	54.7	13.6	4.9

구분	글꼴/글꼴 크기/속성	글꼴 색(RGB)
2008년 데이터 값	KoPub돋움체 Bold/18/오른쪽 정렬	흰색
1994년 데이터 값	KoPub돋움체 Medium/14/오른쪽 정렬	127/127/127

8 데이터의 증감율을 나타내기 위해 항목 별 그래프 오른쪽에 [텍스트 상자]를 이용 해 증감 수치를 입력한다.

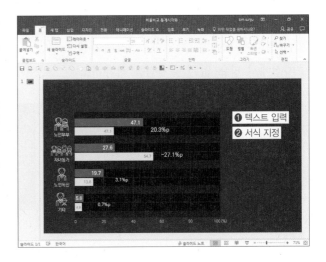

값(%p)				
항목	노인부부	자녀동거	노인독신	기타
증감율	20.3	−27.1	3.1	0.7

텍스트	글꼴/글꼴 크기/속성	글꼴 색(RGB)
증가율(노인부부)	KoPub돋움체 Bold/20/가운데 정렬	199/222/255
증가율(다른 항목)	KoPub돋움체 Bold/16/가운데 정렬	199/222/255
감소율	KoPub돋움체 Bold/20/가운데 정렬	255/211/255

9 상승/하강 화살표를 넣어 증감율을 부 각시켜보자. [삽입] 탭 − [일러스트레이 션] 그룹 − [도형] − [블록 화살표]를 선택 해 상승 화살표를 삽입하고 크기를 조절한 다. 화살표를 선택하고 [마우스 오른쪽 클 릭] − [도형 서식]에서 채우기는 '채우기 없 음'으로 지정하고 선은 '그라데이션 선'을 선택한 후 서식을 지정한다.

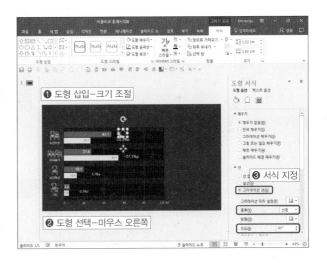

그라데이션 종류	각도
선형	90°

10 그라데이션은 다수의 색을 자연스럽게 연결하여 표현할 수 있다. 그라데이션 중지점에서 필요 없는 중지점을 삭제하고 서식에 맞게 조절한다.

그라데이션 색(RGB)		위치	투명도	너비
중지점 1 :	109/179/255	40%	0%	3pt
중지점 2 :	흰색	95%	100%	3pt

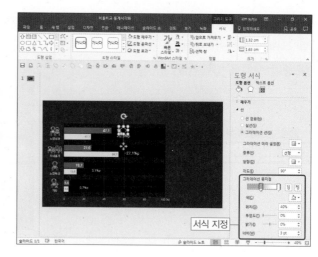

11 나머지 증가 항목에도 상승 화살표를 복사하여 배치한다. 증가율이 작기 때문에 화살표 크기도 작게 조절해준다.

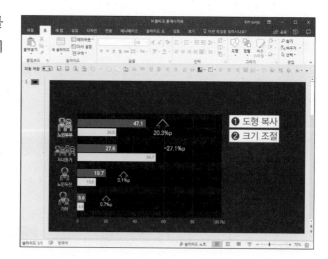

12 그래프 두 번째 항목은 비율이 감소했으므로 감소를 나타내기 위한 하강 화살표를 삽입한다. 상승 화살표를 하나 복제(Ctrl+D)한 후 [홈] 탭-[그리기] 그룹-[정렬]-[회전]-[상하 대칭]을 선택하여 화살표 방향을 바꾼다.

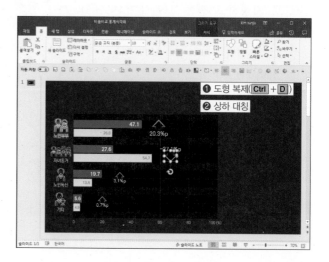

13 화살표를 선택하고 [마우스 오른쪽 클릭]-[도형 서식]-[선]에서 그라데이션 중지점 1의 색만 변경한다. 증가율은 화살표 하단에, 감소율은 화살표 상단에 배치한다.

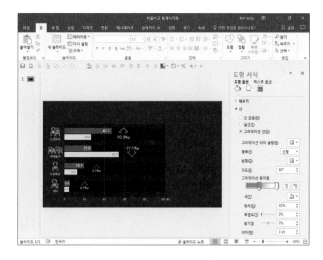

그라데이션 색(RGB)	
중지점 1:	255/109/217

전문가 TIP!

일반적으로 긍정이나 효과를 표현할 때는 푸른색을 사용하고 부정이나 경고를 표현할 때는 붉은색을 사용한다. 색을 활용하여 의미 전달을 극대화하는 것이다. 시각화 표에서도 증가는 푸른 계열, 감소는 붉은 계열을 사용하여 내용에 대한 표현력과 전달력을 높일 수 있다.

14 [삽입] 탭-[일러스트레이션] 그룹-[도형]-[직사각형]과 [사각형 : 둥근 모서리]를 그린 후 범례와 범례 틀을 만든다. 정사각형은 그래프와 같은 색으로 각각 지정하고 [텍스트 상자]로 범례 항목을 작성한다. 완성된 범례는 전체 선택하여 그룹화(Ctrl + G)한 후 그래프 오른쪽 상단에 배치한다.

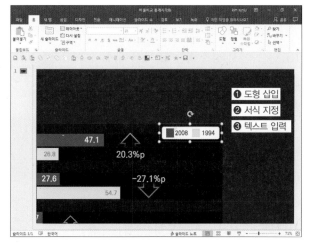

구분	글꼴/글꼴 크기/속성	글꼴 색(RGB)	
범례	KoPub돋움체 Medium/14		59/56/56

구분	도형	도형 색(RGB)		도형 선 색(RGB)		너비
범례 틀	사각형 : 둥근 모서리		흰색		118/113/113	1pt
2008 범례	직사각형		127/59/244	없음		–
1994 범례	직사각형		222/222/255	없음		–

15 [텍스트 상자]를 이용해 전체 제목과 출처를 작성하고 서식을 지정한다.

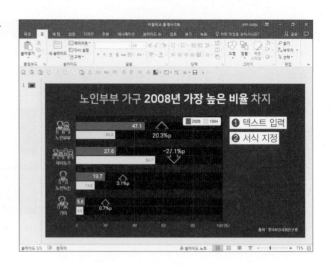

텍스트	글꼴/글꼴 크기/속성	글꼴 색(RGB)
큰 제목	나눔스퀘어 Bold/40/가운데 정렬	212/196/252
큰 제목 강조	나눔스퀘어 ExtraBold/40/가운데 정렬	흰색
출처	KoPub돋움체 Medium/14/오른쪽 정렬	흰색

16 제목에서 강조해야 할 내용이 잘 보이도록 표현해보자. 밋밋한 표현 대신 도형을 활용해 강조할 부분을 표현할 수 있다. [삽입] 탭 – [일러스트레이션] 그룹 – [도형] – [타원]을 선택하여 제목에서 강조할 단어가 있는 위치에 도형을 그려주고 적당한 간격으로 여러 개 복제한다. 원을 모두 선택하고 [서식] 탭 – [도형 병합] – [병합]을 선택해 도형을 합친다.

17 병합한 도형의 서식을 지정하고 [홈] 탭-[그리기] 그룹-[정렬]-[맨 뒤로 보내기]를 선택해 제목 텍스트 뒤로 이동시킨다. [그리기 도구]-[서식] 탭-[도형 스타일]-[도형 효과]-[그림자]에서 그림자 효과를 지정한다.

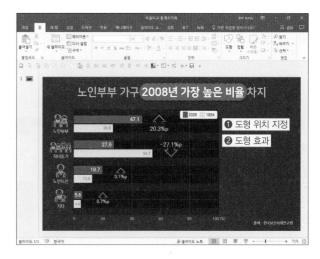

구분	도형 색(RGB)	윤곽선	도형 효과
강조 도형	■ 116/97/219	없음	그림자 : 오프셋 아래쪽

전문가 TIP!

도형 효과(텍스트 효과)는 개체에 다양한 효과를 지정하는 기능이다. 적용할 효과의 수치를 조절하면 슬라이드의 개체에 바로 적용되어 미리 확인하면서 효과를 지정할 수 있다.

• [그림자] : 개체의 그림자 효과	• [반사] : 유리 바닥에 비친 듯한 효과
• [네온] : 네온사인처럼 개체 가장자리를 밝게 보이도록 하는 효과	• [부드러운 가장자리] : 테두리를 흐리게 하여 경계선을 부드럽게 만드는 효과
• [3차원 서식] : 개체를 자유로운 각도의 입체도형으로 만드는 효과	• [3차원 회전] : 개체를 3차원으로 회전시킬 수 있는 효과

18 이번엔 누적 막대그래프를 만들어보자. [삽입] 탭-[일러스트레이션] 그룹-[도형]-[직사각형]을 선택해 오른쪽에 배치하고 x축과 y축이 들어갈 공간을 고려하여 너비와 높이를 조절한다.

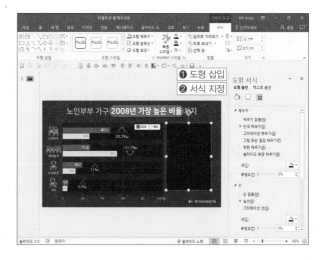

크기	도형 색(RGB)	선 색(RGB)	너비
높이 : 12.2cm/너비 : 8.5cm	■ 39/41/51	■ 34/42/53	2pt

19 [텍스트 상자]를 이용해 그래프의 x축과 y축을 입력한 후 서식을 지정한다. 왼쪽 그래프와 동일한 형태로 [삽입] 탭-[일러스트레이션] 그룹-[도형]-[선]을 선택해 실선으로 기준선을 그린 후 [삽입] 탭-[일러스트레이션] 그룹-[도형]-[직사각형]을 선택해 막대그래프의 각 항목이 될 직사각형 2개를 그린다.

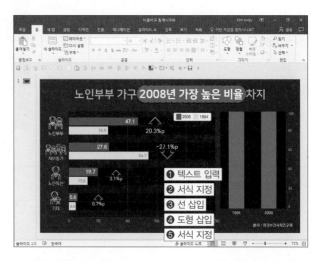

구분	글꼴/글꼴 크기/속성	글꼴 색(RGB)
x축 항목	KoPub돋움체 Bold/16/가운데 정렬	217/217/217
y축 척도	KoPub돋움체 Medium/12/왼쪽 정렬	217/217/217

구분	선 색(RGB)	너비	대시 종류
기준 실선	47/56/66	0.5pt	실선

20 누적 막대그래프를 표현하려면 항목 수만큼의 도형이 필요하다. 도형을 3번 복제(Ctrl+D)한 후 Shift+클릭하여 다중 선택하고 [정렬]-[맞춤]-[왼쪽 맞춤], [위쪽 맞춤]으로 겹쳐준다. 도형의 윤곽선은 '선 없음'으로 지정한다.

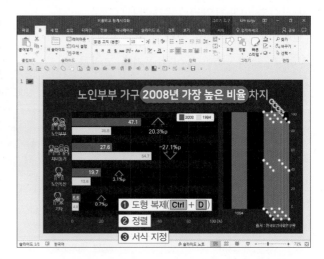

21 값을 입력해 보자. 값이 큰 항목부터 내림차순으로 값을 입력하기 위해 서식에 맞춰 각 도형들을 하나씩 선택하여 변형한다. 먼저 1994년 그래프를 만들어보자. 도형을 선택한 후 [마우스 오른쪽 클릭]–[크기 및 위치]를 선택하고 [높이 조절]의 수치를 조절한다. 각 도형의 수치를 조절하여 순서대로 쌓인 형태를 만들어 주면 된다. 2008년도 같은 방법으로 수치를 조절하고 속성을 지정한다.

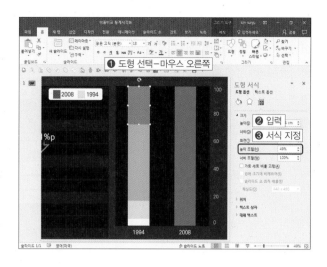

	노인부부	자녀동거	노인독신	기타
높이(1994/2008)	27/47	55/27	13/20	5/6
도형 색(RGB)	199/120/218	219/167/231	235/208/242	250/242/251

22 두 개의 누적 막대그래프가 완성되면 값의 크기 비교가 용이하도록 점선으로 비교선을 그려준다. [삽입] 탭–[일러스트레이션] 그룹–[도형]–[자유형]으로 두 데이터의 항목별 경계에 선을 그린다.

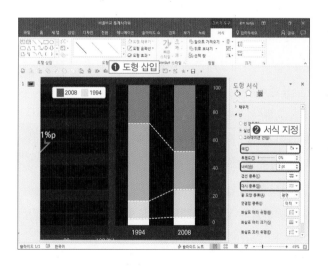

선 색(RGB)	너비	대시 종류
흰색	2pt	사각 점선

23 [텍스트 상자]를 이용해 그래프 사이의 공간에 각 항목의 이름을 표기한다. '기타' 그래프 영역을 제외한 나머지 그래프 영역을 선택한 뒤 [그리기 도구]-[서식]탭-[도형 스타일]-[그림자]에서 그림자 효과를 지정하여 구분을 명확하게 하고 입체감을 살려준다.

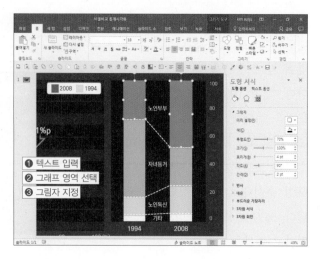

구분	글꼴/글꼴 크기/속성	글꼴 색(RGB)
항목	KoPub돋움체 Medium/14/가운데 정렬	흰색

효과	색(RGB)	투명도	크기	흐리게	각도	간격
그림자	검은색	70%	100%	4pt	90°	2pt

24 누적 막대그래프에서도 값의 증감율을 표현해준다. [삽입] 탭-[일러스트레이션] 그룹-[도형]-[사각형 : 둥근 모서리]와 [이등변 삼각형]을 이용하여 그린다. 두 도형을 선택하고 [그리기 도구]-[서식]탭-[도형 삽입] 그룹-[도형 병합]-[병합]을 선택해 말풍선 형태의 도형을 만들어준다. 증감에 맞게 서식을 지정하고 [텍스트 상자]로 증감율을 입력한다.

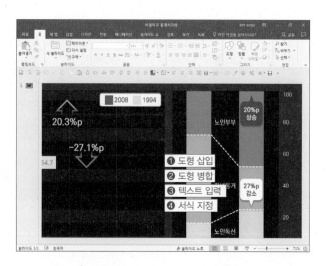

구분	텍스트	도형 색(RGB)	도형 효과
[노인부부] 증가율	20%p 상승	118/19/183	그림자:오프셋 아래쪽
[자녀동거] 감소율	27%p 감소	흰색	그림자:오프셋 아래쪽

구분	글꼴/글꼴 크기/속성	글꼴 색(RGB)
20%p 상승	KoPub돋움체 Bold/14/가운데 정렬	☐ 흰색
27%p 감소	KoPub돋움체 Bold/14/가운데 정렬	■ 118/19/183

25 강조하고자 하는 부분에 효과를 지정
해 더 눈에 띄게 만들어보자. '노인부부'
의 데이터를 중점적으로 보여줘야 하므
로, '노인부부' 아이콘 및 항목 이름을 그
룹(Ctrl + G)으로 지정한 뒤 [도형 서식]-
[효과]-[네온]을 설정하여 네온사인 효과
를 적용한다. 데이터 또한 다른 데이터와
구분되도록 막대그래프의 100% 영역의 색
을 '■ 36/43/63'으로 변경한다.

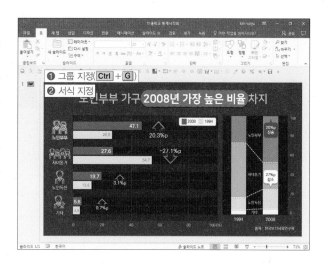

효과	색(RGB)	크기	투명도
네온 효과	■ 116/97/219	5pt	50%

26 전체 내용에 맞는 시각적 공감 효
과를 더하기 위해서 관련 아이콘을 삽입
하는 것은 좋은 방법이다. [실습파일] 폴
더의 '아이콘.pptx'를 열고 집 아이콘을
Ctrl + C, Ctrl + V 를 눌러 복사한 후
Ctrl + Shift + G 를 눌러 그룹을 해제한다.

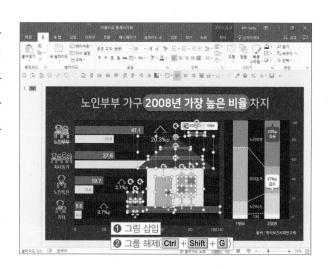

27 전체적인 톤에 맞춰 '집 아이콘'의 색상을 변경한다. 수정한 아이콘을 `Ctrl`+`G`를 눌러 그룹화하고 그래프의 오른쪽 하단 빈 영역에 적당한 크기로 배치해준다.

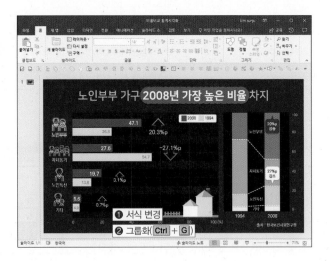

해외 통계 자료를 인용해
시장분석 보고서 만들기

보고서를 작성할 때 다른 나라 통계 자료를 분석하여 활용하는 경우가 많다. 해외 자료를 활용할 때는 무엇보다 자료의 신뢰성이 중요하므로 정부가 공식적으로 발표한 자료가 있다면 우선순위로 활용하도록 하자. 또한 가장 최근 자료를 사용하는 것이 중요하므로 2015년 자료와 2016년 자료가 있다면 당연히 2016년까지 조사한 자료를 우선 활용한다. 이번 장에서는 원본에 있는 표의 해석방법을 통해 어떤 관점에서 표를 재편집하고 시각화할 수 있는지 등에 대해 알아보도록 하자.

SECTION 1 ## 다른 나라 통계 자료 표 해석법

해외 자료를 분석할 때 가장 중요한 것은 자료의 원본을 읽어보는 습관이다. 자료에 궁금한 점이 있다면 원본을 읽어 보고 해답을 찾아보는 것이 조사의 기본이다. 해외자료는 본인의 의도대로 해석하는 경우가 많으므로 작성자의 의도를 배제하고 분석한 후 그 데이터를 가지고 재편집하는 것이 좋다.

01 외국인 노동자 연도별 추이

人数	平成20年	平成21年	平成22年	平成23年	平成24年	平成25年	平成26年	平成27年
全国籍計	486,398	562,818	649,982	686,246	682,450	717,504	787,627	907,896
中国	210,578	249,325	287,105	297,199	296,388	303,886	311,831	322,545
韓国	20,661	25,468	28,921	30,619	31,780	34,100	37,262	41,461
フィリピン	40,544	48,859	61,710	70,301	72,867	80,170	91,519	106,533
ベトナム	※その他に含む	※その他に含む	※その他に含む	※その他に含む	26,828	37,537	61,168	110,013
ネパール	※その他に含む	※その他に含む	※その他に含む	※その他に含む	※その他に含む	※その他に含む	24,282	39,056
ブラジル	99,179	104,323	116,363	116,839	101,891	95,505	94,171	96,672
ペルー	15,317	18,548	23,360	25,036	23,267	23,189	23,331	24,422
G8+オース	39,968	43,714	46,221	50,321	51,156	53,584	57,212	61,211
その他	60,151	72,581	86,302	95,931	78,273	89,533	86,851	105,983

割合	平成20年	平成21年	平成22年	平成23年	平成24年	平成25年	平成26年	平成27年
中国	43.3%	44.3%	44.2%	43.3%	43.4%	42.4%	39.6%	35.5%
韓国	4.2%	4.5%	4.4%	4.5%	4.7%	4.8%	4.7%	4.6%
フィリピン	8.3%	8.7%	9.5%	10.2%	10.7%	11.2%	11.6%	11.7%
ベトナム					3.9%	5.2%	7.8%	12.1%
ネパール							3.1%	4.3%
ブラジル	20.4%	18.5%	17.9%	17.0%	14.9%	13.3%	12.0%	10.6%
ペルー	3.1%	3.3%	3.6%	3.6%	3.4%	3.2%	3.0%	2.7%
G8+オース	8.2%	7.8%	7.1%	7.3%	7.5%	7.5%	7.3%	6.7%
その他	12.4%	12.9%	13.3%	14.0%	11.5%	12.5%	11.0%	11.7%

[출처] 일본 후생노동성

일본 정부 기관인 후생노동성(www.mhlw.go.jp)에서 외국인 노동자 연도별 추이를 발표한 자료다. 공식 발표한 자료는 모두 2개의 표로 이루어져 있다. 첫 번째 표는 나라별 노동자 수를 연도별로 정리한 내용이고, 두 번째 표는 전체 노동자 수에서 나라별 노동자 수가 차지하는 구성비를 비율로 나타낸 자료다. 언뜻 보면 같은 자료라고 생각할 수 있지만 사실 어떤 기준으로 자료를 편집하느냐에 따라 표가 전달하는 메시지가 달라질 수 있는 통계 자료이다.

(1) 나라별 외국인 노동자 수를 나타낸 표 분석

① 전체 분석

- 표를 분석할 때 가장 중요한 것은 표의 열과 행이 어떤 항목으로 이루어져 있는가를 확인하는 것이다. 특히 표는 1열이 가장 중요하다. 1열은 전국합계, 중국, 한국 등이 표시(국가별)되어 있다.
- 당연히 우리나라가 해당 자료를 활용하는 주체이므로 한국보다 상위에 있는 항목은 사용 1순위이며 가장 중요한 분석 대상이다. 따라서 일본 전체 합계, 중국 노동자수 추이는 중요한 비교 대상이 된다.
- 1행은 우리가 알아보기 힘든 '평성(平成)'이라는 단어가 들어 있다. '평성(平成)'은 일본이 쓰는 연호다. 일본은 1989년 1월 8일부터 '평성(平成)'을 사용 중이다. 예를 들어 '평성(平成) 20년'은 2008년을 말한다. 따라서 '평성(平成) 27년'은 2015년이다.
- 해외 자료에서 표의 1열과 행의 분석이 끝났다면 데이터를 절반은 해석한 것과 다름없다. 해당 자료는 2008년부터 2015년까지의 일본 내 '해외 노동자 취업자 수'를 조사한 데이터라는 것을 알 수 있다.

② 표가 지닌 다양한 의미 해석

우선 표를 분석할 때는 전체 흐름과 세부 항목이 지닌 의미를 순서대로 해석하는 것이 중요하다. 2015년 전국의 모든 외국 취업자 수는 90만7천 명이다. 2014년의 경우는 78만7천 명이니 약 12만 명이 1년 동안 증가한 셈이다. 외국인 노동자 수가 가장 많은 국가는 역시 중국이다. 한국은 2번째로 많은 수를 기록하고 있다. 한국인의 취업자 수는 2015년 32만2천 명을 나타내고 있다. 중국은 한국보다 3배 가까이 많다.

- 의미1 : 일본 내 외국인 노동자 수는 꾸준히 증가하고 있다. 1위는 중국, 2위는 한국이다.
- 의미2 : 2015년 한국인 노동자 수는 전년 대비 4천 명이 증가했지만 같은 기간 중국은 1만1천 명 증가했다. 2008년부터 분석하면 한국은 꾸준히 증가하고 있지만 중국은 2011년~2012년 사이 오히려 감소했다.

③ 표의 재구성

표제목 : 연도별 일본 내 외국인 노동자 수 추이

(단위 : 년, 명)

외국인 노동자수	2008	2009	2010	2011	2012	2013	2014	2015
전국 합계	486,398	562,818	649,982	686,246	682,450	717,504	787,627	907,896
한국	**20,661**	**25,468**	**28,921**	**30,619**	**31,780**	**34,100**	**37,262**	**41,461**
중국	210,578	249,325	287,105	297,199	296,388	303,886	311,831	322,545

* 다른 나라의 데이터는 제외

- 1열에서는 전국합계, 한국, 중국 항목만 사용하고 나머지는 제거하며 표에 이를 명시한다.
- '평성'의 연호는 '연도'로 변경하며, 한국의 데이터를 전국 합계 바로 아래에 위치하도록 순서를 중국과 변경한다. 메시지의 핵심은 한국인 일본 내 취업자 수를 파악하는 것이므로 표에서 한국을 중국보다 위에 표현하는 것이 좋다.
- 표에서는 폰트 굵기, 폰트 크기로 강조할 부분을 부각시킬 수 있다.

(2) 그래프 또는 시각적 표현

해당 표를 그래프로 전환한다는 것은 연도별 흐름을 한눈에 살펴보기 위함이 크다. 다만 모든 연도를 넣을 것인지 아니면 최근 5년간의 흐름만을 보여줄 것인지에 따라 사용하는 그래프가 다를 수 있다. 2008~2015년까지의 8개년 흐름을 보려면 선그래프나 연속하는 막대그래프로도 표현 가능하다. 이때 전국, 한국, 중국 등 그래프 3개가 한 쌍을 이뤄 8년간을 나타내야 하므로 총 24개 막대를 그려야 한다. 또 다른 방법은 일본 전국 합계와 중국은 제거하고, '한국의 연도별 노동자 수 추이' 데이터만 추출해서 보여줄 수도 있다. 이는 '한국인 노동자 수가 꾸준히 증가'한다는 메시지를 부각하는 데 유리한 정보기획 방법이다.

KEY NOTE

1 전국 합계, 한국, 중국까지 들어 있는 표를 시각화해 볼 수 있다.

2 8년간의 흐름을 선 그래프로 나타내고 증가 흐름을 비교해 볼 수 있다.

3 전국 합계와 한국 또는 한국의 데이터만 추출해서 그래프로 나타내 볼 수 있다.

4 전체 8년간의 흐름을 그래프와 표가 아닌 한국인 노동자를 상징하는 아이콘+숫자(2012년 vs 2015년 2개 연도만 비교)로 만들어 볼 수 있다.

(3) 외국인 노동자 수를 비율로 나타낸 분석

① 전체 분석

표를 종합적으로 분석해 보자. 데이터는 전체 외국인 취업자에서 차지하는 비율이며, 1행은 2008년부터 2015년까지의 연도를 말한다. 중국은 2008년부터 꾸준히 40% 이상의 비율이었으나 2014년 처음으로 30%대로 하락했다. 특히 2015년 큰 폭으로 하락했다. 이 밖에 2012년부터 3년간 꾸준히 노동자 수 비율도 하락하고 있음을 알 수 있다. 한국은 2008년부터 2015년까지 꾸준히 4%대 중반을 유지하고 있으며, 중국＋한국 등 2개 국가의 비율을 합하면 절반 가까운 비율임을 추가로 파악할 수 있다.

② 표가 지닌 다양한 의미 해석

• 의미1 : 일본 내 한국인 노동자 수 비율은 지난 8년간 '4%'선을 유지하고 있다.
• 의미2 : 미미한 비율이지만 한국은 2013년까지 상승하다 이후 0.1%p씩 꾸준히 하락하고 있다.
• 의미3 : 중국은 2014년 처음으로 40%대가 무너졌으며, 한국은 큰 변화가 없다.

③ 표 편집

표제목 : 일본 전체 외국인 노동자 수 대비 한국, 중국 노동자 비율

(단위 : 년, 명)

노동자 비율	2008	2009	2010	2011	2012	2013	2014	2015
한국	4.2	4.5	4.4	4.5	4.7	4.8	4.7	4.6
중국	43.4	44.3	44.2	43.3	43.4	42.4	39.6	35.5

2번째 표에서도 1열은 한국, 중국 항목만 표시했다. '평성'의 연호는 '연도'로 변경하였으며, 한국을 중국 위에 표시하였다.

(4) 그래프 또는 시각적 표현

한국과 중국의 상관관계 흐름을 보여 주기 위해 그래프를 선택할 수 있다. 우선 두 개의 2중 막대그래프로 연속하는 높낮이를 나타낼 수 있으나 8년간의 흐름을 보여주는 데는 선그래프가 유용하다. 이 밖에 한국과 중국의 흐름이 바뀌는, 즉 '변곡점'이 되는 2013년 이후부터의 독립변수만 가지고 그래프로 나타낼 수 있다. 모든 연도를 다 사용하지 말고 전달하려는 '메시지 목적'에 맞게 'X축 독립변수'를 선택적으로(2013~2015년) 활용할 수 있다.

전문가 TIP!

통계 데이터의 고수가 되려면 X, Y축을 유기적으로 선택할 수 있어야 한다. 이는 통계를 어떻게 바라 봐야 하는가에 문제이기도 하지만 사람들을 설득할 수 있는 커뮤니케이션 방법을 스스로 결정할 수 있다는 뜻이기도 하다. '빅데이터'에서도 데이터의 가치를 찾을 수 있어야 하고 이를 다시 재해석할 수 있는 통찰력을 지니는 것이 중요하다.

KEY NOTE

시각화(디자인) 방법

1 '표'로 타나낼 경우 국기, 폰트 조정, 배경색 등을 통해 표 디자인을 할 수 있다.

2 8년간 추이를 선 그래프로 나타내고, 중요한 변곡점을 표시할 수 있다.

3 3개년 정도만 추출해서 그래프로 표현이 가능하다.

4 아이콘(노동자 또는 의자 등)＋지표(숫자)를 가지고 2015년 vs 2012년 등 2개 연도만 비교하여 시각화해 볼 수 있다.

다른 나라 통계 자료를 활용한 인포그래픽 만들기

디자인을 볼 때 가장 눈에 띄는 부분이 어디일까? 아무래도 가장 크고 진한 부분일 것이다. 많은 양의 통계자료를 기획할 때 전달하려는 의도에 따라 재편집하여 여러 해석을 만들어낼 수 있다면, 디자인 단계에서도 기획할 때 재편집한 내용을 화면구성에 맞게 또 다시 재편집하여 데이터의 흐름을 만들어 낼 수 있다. 여러 가지 복잡한 그래프를 한 화면에 구성할 때 내용에서 통일시킬 수 있는 부분과 강조해야 할 부분이 무엇인지를 먼저 생각해보면 좀 더 수월하게 디자인을 할 수 있다. 여기서는 전체적인 강약 조절에 집중하여 자료를 만들어보자.

STEP 01 >> 인포그래픽 PREVIEW

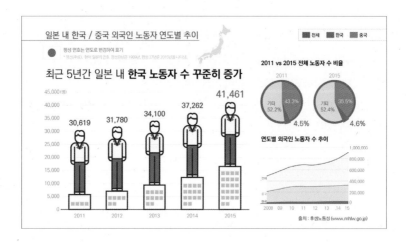

DESIGN POINT >> 의도에 따라 다르게 해석하고 표현할 수 있는 그래프 시각화

❶ 일본 내 여러 나라의 노동자 수를 다룬 자료이지만, 일본에서 한국의 노동자 수가 지속적으로 증가한다는 부분에 중점을 두고 작성한 예이다. 다른 나라의 데이터는 제외하고 전체 합계와 상위 국가인 중국과 한국의 데이터를 비교하고 추이 그래프를 통해 전체적인 흐름을 보여주는 형태로 구성하였다.

❷ 기획단계에서 뽑아낸 내용의 우선순위를 정하고 강조해야 할 데이터를 기준으로 시선의 흐름에 따라 배치한다. 비교 대상 없이 한국의 데이터를 별도로 보여줌으로써 증가율을 실감할 수 있도록 표현한다. 그래프의 크기를 다르게 하여 강약을 조절하고 불필요한 부분을 최소화해 간결하게 나타내는 것이 좋다.

❸ 각 그래프마다 범례가 같다면 전체적으로 통합해주는 것도 좋다. 공간을 활용하여 상위에 범례를 표시해준다.

❹ 해외자료를 인용할 때 사전에 알아야 할 정보나 사실을 간략히 넣어주는 것도 좋은 방법이다. 이와 관련하여 폰트를 선택할 때 다국어 지원이 가능한 폰트를 사용한다.

• **완성파일** : 6장\[완성파일] 폴더   • **실습자료** : 6장\[실습파일] 폴더

1 [보기] 탭-[표시] 그룹-[눈금자], [안내선]을 선택해 활성화시키고 [안내선]을 슬라이드의 상하좌우에 적당하게 배치하여 여백을 만든다. [마우스 오른쪽 클릭]-[배경 서식]-[채우기]-[색]에서 '☐ 249/249/249'로 배경색을 지정한다.

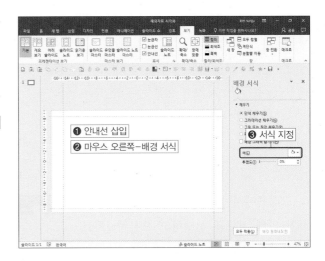

2 먼저 차트를 그려보자. [삽입] 탭-[일러스트레이션] 그룹-[차트]-[세로 막대형]-[묶은 세로 막대형]을 선택한다.

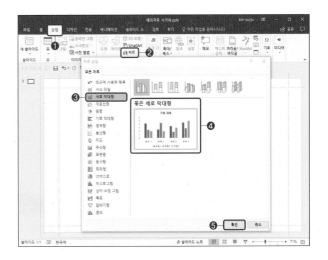

3 [실습파일] 폴더에서 '그래프 데이터.
xlsx' 파일을 열고 〈그래프1〉 시트의 데이
터를 모두 선택한 후 Ctrl + C 를 눌러 복
사한다. 작업 중인 파워포인트의 차트 데
이터 시트에서 Ctrl + V 를 눌러 값을 붙여
넣는다.

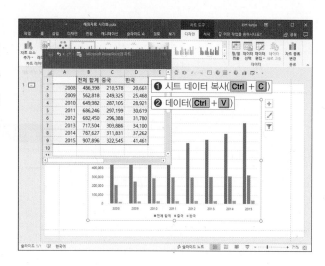

4 그래프에서 불필요한 요소를 비활성화
하기 위해 차트를 선택하고 오른쪽 [차트
요소(십자 모양)]를 클릭한 후 '축', '데이터
레이블', '눈금선' 항목을 체크하여 활성화
한다.

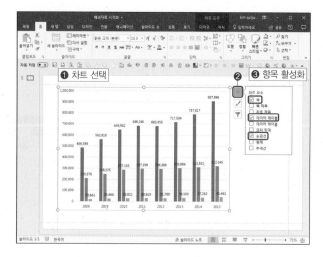

5 현재 그래프 데이터의 양이 많으므로 전
달하고자 하는 부분만 추출해보자. 차트를
선택하고 오른쪽 [차트 필터]를 클릭하면
그래프에 노출시킬 x축, y축의 데이터를 선
택할 수 있다. '한국'과 '최근 5년' 데이터만
체크한 후 [적용]을 클릭한다.

전문가 TIP!

한국 노동자 수가 계속 증가한다는 메시지를 전달하기
위해 다른 자료를 생략하고 한국 데이터만 보여주면
훨씬 전달력이 높아진다.

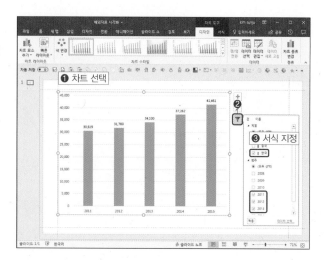

6 편집한 그래프는 한쪽에 배치해두고 다음 그래프를 작성하자. [삽입] 탭 – [일러스트레이션] 그룹 – [차트] – [원형] – [원형]을 선택하여 파이그래프를 만들고 '그래프 데이터.xlsx' 파일의 〈그래프2 시트〉의 '2011' 값을 차트 데이터 시트에 입력한다. 차트를 선택하고 오른쪽 [차트 요소(십자모양)]를 클릭한 후 [데이터 레이블]만 활성화한다.

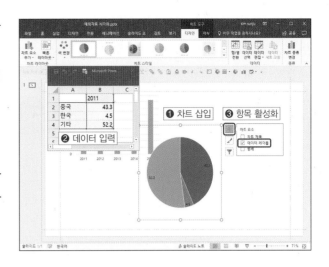

7 파이그래프를 선택하여 복제(Ctrl + D)한 뒤 [마우스 오른쪽 클릭] – [데이터 편집]을 선택한다. 차트 데이터 시트가 나타나면 '그래프 데이터.xlsx' 파일의 〈그래프2 시트〉의 '2015' 값을 차트 데이터 시트에 입력한다.

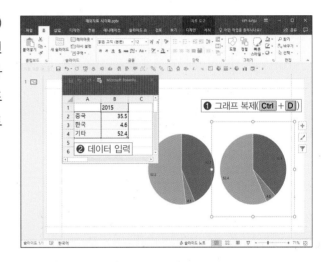

8 완성한 그래프에서 영역 부분을 선택하고 [마우스 오른쪽 클릭] – [데이터 계열 서식] – [채우기 및 선] – [테두리]에서 [선 없음]을 선택한다. 두 그래프 모두 적용한다.

전문가 TIP!

파이그래프를 삽입하면 면적의 분할로 인해 그래프 영역에 자동으로 흰색 테두리가 적용된다. 그래프를 그대로 사용할 경우에는 문제가 되지 않으나 [확장 메타파일]로 형식을 변환할 경우, 테두리 선 영역까지 그래픽 면적으로 변환된다. 따라서 파일 형식을 변환하기 전에 꼭 그래프 영역을 [선 없음]으로 지정해야 변환 후에 작업이 수월하다.

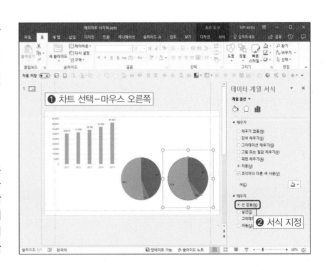

9 세 번째 그래프는 면적그래프이다. 첫 번째 그래프와 데이터가 동일하므로 막대 그래프를 하나 복제(Ctrl + D)한다. [마우스 오른쪽 클릭]-[차트 종류 변경]에서 [영역형]-[영역형]을 선택하여 그래프를 변경한다.

10 변경한 그래프를 선택하고 오른쪽의 [차트 필터]에서 '전체 합계' 및 '중국'의 데이터를 모두 선택하여 그래프가 모두 보이도록 한다.

전문가 TIP!

차트 데이터를 입력할 때, 비중이 높은 순서대로 값을 입력하는 것이 좋다. 예를 들어 한국의 데이터를 강조한다면 한국 값을 1열에 적거나 전체 합계가 있는 경우 합계 다음으로 한국 값을 입력한다. 하지만 면적그래프에서는 데이터의 평균값 크기가 큰 순서대로 데이터를 입력해야 한다. 만약 작성 후 한국 데이터가 보이지 않는다면 데이터 시트에서 한국 값을 마지막 열로 변경한다.

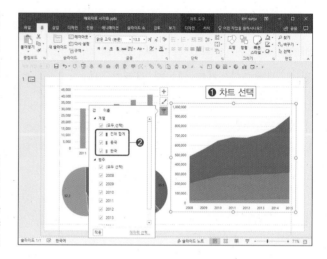

11 그래프를 적당한 크기로 조절하여 배치한다. [텍스트 상자]를 이용해 제목, 소제목 텍스트를 먼저 입력하고 서식을 지정한다.

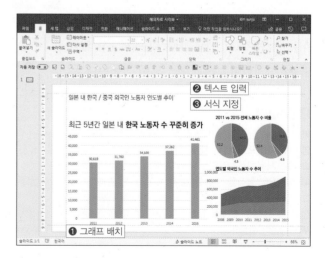

텍스트	글꼴/글꼴 크기/속성	글꼴 색(RGB)
전체 제목	KoPub돋움체 Medium/22/왼쪽 정렬	■ 89/89/89
큰 그래프 제목(기본, 강조)	KoPub돋움체 Light, KoPub돋움체 Bold/28/왼쪽 정렬	■ 38/38/38
작은 그래프 제목	KoPub돋움체 Bold/15/왼쪽 정렬	■ 38/38/38

12 좀 더 정돈된 그래프를 만들어보자. 작성한 그래프를 모두 선택하고 잘라내기 (Ctrl + X)한다. 그 다음 선택하여 붙여넣 기(Ctrl + Alt + V)를 실행하고 [선택하여 붙여넣기] 대화상자에서 '그림(확장 메타파일)'을 선택한 후 [확인]을 클릭한다.

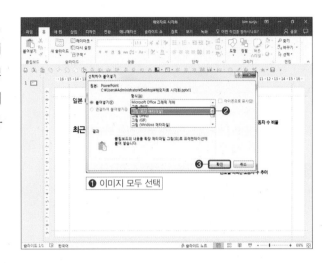

1 [파일] 탭-[옵션]-[빠른 실행 도구 모음]을 선택한다.

2 [명령 선택] 옵션을 [모든 명령]으로 선택한다. 파워포인트에서 할 수 있는 모든 기능이 표시된다.

3 가나다 순으로 나열된 명령들을 살펴보며 [선택하여 붙여넣기]를 찾고 중앙의 [추가] 버튼을 누른다.

4 그 외 자주 사용하는 명령을 선택하고 추가한다.

5 명령 상자 하단의 [리본 메뉴 아래에 빠른 실행 도구 모음 표시]에 체크한다.

6 [확인]을 누르면 메뉴와 슬라이드 사이에 [빠른 실행 도구 모음] 버튼이 추가된다.

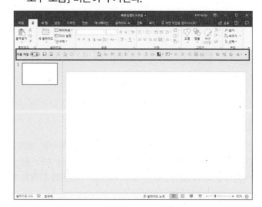

13 붙여넣은 그래프는 기존에 배치한 사이즈에 맞게 크기를 조절한 후 그룹 해제(Ctrl + Shift + G)를 2번 실행한다. 그룹 해제된 그래프에서 그래프 영역의 바로 주변을 클릭하면 빈 영역이 선택된다. 이 영역은 형식을 변환하면서 생긴 투명 영역이다. 원활한 작업을 위해 불필요한 투명 영역을 삭제한다.

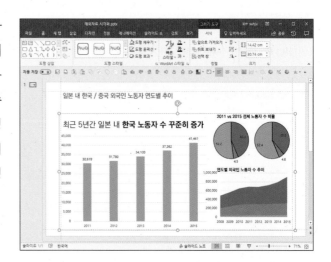

14 그래프의 축 및 데이터 레이블에 있는 텍스트의 서식을 지정한다.

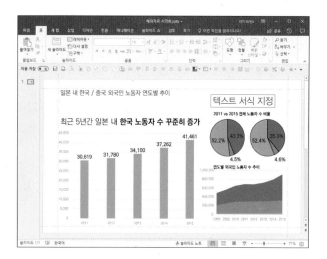

텍스트	글꼴/글꼴 크기	글꼴 색(RGB)
축 텍스트	KoPub돋움체 Light/12	127/127/127
막대그래프 데이터 값	KoPub돋움체 Bold/18	89/89/89
파이그래프 데이터 값	KoPub돋움체 Light/13	89/89/89

15 그래프의 기준선 및 눈금선을 선택하고 [마우스 오른쪽 클릭]-[개체 서식]-[선]에서 서식을 변경한다.

구분	선 색(RGB)	너비
기준선	89/89/89	1.5pt
눈금선	217/217/217	0.5pt

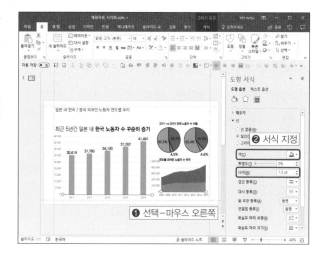

16 [삽입] 탭 - [일러스트레이션] 그룹 -
[도형] - [직사각형]을 선택해 범례 틀과 그
래프 항목을 만든 후 오른쪽 상단에 배치
한다.

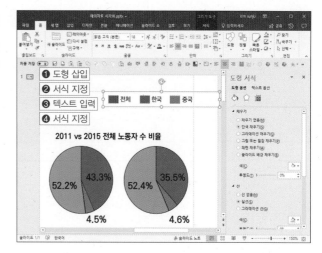

구분	도형 색(RGB)	도형 선 색	너비
범례 틀	흰색	191/191/191	1pt
전체	113/113/113	127/127/127	0.5pt
한국	11/112/214	127/127/127	0.5pt
중국	234/113/113	127/127/127	0.5pt

17 각각의 그래프 영역을 선택하고 [마우
스 오른쪽 클릭] - [도형 서식] - [채우기 및
선]에서 서식을 지정한다. 도형 서식 변경
시 반드시 [선 없음]을 적용한다.

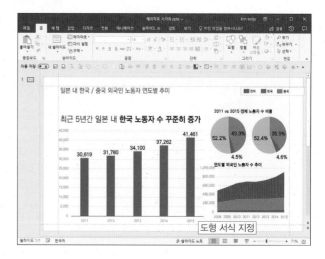

구분	도형 색(RGB)	도형 선 색
그래프 영역	범례 색상과 동일	선 없음
파이그래프 기타 영역	217/217/217	선 없음

18 막대에 아이콘을 삽입해보자. [실습파일] 폴더에서 '아이콘.pptx' 파일의 '사람'을 선택하고 Ctrl + C, Ctrl + V 를 눌러 복사한다. 아이콘을 복제(Ctrl + D)하여 색상을 자유롭게 적용하고 각 그래프 막대의 높이를 동일하게 맞춘다.

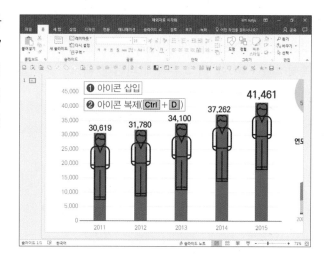

19 바를 지우고 [삽입] 탭-[일러스트레이션] 그룹-[도형]-[직사각형]을 선택해 사람 아래에 들어갈 건물을 그린다.

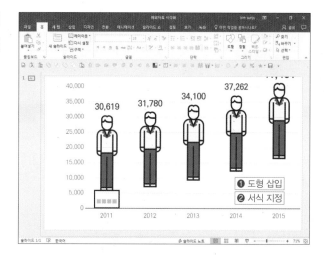

구분	도형 색(RGB)	윤곽선 색(RGB)	너비
건물 외형	없음	■ 64/64/64	2.75pt
건물 창문(작은 사각형)	▓ 191/191/191	–	

20 같은 방법으로 나머지 부분에도 건물을 만들어준다. y축의 최댓값 텍스트를 복제(Ctrl + D)한 뒤 오른쪽에 나란히 배치하고 단위인 "(명)"을 입력한다. 단위와 2015년 데이터 값의 서식을 변경한다.

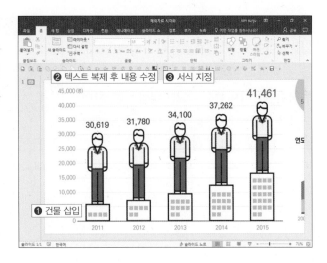

텍스트	글꼴/글꼴 크기	글꼴 색(RGB)
(명)	KoPub돋움체 Light/11	동일
2015년 데이터 값	KoPub돋움체 Bold/24	■ 11/112/214

21 두 개의 파이그래프 뒤에 전체 영역을 나타낼 도형을 삽입해보자. [삽입] 탭−[일러스트레이션] 그룹−[도형]−[타원]을 선택하고 Shift + 드래그하여 그래프보다 약간 큰 크기로 타원을 삽입한 후 서식을 지정한다. 삽입한 원형 도형은 [홈] 탭−[그리기] 그룹−[정렬]−[맨 뒤로 보내기]를 선택해 그래프 영역 뒤로 보낸다.

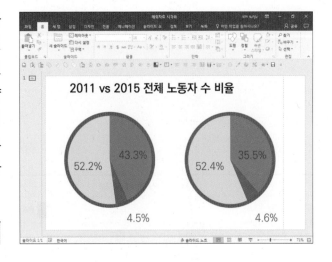

구분	도형 색(RGB)	윤곽선
전체 도형	■ 113/113/113	없음

전문가 TIP!

도형은 기본적으로 왼쪽 상단을 기준으로 그려지며 단축키를 활용하면 원하는 기준점을 지정해 도형을 그릴 수 있다.
- Ctrl 을 누른 상태에서 도형을 삽입하면 기준점이 도형의 중앙으로 바뀌어 도형이 그려진다.
- Shift 와 Ctrl 을 동시에 누른 상태로 도형을 삽입하면 도형의 중앙을 기준으로 비율을 유지하며 도형을 삽입할 수 있다.

22 각 그래프의 해당 연도는 그래프의 구분을 위해 표기해준다. 또한 기타 항목은 따로 분류되어 있지 않으므로, 항목명을 표기해주는 것이 좋다. [텍스트 상자]를 이용해 텍스트를 추가한 후 그래프 내에 배치하고 서식을 지정한다.

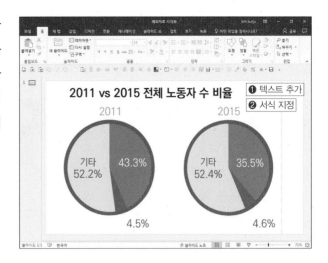

텍스트	글꼴/글꼴 크기	글꼴 색(RGB)
연도	KoPub돋움체 Light/13	150/150/150
[기타] 항목명(추가)	KoPub돋움체 Light/12	기타 수치 폰트와 색상 동일
중국 데이터 값	KoPub돋움체 Light/13	흰색

23 한국 데이터를 강조하기 위해 각 그래프 영역을 선택한 뒤 [마우스 오른쪽 클릭]-[크기 및 위치]-[크기]에서 '가로 세로 비율 고정'에 체크하고 [높이 조절]과 [너비 조절] 값을 '115%'로 변경한다. 한국 계열의 비율 텍스트에 서식을 지정하고 그래프 영역 오른쪽에 적절하게 배치한다.

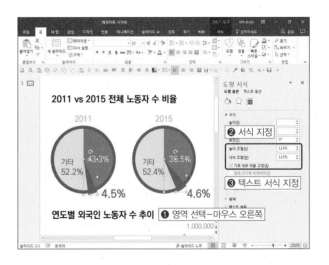

텍스트	글꼴/글꼴 크기	글꼴 색(RGB)
한국 데이터 값	KoPub돋움체 Bold/18	11/112/214

24 보조 자료인 그래프 3은 다른 그래프에 비해 크기가 작고 간략하게 표현해도 좋다. 먼저 텍스트 서식을 변경한다. 그래프 간의 구분을 명확하게 하기 위해 왼쪽에 있는 y축 텍스트를 오른쪽으로 이동하고 좌우 여백에 맞춰 그래프의 크기를 조절한다. 공간이 넉넉하지 않으므로 하단의 연도는 2008년을 제외하고 두 자리로 변경하여 간략하게 표기한다.

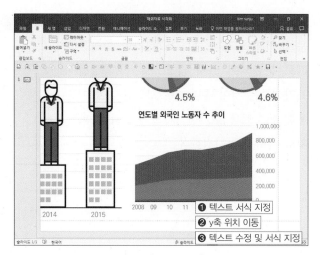

텍스트	글꼴/글꼴 크기/속성
x축	KoPub돋움체 Light/11/가운데 정렬
y축	KoPub돋움체 Light/10.5/왼쪽 정렬

전문가 TIP!

텍스트를 왼쪽으로 정렬하거나 텍스트 간의 일정한 간격을 맞추기 위해서는 [정렬] 기능을 활용하면 된다. y축 텍스트 이동 후 정렬은 [맞춤]-[왼쪽 맞춤]으로, x축 텍스트 간 간격 조절은 [맞춤]-[가로 간격을 동일하게]로 정렬하면 편리하다.

25 전체 합계와 중국 영역을 각각 선택하고 [마우스 오른쪽 클릭]-[도형 서식]-[채우기]-[투명도]를 지정한다.

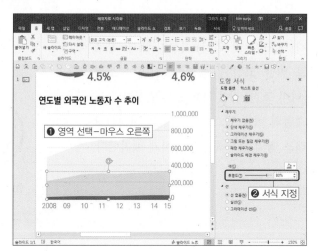

구분	투명도
전체 합계	90%
중국	80%

26 [삽입] 탭-[일러스트레이션] 그룹-[도형]-[자유형 곡선]을 선택하여 전체 합계와 중국 데이터 라인에 맞춰 그려준 뒤 [마우스 오른쪽 클릭]-[점 편집]으로 세밀하게 맞춘다.

선 색(RGB)	너비	대시 종류
각 데이터 해당 색	1pt	실선

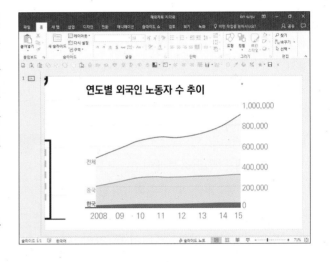

27 [텍스트 상자]를 이용해 각각의 데이터 왼쪽에 해당 항목명을 추가한다. 글꼴은 'KoPub돋움체 Light'로, 글꼴 크기는 '8pt'로 지정하고, 해당 데이터 색상으로 텍스트 색을 설정한다. '한국' 텍스트는 굵은 폰트(KoPub돋움체 Bold)로 강조하고 마무리한다.

전문가 TIP!
선그래프는 시선이 분산되지 않도록 데이터 옆에 항목명을 직접 표시하는 것이 좋다.

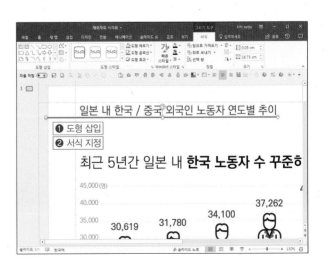

28 [삽입] 탭-[일러스트레이션] 그룹-[도형]-[직사각형]을 선택하고 제목 텍스트 아래에 제목과 내용을 구분하는 도형을 삽입한 뒤 서식을 지정한다.

구분	도형 색(RGB)	윤곽선
제목줄 도형	127 / 127 / 127	없음

29 일본 자료를 재편집한 그래프이기 때문에 변경된 부분이 있다. 명시해줘야 할 내용을 간략히 적어주면 자료를 이해하는 데 도움이 된다. [실습파일] 폴더에서 '설명.txt' 파일을 열고 [텍스트 상자]를 이용해 내용 및 출처를 복사하여 추가하고 서식을 지정한다.

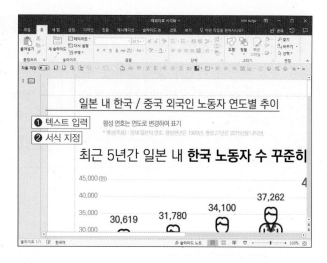

텍스트	글꼴/글꼴 크기	글꼴 색(RGB)
평성 연호는~	KoPub돋움체 Medium/12.5	130/130/130
평성 설명	KoPub돋움체 Light/10.5	185/185/185
출처	KoPub돋움체 Medium/12.5	90/90/90

30 일본과 관련된 아이콘을 넣어 꾸며보자. [삽입] 탭－[일러스트레이션] 그룹－[도형]－[사각형：둥근 모서리]와 [타원]을 활용하여 일본의 국기를 그리고 설명글 옆에 삽입한다. [실습파일] 폴더에서 '아이콘.pptx' 파일의 일본 지도 아이콘을 복사해 적당한 위치에 배치한다.

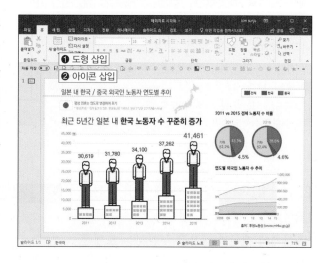

강조할 메시지에 따라
달라지는 표 제작 방법

표와 그래프는 다른 목적으로 사용한다. '그래프'는 숫자 간 관계를 묘사하기 위해 사용하는 시각적 표현 방법으로 복수 이상의 데이터 상관관계를 확인할 때 사용하며 자료가 무엇을 말하는지 이해시키는 데 유리하다. 이와 달리 '표'는 정확한 숫자를 전달하고자 할 때 사용한다. 구체적인 양(숫자)을 기억하는 데는 표가 유리하며, 데이터를 열과 행으로 어떻게 분류하느냐에 따라 해석이 달라질 수 있다.

01 업체 수를 강조하는 경우

다음은 사업기간, 설립년도, 업체 수, 투자유치금액 등 4개의 항목으로 이루어진 표다. 통상 표는 1열에 들어가는 것이 '독립변수'이므로, 해당 표는 사업기간(독립변수)으로 살펴본 업체 수, 투자유치금액을 말한다. 제작자는 메시지에서 어떤 항목을 강조할지 먼저 결정해야 표 디자인을 할 수 있다.

■ 개선 전

단위 : 백만 원

사업기간	설립년도	업체 수	투자유치금액
1년 미만	2016	2	3,000
1년	2015	20	13,000
2년	2014	18	43,500
3년	2013	5	80,000
4년	2012	15	130,000
5년	2011	10	5,000
6년	2010	2	6,500
7년	2009	3	3,000
8년	2008	1	4,500
9년	2007	3	13,500
계		79	302,000

제시된 표의 열은 사업기간 1열, 설립연도 2열, 업체 수 3열, 투자유치금액 4열이며, 총 10년간의 데이터를 10행으로 구성했다. 표는 제작자가 어떤 메시지(주제)를 전달하려는 지에 따라 '표 구성'이 달라진다. 예를 들어 '등록업체 수 상위 5개'를 강조하고 싶다면 1열은 '업체 수'를 순차 배열로 재구성한다. 업체 수 상위 5개만 남겨두고 나머지 데이터는 제거한다. 투자유치금액 역시 원하는 항목이 아니므로 제거한다. 업체 수 상위 5개만 남겨 두고, 다시 업체 수를 순서대로 정리한다.

■ 표 요약 과정

단위 : 백만 원

사업기간	설립년도	업체 수	투자유치금액
1년 미만	2016	2	3,000
1년	2015	20	13,000
2년	2014	18	43,500
3년	2013	5	80,000
4년	2012	15	130,000
5년	2011	10	5,000
6년	2010	2	6,500
7년	2009	3	3,000
8년	2008	1	4,500
9년	2007	3	13,500
계		79	302,000

■ 표 요약 후

순위	업체 수	사업기간	설립년도
1	20	1년	2015년
2	18	2년	2014년
3	15	4년	2012년
4	10	5년	2011년
5	5	3년	2013년
계	68		

합계 칸을 만들면서 순위 항목을 1열에 넣었으나 사실상 1열은 '업체 수'라 할 수 있다. 또, '설립년도'보다는 '사업기간' 항목이 중요하기 때문에 2열은 '사업기간', 3열은 '설립년도'로 위치를 바꾸었다.

■ 표 시각화 모습

경기도 사업기간별 스타트 기업 업체 수

 사업기간 1년차 업체 수 20개로 **가장 많다**

순위	업체 수	사업기간	설립년도
1	20	1년	2015년
2	18	2년	2014년
3	15	4년	2012년
4	10	5년	2011년
5	5	3년	2013년
계	68		

출처 : 경기도

▲ 표 제목, 출처 표시, 항목 강조, 연관 아이콘 등 시각화 요소를 포함한 모습

02 투자유치금액을 강조하는 경우

- '사업기간별'과 '투자유치금액'의 상관관계가 핵심이다. 2개 항목은 1, 2열에 위치한다.
- 투자유치금액 상위 5개만 남기고 나머지 하위 행은 모두 제거한다.
- 설립년도는 사업기간과 밀접한 항목이므로 남겨 놓는다. '업체 수' 항목은 '투자유치금액' 총액에 영향을 주기는 하지만 전체금액을 알리는 것이 목적이므로 제거한다.
- 투자유치금액이 중요한 변수이므로 투자유치금액 합계 및 단위는 반드시 표기한다.

■ 표 요약 과정

단위 : 백만 원

사업기간 (2열)	설립년도 (3열)	업체 수	투자유치금액(1열)
1년 미만	2016	2	3,000
1년(5위)	2015	20	13,000
2년(3위)	2014	18	43,500
3년(2위)	2013	5	80,000
4년(1위)	2012	15	130,000
5년	2011	10	5,000
6년	2010	2	6,500
7년	2009	3	3,000
8년	2008	1	4,500
9년(4위)	2007	3	13,500
계		79	302,000

■ 표 요약 후

단위 : 백만 원

순위	투자유치금액	사업기간	설립년도
1	130,000	4년	2012
2	80,000	3년	2013
3	43,500	2년	2014
4	13,500	9년	2007
5	13,000	1년	2015
계	280,000		

■ 표 시각화 모습

경기도 스타트업 기업 사업기간 별 투자 유치금액 Top 5

 4년 차 기업 투자유치금액 1천 3백 억 원으로 1위

단위 : 백만 원

순위	투자유치금액	사업기간	설립년도
1	130,000	4년	2012
2	80,000	3년	2013
3	43,500	2년	2014
4	13,500	9년	2007
5	13,000	1년	2015
계	280,000		

출처 : 경기도

▲ 투자유치금액을 내림차순으로 정렬하여 표로 나타낸 모습

KEY NOTE

1 '표'에서는 '독립변수'가 1열이며, 그래프로 나타내면 X축과 같다.

2 제목은 구체적인 메시지를 담고 있어야 해독시간을 줄일 수 있다. '그래프와 표 제목'은 데이터를 해독할 때 중요한 '나침반' 역할을 한다.

3 열과 행은 제목에 맞추어 재편집하는 것이 중요하다.

4 시각표로 만들 경우 어떤 항목(열 또는 행)의 텍스트를 그림으로 동시에 보여줄지 결정한다.

5 표는 숫자 및 글자 크기, 컬러 등으로 강조가 가능하다.

6 표는 그래프로 가기 위한 준비 과정이다. 표를 그릴 수 있어야 그래프를 제대로 그릴 수 있다.

제목의 핵심 내용을 표현한
SNS 홍보용 인포그래픽 만들기

SNS는 빼 놓을 수 없는 중요한 홍보 채널 중 하나이다. SNS용 인포그래픽은 주로 모바일에서 보게 되므로 비율, 해상도, 정보의 양 등을 고려해 제작해야 한다. 특히 텍스트 크기, 제목과 강조 그래프의 일치 등은 중요한 요소다. 무엇보다 보는 시간이 짧으므로 제목의 역할이 중요하다. 제목에 따라 달라지는 표현 방법을 함께 배워보자.

SECTION 1 | 두 항목의 상관관계를 표현하는 방법

연속하는 데이터 흐름에서 중요한 부분은 바로 변곡점이다. 3개 이상 데이터의 대소 차이를 살펴보고자 할 때는 막대그래프 또는 선그래프를 주로 사용한다. 이 중 다수의 독립변수(X축 눈금) 흐름을 살펴볼 때는 선그래프로 처리하는 것이 유리하다.

01 연도별 고소득 직장인 증가 추이

월급으로 7천810만 원 넘게 받는 고소득 직장인이 3천400명이 넘는 것으로 나타났다. 30일 보건복지부와 건강보험공단에 따르면 직장가입자의 보수에 매기는 월 최고 건강보험료(본인부담금 기준 월 239만 원)를 내는 고소득 직장인은 2016년 12월 현재 3천403명에 달했다. 이들 고소득 직장인은 2012년 2천508명, 2013년 2천522명, 2014년 2천893명, 2015년 3천17명 등으로 해마다 늘고 있다.

건강보험은 소득에 일정 비율로 매기는 세금과 달리 사회보험이기 때문에 소득에 비례해 보험료가 무한정 올라가진 않는다. 소득이 아무리 높더라도 일정 수준 이상이면 상한 금액만 낸다. 현재 건보공단은 월 보수가 7천810만 원을 초과하는 고소득 직장가입자에게 최대 월 239만 원의 보험료를 부과하고 있다.

(1) 데이터 요약 및 분석

① 전체 분석

통계 데이터는 앞부분에 중요한 메시지를 포함하고 있는 경우가 많다. 또한 X축에 들어가는 변수가 다수로 나열된 경우 몇 개의 구간으로 나뉘는지 연필로 체크하는 과정이 필요하다. 이는 그려야 할 눈금 수를 사전에 확인하는 과정이라고 할 수 있다. 이 밖에 문장을 읽으면서 불필요한 내용을 삭제하는 요약 과정을 거쳐야 하는 것도 기억해야 한다.

> 월급으로 7천810만 원 넘게 받는 고소득 직장인이 3천400명이 넘는 것으로 나타났다.**(중요한 문장으로, 제목으로 사용할 수 있는 문구이기도 하다)**
>
> 30일(통계에서는 조사기간이 중요하지, 자료를 발표하는 시점은 크게 중요하지 않다.) 보건복지부와 건강보험공단에**(출처를 이야기한다.)** 따르면 직장가입자의 보수에 매기는 월 최고 건강보험료(본인부담금 기준 월 239만 원)를**(고소득 직장인 기준을 설명)** 내는 고소득 직장인은 2016년 12월 현재 3천403명에 달했다.**(2016년 : 독립변수1, 3천403명 종속변수1)** 이들 고소득 직장인은 2012년 2천508명**(2012년 : 독립변수2, 2천508명 종속변수2),** 2013년 2천522명**(2013년 : 독립변수3, 2천522명 종속변수3),** 2014년 2천893명**(2014년 : 독립변수4, 2천893명 종속변수4),** 2015년 3천17명**(2015년 : 독립변수5 , 3천17명 종속변수5),** 등으로 해마다 늘고 있다.
>
> 건강보험은 소득에 일정 비율로 매기는 세금과 달리 사회보험이기 때문에 소득에 비례해 보험료가 무한정 올라가진 않는다. 소득이 아무리 높더라도 일정 수준 이상이면 상한 금액만 낸다. 현재 건보공단은 월 보수가 7천810만 원을 초과하는 고소득 직장가입자에게 최대 월 239만 원의 보험료를 부과하고 있다.**(고소득 직장인 보험료 부과기준 설명)**

독립변수(연도별)와 종속변수가 5구간으로 이루어져 있다. 5구간을 한눈에 살펴볼 수 있는 그래프에는 선그래프와 막대그래프가 있다. 또한 인원을 나타내는 단위를 상징하는 그림을 사용해 '그림그래프'로도 표현할 수 있다. 이와 함께 구간 차이를 보면서 어느 구간이 증가율이 높은지 사전에 살펴보아야 한다.

② 제목 결정과 소제목 요약 단계

통계 데이터 제목을 결정할 때 강조하고자 하는 메시지에 따라 제목이 달라지는 방법을 알아본다.

3가지 유형의 제목

- **제목1 : 2012년부터 2016년까지 고소득 직장인 증가 추이(일반적인 방법으로 메시지 전달 어려움)**

그래프 제목 유형 중 가장 많이 사용하는 방식이다. 하지만 추이, 비교, 현황 같은 단어를 사용해서 제목을 만드는 경우 어떤 그래프를 봐야 하는지 매우 혼란스럽다. 제작자는 강조하는 그래프쪽으로 보는 사람의 시선이 움직이도록 해야 한다. 즉, 제목을 보고 해당 그래프로 시선을 유도하는 것이 필요하다.

- **제목2 : 2016년 고소득 직장인 3천403명으로 큰 폭 증가(사례1)**

2016년 고소득 직장인이 큰 폭으로 증가했음을 강조하고 있다. X축 연도별 종속변수의 값을 하나하나 살펴본 후 2015~2016년 구간에서 차이가 큰 연도(2016년)를 부각한 경우다. 시각화 단계에서는 제목과 연계성을 갖도록 2016년 그래프를 강조한다.

- **제목3 : 2012년부터 2016년까지 매년 고소득 직장인 꾸준히 증가(사례2)**

전체 흐름의 데이터를 강조하기 위해 제목을 붙인 경우다. 연도별 명 수보다는 전체 흐름을 우상향 추세선으로 전달하려는 목적이다. 이때 수직 막대그래프로 나타내는 것보다 선그래프로 흐름을 한눈에 볼 수 있도록 하는 것이 좋다. 또 변곡점마다 종속변수 값을 적어 주어 주는 것이 포인트다.

소주제 요약

- **소주제1** : 건강보험료 부과 기준으로 살펴본 5년간 고소득 직장인 수
- **소주제2** : 고소득 직장인 2012년 2천508명, 2013년 2천522명, 2014년 2천893명, 2015년 3천17명, 2016년 3천403명
- **소주제3** : 표로 전환(6열 2행으로 표현 가능)

연도	2012	2013	2014	2015	2016
직장인 고소득자	2천508명	2천522명	2천893명	3천17명	3천403명

- **고소득자 기준** : 월 보수 7천810만 원 초과 직장인
- **출처** : 보건복지부와 건강보험공단

(2) 도해 선택 단계

도해를 그리기 전에 목적에 맞도록 크기와 비율을 먼저 결정해야 한다. 여기에서는 회사 보고서, 모바일 등에서도 활용이 가능한 사이즈로 샘플을 제작해 본다.

① '사례1'을 막대그래프로 표현

5년간 자료를 연속해서 볼 수 있도록 '수직 막대그래프'로 제작한다.

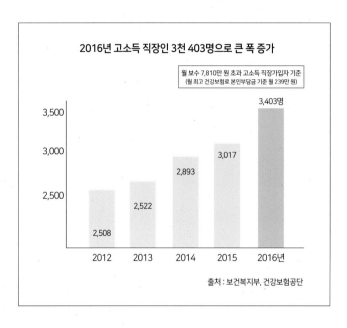

② '사례2'를 선그래프로 표현

전체 흐름을 설명하기 위해 선그래프로 제작하며, Y축의 척도를 변경하고(시작점을 0이 아닌 2,000명에서 시작), '추세선'(전체 흐름을 보여주는 선)을 사용하였다. 임의로 우상향 느낌을 주기 위해 '추세선'을 선그래프 위에 추가했다.

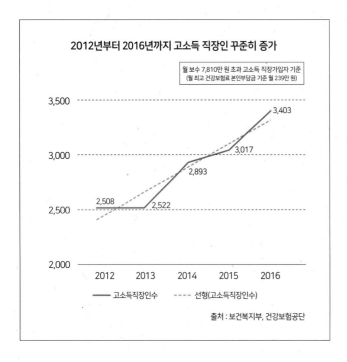

1 선그래프의 경우 Y축 보조선 척도를 임의로 수정하여 2,000명부터 시작점을 변경하였다. 이를 'Y축 척도 변경'이라고 한다. 데이터 고수들이 메시지 효과를 극적으로 줄 때 사용하는 방법으로 연도별 증가 차이를 좀 더 명확하게 나타낼 때 종종 사용한다(통상 Y축은 0에서 시작하는 것이 대부분이다).

2 선그래프는 흐름, 추이 등을 한눈에 살펴볼 때 좋다. 이때 추세선으로 우상향하는 모습을 함께 보여주면 증가한다는 메시지를 좀 더 쉽고 명확하게 전달할 수 있다.

제목이 바뀌면 그래프가 바뀌는 데이터 시각화하기

제목에 따라 그래프를 바꿔 활용할 수 있고, 표현하는 방법을 다양하게 바꾸면 같은 내용이라도 다른 느낌으로 전달할 수 있다. 같은 데이터를 가지고 다른 그래프와 아이콘을 활용해 다르게 표현해보고 원 컷 이미지로 제작해보자.

STEP 01 » 인포그래픽 **PREVIEW**

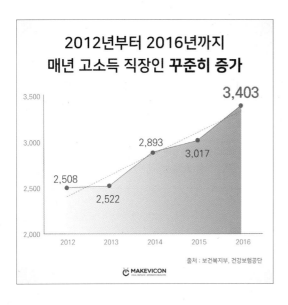

DESIGN POINT » | **SNS용 원 컷 데이터**

❶ 많은 사람들이 사용하는 SNS에서 볼 수 있도록 SNS에 최적화된 사이즈로 제작한다. 한 장에 임팩트 있게 내용을 구성하여 전달력을 높이고 공감과 홍보 등의 효과를 얻을 수 있다. 주로 원 컷을 활용하는 인스타그램의 최적화 사이즈는 1080px(38.1cm)이다.

❷ 한 장짜리 이미지에는 너무 많은 양의 내용을 넣거나 작은 글씨를 사용하면 전달력이 떨어진다. 최대한 내용의 이해도를 높이기 위해 한 가지의 포인트 색상과 무채색으로 구성하거나 강렬한 색상 한두 가지를 선택하여 표현하는 것이 효과적이다.

❸ 정확한 그래프 대신 관련 아이콘을 크게 보여줌으로써 데이터의 의미나 내용을 그림을 통해 먼저 예상하게 하는 것도 좋은 방법이다. 이때 내용과 아이콘의 연관성이 높아야 그에 따른 효과를 얻을 수 있다.

• **완성파일** : 7장\[완성파일] 폴더 • **실습자료** : 7장\[실습파일] 폴더

1 [디자인] 탭 – [슬라이드 크기] – [사용
자 지정 슬라이드 크기]를 선택하고 [슬라
이드 크기] 대화상자에서 '너비'와 '높이'를
'38.1cm'로 지정한다. [최대화/맞춤 확인]
을 설정하는 대화상자는 빈 슬라이드이기
때문에 어느 것을 선택해도 무관하다.

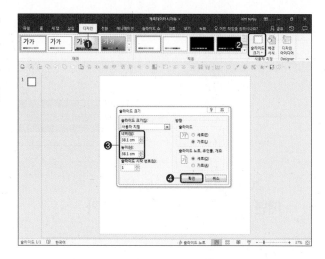

전문가 TIP!

슬라이드 크기를 변경할 때 [사용자 지정 슬라이드 크기]에서 크기를 변경하면 [최대화/맞춤 확인]을 선택하는 대화상자가 나타난다.
슬라이드가 비어 있는 상태라면 두 옵션 중 어느 것을 선택해도 무관하지만 작업 도중(슬라이드에 개체가 있는 경우)에 슬라이드
사이즈를 변경해야 한다면 이 옵션을 잘 활용해야 한다.

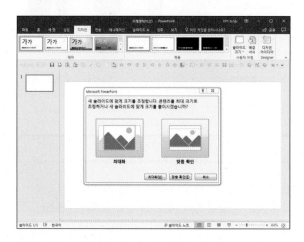

• [최대화] : 슬라이드의 크기만 변경(개체의 크기는 유지)
• [맞춤 확인] : 슬라이드의 크기 변경 및 변경되는 슬라이드 크기에 맞춰 개체 크기도 함께 변경

2 먼저 선그래프를 그려보자. [삽입] 탭-
[일러스트레이션] 그룹-[차트]-[꺾은선
형]을 선택하고 데이터 시트에 값을 입력
한다. 오른쪽 [차트 요소(십자 모양)]를 클
릭한 후 '축', '데이터 레이블', '눈금선', '추
세선' 항목을 체크하여 표시한다.

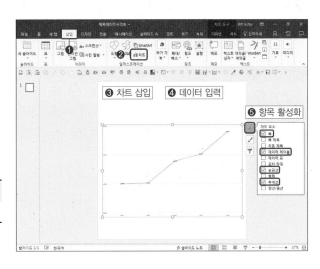

연도	2012	2013	2014	2015	2016
직장인수	2,508	2,522	2,893	3,017	3,403

전문가 TIP!

이후 추가 제작을 위해 그래프를 따로 복제해 두면 더
편리하게 작업할 수 있다.

3 그래프를 선택하고 복사(Ctrl + C)한
후 슬라이드에서 삭제(Delete)한다. 그 다
음, 선택하여 붙여넣기(Ctrl + Alt + V)를
실행하고 [선택하여 붙여넣기] 대화상자가
나타나면 새 창에서 [그림(확장 메타파일)]
을 선택한다. 이미지를 선택하고 [마우스
오른쪽 클릭]-[그룹 해제]를 2번하여 개
체를 분리시킨다.

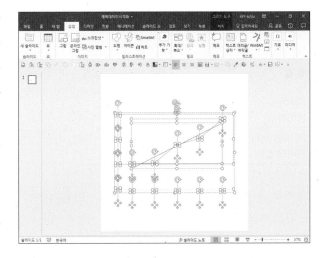

전문가 TIP!

[선택하여 붙여넣기]로 그래프를 [확장 메타파일]로 변형하여 수정하는 것이 편리하지만 그래프를 수정하려면 다시 그래프를 새로
그려야 하는 번거로움이 있다. 따라서 그래프의 데이터가 고정된 값이 아니라면 기존 차트 형식의 그래프를 따로 보관해두거나
형식을 변경하지 않고 사용하는 것이 좋다.

4 그래프를 다듬어 보자. [삽입] 탭-[일러스트레이션] 그룹-[도형]-[자유형：도형]을 선택하여 그래프의 기준선을 진하게 새로 그려준다.

구분	선 두께	선 색(RGB)
그래프 기준선	2.25pt	■ 89/89/89

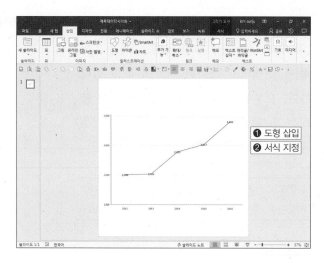

5 축과 레이블 숫자를 선택하고 서식을 지정한다.

텍스트	글꼴/글꼴 크기	글꼴 색(RGB)
축 값	KoPub돋움체 Medium/28	■ 127/127/127
2016년 데이터 값	KoPub돋움체 Bold/40	■ 64/64/64
2016년 제외 데이터 값	KoPub돋움체 Light/40	■ 64/64/64

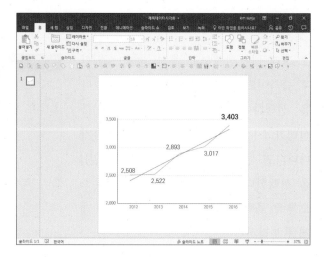

6 그래프의 계열선을 선택하고 하나를 복제(Ctrl + D)하여 위에 겹쳐준다.

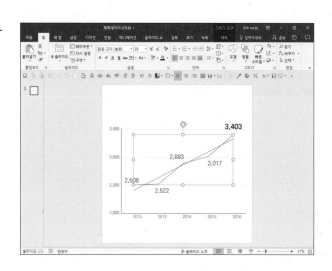

7 그래프에서 해당 면적을 만들기 위한 작업으로, [삽입] 탭-[일러스트레이션] 그룹-[도형]-[직사각형]을 선택하여 복제한 선의 너비에 맞춰 사각형을 그린다. 직사각형을 먼저 선택하고 계열 선을 함께 선택한 후 [서식] 탭-[도형 병합]-[조각]으로 사각형을 라인에 맞게 자르고 불필요한 부분을 제거한다.

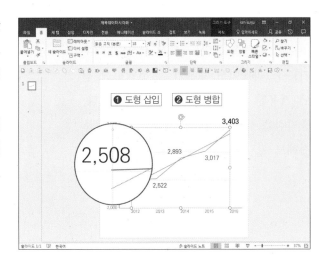

전문가 TIP!

그림처럼 계열 선보다 직사각형을 약간 작게 그려줘야 하는 것이 포인트! 선보다 사각형이 클 경우 조각이 나지 않을 수 있다. [도형 병합]의 [조각] 기능은 파워포인트 2013버전 이상에서 사용 가능하며 이하 버전에서는 [도형]-[자유형]을 선택하여 그래프 라인에 맞춰 직접 영역을 그려주면 된다.

8 계열 선을 선택하고 [마우스 오른쪽 클릭]-[도형 서식]-[선]-[그라데이션 선]을 선택하여 점점 진해지는 선을 표현해보자.

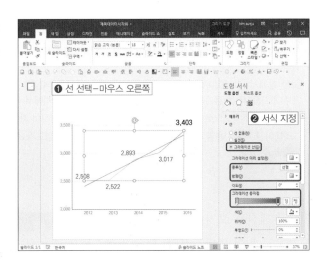

그라데이션 종류	방향	그라데이션 중지점 1, 위치	그라데이션 중지점 2, 위치
선형	선형 오른쪽	244/174/206, 0%	228/52/132, 100%

9 이번엔 잘라냈던 도형을 선택하고 [마우스 오른쪽 클릭]-[도형 서식]-[채우기]-[그라데이션 채우기]를 선택하면 선에 적용한 그라데이션이 바로 적용된다. 중지점을 추가해 서식을 지정하여 색을 조절해보자.

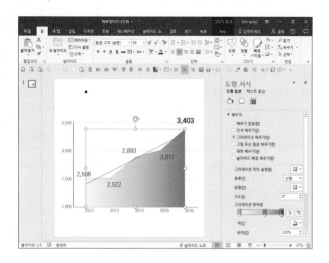

중지점	색(RGB)	위치	투명도
1	244/174/206	0%	80%
2(추가)	236/116/171	60%	50%
3	228/52/132	100%	30%

전문가 TIP!

- 그라데이션은 두 개 이상의 색상을 자연스럽게 연결되도록 표현하는 기능으로 한 개체에 두 개 이상의 색상을 지정하여 삽입할 수 있다.
- 속성 창에서 [그라데이션 채우기]를 선택하면 그라데이션 색상을 지정할 수 있는 색상바와 중지점이 나타난다. 원하는 색상 개수대로 중지점을 추가/삭제하고 중지점을 선택한 뒤 아래 [색]에서 색상과 투명도를 각각 조절할 수 있다.
- 도형에 바로 적용되므로 직접 색상과 중지점의 위치 등을 조절하여 자연스럽게 만들 수 있다.
- 그라데이션 색을 사용할 때에는 같은 계열의 색상이나 채도나 명도가 조금 다른 색을 선택하여 지정하면 더 자연스러운 그라데이션을 연출할 수 있다.

10 추세선을 보자. 추세선은 선이 아닌 도형으로 되어 있다. [삽입] 탭-[일러스트레이션] 그룹-[도형]-[선]을 선택해 다시 그려주고 기존 추세선은 삭제(Delete)한 후 새로 추가한 선의 서식을 지정한다.

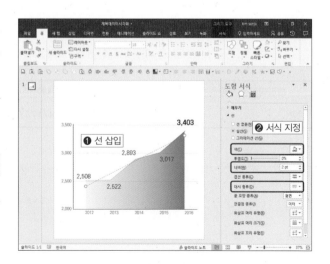

선 색	선 두께	대시 종류
127/127/127	2pt	파선

11 [삽입] 탭-[일러스트레이션] 그룹-[도형]-[타원]을 선택하여 각 변곡점마다 값의 지점이 확실히 보이도록 도형을 추가해준다.

구분	도형 색(RGB)	윤곽선
변곡점 타원	■ 212/60/138	없음

12 [텍스트 상자]를 이용해 그래프의 제목과 출처를 삽입한다. 강조해야 할 키워드는 더 두꺼운 폰트로 지정한다.

텍스트	글꼴/글꼴 크기	글꼴 색(RGB)
제목	나눔스퀘어 Bold /64	■ 38/38/38
2016년 데이터 값	KoPub돋움체 Bold /48	■ 212/60/138
출처	나눔스퀘어/24	■ 95/95/95

13 슬라이드의 [마우스 오른쪽 클릭]-[배경 서식]-[채우기]-[그라데이션 채우기]에서 '방사형' 그라데이션 배경을 넣어보자. '방사형'으로 가장자리만 약간 어둡게 하면 콘텐츠에 집중할 수 있는 효과를 줄 수 있다. 중지점을 3개 만들고 색을 지정한 후 이미지 하단에는 로고를 추가한다.

중지점	색	위치	투명도
1	□ 흰색	0%	0%
2	□ 흰색	60%	0%
3	■ 237/237/237	100%	0%

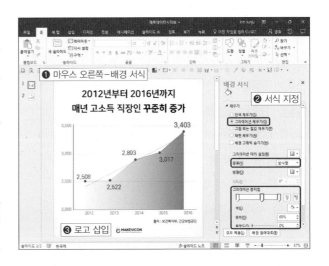

14 완성된 슬라이드의 썸네일을 선택하고 복제(Ctrl + D)하여 새 슬라이드를 추가한다. 변경된 제목을 수정하고, x축의 연도와 출처, 로고를 제외한 그래프 요소들은 모두 삭제한다.

구분	글꼴 색(RGB)
제목 강조	■ 219/31/143

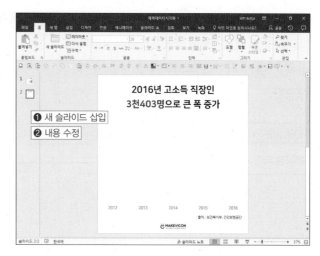

15 이번에는 첫 번째 슬라이드에서 활용했던 데이터를 가지고 막대그래프를 만들어보자. [삽입] 탭 – [일러스트레이션] 그룹 – [차트] – [세로 막대형]을 선택하고 데이터 시트에 값을 입력한다. 그래프의 오른쪽 [차트 요소(십자 모양)]에서 '데이터 레이블' 항목에만 체크한다.

연도	2012	2013	2014	2015	2016
직장인 수	2,508	2,522	2,893	3,017	3,403

16 편리하게 수정하기 위하여 그래프를 잘라내기(Ctrl + X)한 후 선택하여 붙여넣기(Ctrl + Alt + V)를 한다. [선택하여 붙여넣기] 대화상자가 나타나면 '그림(확장 메타파일)'을 선택하고 [확인]을 클릭한다. 이미지는 그룹 해제(Ctrl + Shift + G)를 2번하여 개체를 분리한다.

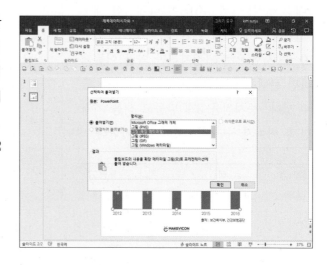

17 데이터 값 텍스트를 선택한 후 서식을 지정한다.

텍스트	글꼴/글꼴 크기	글꼴 색(RGB)	
2012, 2013 데이터 값	나눔스퀘어 Bold / 32		127/127/127
2014, 2015 데이터 값	나눔스퀘어 Bold / 32		89/89/89
강조 값 (2016년)	나눔스퀘어 Bold / 60		212/60/138

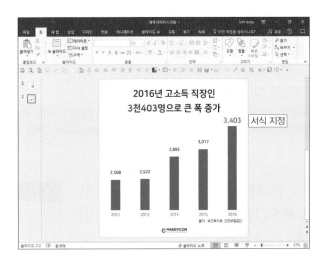

18 [실습파일] 폴더에서 '아이콘.pptx'를 열고 사람 아이콘을 복사(Ctrl+C)한 후 붙여넣는다(Ctrl+V). 아이콘을 바의 크기만큼 조절하여 삽입한다.

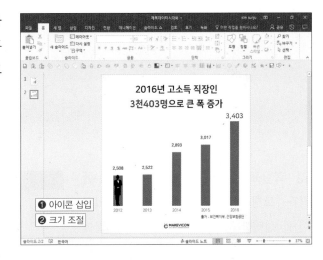

19 나머지 사람 아이콘을 복사하여 같은 방법으로 크기를 조절한 후 막대그래프는 삭제(Delete)한다. 점차적으로 값이 증가한다는 것을 나타내기 위해 현재 값과 과거 값 아이콘의 색에 차이를 줘보자. 과거부터 최근까지 연한 색에서 진한 색으로 명도를 조절한다. 사람 아이콘을 두 번 선택하고 [마우스 오른쪽 클릭]-[도형 서식]-[채우기]-[색]에서 색을 조절한다.

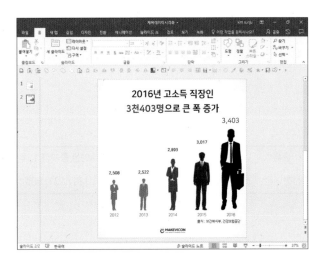

2012	2013	2014	2015	2016
■ 127/127/127	■ 127/127/127	■ 89/89/89	■ 64/64/64	■ 35/35/35

전문가 TIP!

사람 아이콘이 그룹으로 묶여 있어 한 번 클릭하고 [도형 서식]을 확인해보면 '채우기 없음'으로 지정되어 있다. 한 번 더 개체를 클릭하여 세부 개체를 선택하고 '단색 채우기'가 선택된 상태에서 색상 및 투명도 등을 지정한다.

20 2015년에서 2016년으로 크게 증가한 부분에 화살표를 넣어 강조해보자. [삽입] 탭 – [일러스트레이션] 그룹 – [도형] – [선 화살표]를 선택해 15년 값과 16년 값 사이에 사선으로 화살표를 삽입한다.

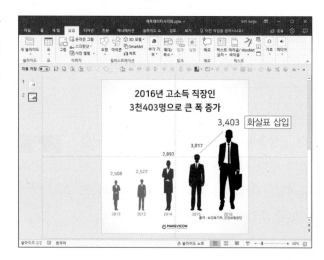

21 화살표를 선택하고 [마우스 오른쪽 클릭] – [도형 서식] – [선]에서 [그라데이션 선]을 선택한다. 그라데이션 바의 양 끝에 중지점을 2개 배치한 뒤 선 서식을 지정한다. 화살표의 서식 변경은 [화살표 꼬리 유형]/[화살표 꼬리 크기]에서 지정한다.

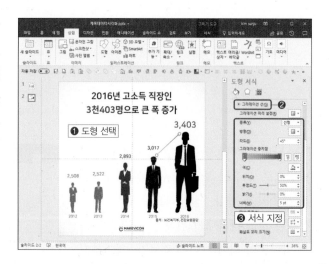

종류	방향	각도	그라데이션 중지점 1, 투명도	그라데이션 중지점 2, 투명도	너비
선형	선형 대각선	45°	■ 131/131/131, 50%	■ 212/60/138, 0%	5pt

- [화살표]는 파워포인트에서 많이 사용하는 도형 중 하나로, 방향뿐만 아니라 과정, 결과, 강조 등에 다양하게 사용된다. 크고 굵은 화살표는 화살표 도형으로 활용하는 것이 좋으나 세부적인 부분에서 화살표를 삽입할 때에는 [선 화살표]를 사용한다.
- 선의 [도형 서식]에서 지정이 가능하며, 선을 그리는 방향에 따라 선의 시작점은 [화살표 머리 유형]/[화살표 머리 크기], 선의 끝점은 [화살표 꼬리 유형]/[화살표 꼬리 크기]에서 모양 및 크기를 변경할 수 있다.

22 하단의 로고와 출처의 위치를 재배치하고 마무리한다. 완성된 이미지를 모바일에서 직접 확인해 보면 모니터로 보는 것보다 조금 더 선명하게 보이는 것을 느낄수 있다.

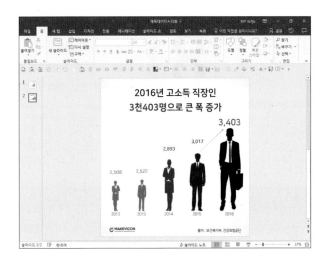

CHAPTER

08

텍스트 데이터를 도해로 시각화한
캠페인 인포그래픽 만들기

통계 데이터는 숫자 중심으로만 자료가 이루어져 있지 않고, 텍스트 중심의 자료로 최종 결론을 내는 경우도 있다. 텍스트 중심의 자료는 그래프보다 '표' 또는 '도해'를 사용한다. 특히 '도해'는 짧은 시간 내 많은 메시지를 해독하는 데 유리한 정보 배열 방법이다.

SECTION 1 | 캠페인 데이터 시각화 방법

캠페인 데이터는 설득적 커뮤니케이션 형태의 내용을 담고 있는 것이 특징이다. 설득을 위해서는 강한 주장을 해야 한다. 강한 주장을 나타내기 위해서는 근거를 제시해야 하는데 대부분 전문가 의견이나 연구 결과에 의한 내용을 'A→B다'라는 형태로 제시하며, 이런 내용은 이동에 대한 도해로 표현할 수 있다. 실전에서 자주 사용하는 캠페인 데이터 시각화 방법을 배워본다.

01 캠페인 텍스트 데이터 자료

미국 시사 주간지 '유에스 뉴스 앤드 월드 리포트'가 콜레스테롤을 자연스럽게 낮추는 방법을 소개했다.

- 트랜스나 포화 지방처럼 건강에 좋지 않은 지방을 단일불포화나 고도불포화 지방 같은 건강에 좋은 지방으로 대체해야 한다. 건강에 좋지 않은 지방은 좋은 콜레스테롤(HDL)을 감소시키는 반면 나쁜 콜레스테롤(LD)을 증가시킨다.
건강에 좋지 않은 지방은 마가린이나 쇼트닝, 튀긴 음식에 들어있다. 트랜스 지방과 함께 포화지방 섭취도 제한해야 한다. 매 끼니 지방 양은 2g을 넘어서는 안 되며 이는 하루 총 섭취 칼로리의 7% 이하를 뜻한다.
- 하루에 섬유질을 25~35g 섭취해야 한다. 섬유질은 콜레스테롤을 뭉쳐 몸 밖으로 배출시킨다. 통곡물과 콩류, 채소와 과일로부터 섬유질을 더 많이 섭취할 수 있다. 섬유질에는 두 가지 종류가 있는데 녹는 성질, 즉 용해성이 있는 섬유질이 콜레스테롤에 효과가 있다. 반면 불용성 섬유질은 장 건강에 좋은 효과가 있다. 수용성과 불용성 섬유질 두 가지를 고르게 섭취하는 게 좋다.

- 아마의 효능은 고대로부터 알려져 왔다. 아마는 중성지방을 낮추는 알파−리놀렌산으로 불리는 식물성 오메가−3 지방산을 함유한다. 또, 아마에는 고품질의 단백질과 칼륨이 풍부하며 식물성 에스트로겐과 항산화제인 리그난이란 화학 물질이 들어있다.
- 연어나 참치, 정어리, 고등어, 청어 같은 기름이 많은 생선을 일주일에 적어도 2번 이상 먹으면 좋다. 이런 생선의 기름은 중성지방을 낮추며 좋은 콜레스테롤은 증가시킨다.

(1) 데이터 요약 및 분석 1

① 전체 분석

자료는 크게 4가지 소주제로 나뉘는데 각 소주제의 공통점은 콜레스테롤을 낮추기 위한 대책 방안을 나열하고 있다. A(원인)−B(결과 : 대책방법) 형태로 자료를 다시 요약해 볼 수 있다.

② 데이터 요약

- 대표 제목 : 콜레스테롤을 낮추는 방법 4가지
- 데이터 요약 : 표나 도해로 자료 요약이 가능하다.

주요 항목소개

1열 : 나쁜 콜레스테롤(LDL), **2열** : 식사 대책 방법

- 트랜스 지방 낮춰라 : 몸에 좋은 단일불포화, 고도불포화 지방 섭취
- 식이섬유 양 늘려라 : 통곡물, 콩류, 채소, 과일 등 섬유질 하루 25~35g 섭취
- 중성지방 지수 낮춰라 : 식물성 오메가−3 지방산, 단백질, 칼륨, 식물성 에스트로겐, 항산화제인 리그난 섭취
- 좋은 콜레스테롤 높여라 : 연어, 참치, 고등어 주 2회 이상 섭취

(2) 시각화 방법

① 방법1 : 콜레스테롤 낮추는 식사 방법 4가지(표 형식)

나쁜 콜레스테롤(LDL) 많은 원인	식사 대책 방법
① 트랜스 지방	몸에 좋은 단일불포화, 고도불포화 지방 섭취로 트랜스 지방 낮춰라
② 식이섬유 양	통곡물, 콩류, 채소, 과일 등 식이섬유질 하루 25~35g 섭취하라
③ 중성지방 지수	식물성 오메가−3 지방산, 단백질, 칼륨, 식물성 에스트로겐, 항산화제인 리그난 섭취로 중성지방 낮춰라
④ 나쁜 콜레스테롤 지수	연어, 참치, 고등어 주 2회 이상 섭취로 좋은 콜레스테롤 높여라

[출처] 유에스 뉴스 앤드 월드 리포트

② 방법2 : 콜레스테롤을 낮추는 방법 4가지(도해 형식)

표의 구분선을 없애고, 도해 처리하면 좀 더 설득력 높은 데이터 시각화가 가능하다.

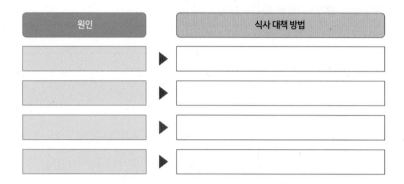

표를 도해로 발전시킨 모습이다. 표를 가로막는 세로 선을 없애고, 각 항목을 삼각형 문자를 사용해 원인에서 결과(대책 방법)로 자연스럽게 시각적 흐름을 나타낼 수 있다.

KEY NOTE

1 도해의 특징 중 하나는 전달자가 보는 사람에게 정보를 보는 흐름을 결정해 따르도록 한다는 점이다.

2 원인–대책 중 강조 부분에 좀 더 강한 배색을 사용한다.

3 제목이 소주제 중 하나가 된다면 해당 소주제 항목 전체를 강조 처리하여 부각시킨다.

4 도해는 한 가지 방식만 있는 것이 아니다. 원인을 위에 나열하고, 아래에 대책 방법을 적어 위→아래 방식으로 도해를 만들 수도 있다.

시각적 요소는 내용을 이해하는 데 중요한 역할을 한다. 정보를 어떻게 배열하고 도해하느냐에 따라 전달력을 높일 수도, 떨어뜨릴 수도 있다. 일상에 관련된 정보형 콘텐츠를 제작하는 경우 카드뉴스의 형태 또는 인포그래픽 형태로 나타낼 수 있다. 인포그래픽 형태는 한눈에 보기 쉽게 정보를 배열하는 것이 포인트다. 불필요한 부분은 제거하고 중복되는 내용은 간소화하여 중요한 정보만을 효과적으로 전달해야 한다.

STEP 01 ≫ 인포그래픽 PREVIEW

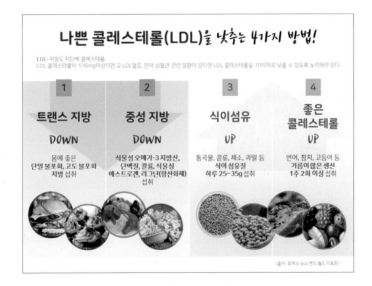

DESIGN POINT ≫ | 정보 전달에 효과적인 디자인 표현 요소

❶ 4가지 방법을 가로로 배열하는 방법과 세로로 배열하는 방법이 있다. 웹용으로 콘텐츠를 제작할 경우 가로로 배열하면 공간 활용도가 좋으며 화면에서 한눈에 볼 수 있는 장점이 있고, 모바일용으로 제작할 경우 콘텐츠의 세로 길이에 대한 제한이 없기 때문에 세로로 배열하여 내용을 쉽게 읽을 수 있도록 제작이 가능하다.

❷ 각 방법을 부정적 요소와 긍정적 요소를 나누어 배열해 내용을 인지하는 시간을 단축시킬 수 있다.

❸ 색의 의미를 활용하여 부정적이거나 지양하는 내용은 붉은색, 긍정적이고 권장, 추천하는 내용은 푸른색을 사용하면 자연스럽게 내용의 의미를 전달하는 데 도움이 된다. 또한 내용에 맞는 도형이나 이미지를 삽입하면 이해력을 높일 수 있다.

• **완성파일** : 8장\[완성파일] 폴더　　• **실습자료** : 8장\[실습파일] 폴더

1 [디자인] 탭-[사용자 지정] 그룹-[슬라이드 크기]-[사용자 지정 슬라이드 크기]를 선택하고 [슬라이드 크기] 대화상자가 나타나면 너비와 높이를 '33cm', '25cm'로 설정한다. [삽입] 탭-[일러스트레이션] 그룹-[도형]-[직사각형]을 선택해 그림처럼 제목과 4가지 방법이 들어갈 영역을 나누어 그린다.

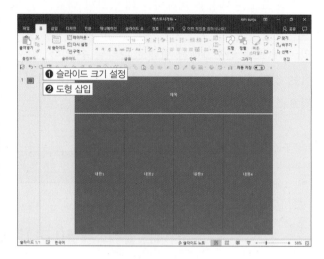

전문가 TIP! **레이아웃(배열) 구성하기**

레이아웃을 구성하는 것은 제작물을 만들기 전 꼭 거쳐야 할 필수 단계다. 어떤 구성으로 제작·디자인할 것인지를 미리 기획해야 막힘없이 체계적인 제작물을 완성할 수 있다. 전달하려는 메시지를 효율적으로 전달하기 위해서 제한된 공간 안에 어떻게 정보를 구성할 것인지 미리 틀을 만들어놓는 과정이라 생각하면 된다. 파워포인트에서 레이아웃을 구성하는 방법은 안내선과 눈금선을 활용하는 방법과 도형을 활용하는 방법이 있다.

① **안내선(Alt + F9) 활용**

안내선 기능으로 정확한 여백과 간격 등을 설정하는 방법은 모든 슬라이드에 공통으로 적용되기 때문에 통일된 부분이나 여백, 간격 등을 지정할 때 활용하면 좋다. 안내선은 작업화면에서만 보이며 실제로는 표시되지 않는다.

② **도형 활용**

세부적인 레이아웃은 페이지마다 다르므로, 도형(직사각형)으로 대략적인 페이지 내의 레이아웃을 구성해 볼 수 있다. 자유롭게 배치하거나 수정하기 편리하며, 레이아웃 구성이 완료되면 삽입한 도형을 활용하거나 삭제하면 된다.

2 레이아웃이 완성되면 제목 영역의 도형을 삭제(Delete)한다. [실습파일] 폴더의 '설명.txt'를 열고 [텍스트 상자]를 이용해 제목과 용어 설명글을 입력한 후 서식을 지정한다.

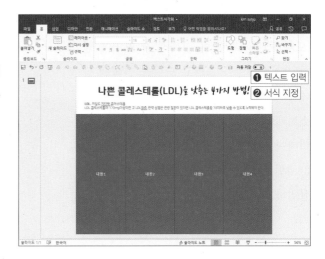

텍스트	글꼴/글꼴 크기/속성	글꼴 색(RGB)
제목	tvN 즐거운이야기 Bold/54/가운데 정렬	■ 38/38/38
제목 강조부분	나눔스퀘어라운드 ExtraBold/44/가운데 정렬	■ 154/26/26
용어 설명	나눔스퀘어라운드 Regular/15/왼쪽 정렬	▨ 127/127/127

3 레이아웃 영역을 그라데이션으로 채워보자. 낮춰야 할 것과 높여야 할 것으로 나누어 색을 다르게 지정한다. 도형을 선택한 후 [마우스 오른쪽 클릭]-[도형 서식]-[채우기]-[그라데이션 채우기]에서 중지점을 2개로 만들어 색을 지정한다.

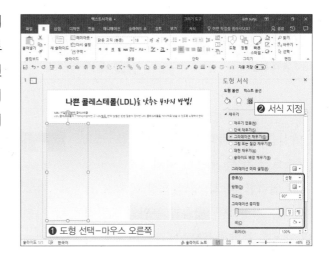

구분	종류	각도	그라데이션 중지점 1, 위치	그라데이션 중지점 2, 위치
낮춰야 할 것	선형	90˚	252/216/224, 0%	254/240/243, 100%
높여야 할 것	선형	90˚	234/245/252, 0%	195/226/245, 100%

4 [삽입] 탭 – [일러스트레이션] 그룹 – [도형] – [직사각형]을 선택해 각 영역에 넘버링할 사각형을 그리고 도형을 선택한 상태에서 숫자를 입력한다. [삽입] 탭 – [일러스트레이션] 그룹 – [도형] – [화살표]를 선택하여 1, 2번 영역은 아래쪽을 향하도록, 3, 4번 영역은 위쪽을 향하도록 화살표를 삽입하고 서식을 지정한다.

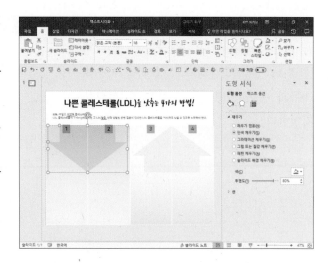

텍스트	글꼴/글꼴 크기/속성	글꼴 색(RGB)
1, 2	나눔스퀘어라운드 Bold/28/가운데 정렬	154/26/26
3, 4	나눔스퀘어라운드 Bold/28/가운데 정렬	40/104/106

구분	도형 색(RGB)	투명도
1,2 영역 넘버링 도형	232/144/152	0%
1,2 영역 화살표	231/115/115	80%
3,4 영역 넘버링 도형	115/187/184	0%
3,4 영역 화살표	157/195/230	80%

5 [실습파일] 폴더의 '설명.txt'를 열고 [텍스트 상자]를 이용해 방법 4가지와 출처를 입력한 후 각 영역 색상 계열로 글자 색을 지정한다. 낮춤과 높임의 공통적인 내용은 축약해 'DOWN'과 'UP'으로 입력하고 'tvN 즐거운이야기 Bold'의 글꼴을 '44'크기로 지정해 다소 딱딱할 수 있는 느낌을 풀어준다. 글자 색은 각 영역의 제목과 동일하게 지정한다.

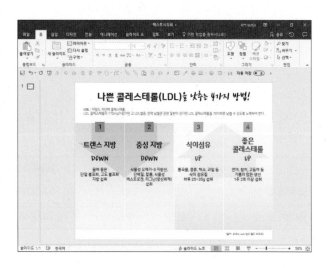

텍스트	글꼴/글꼴 크기/속성	글꼴 색(RGB)
1,2 영역 제목	나눔스퀘어라운드 ExtraBold/32	■ 154/26/26
3,4 영역 제목	나눔스퀘어라운드 ExtraBold/32	■ 40/104/106
설명	나눔스퀘어라운드 Regular/18/가운데 정렬	■ 64/64/64
출처	나눔스퀘어라운드 Regular/12/오른쪽 정렬	■ 127/127/127

전문가 TIP!

포인트 글꼴은 손글씨 같은 캘리그라피나 개성적이고 동적인 느낌이 강한 글꼴을 지정하는 것이 좋다. 포인트를 주거나 전체적인 분위기를 유하게 만들 때 사용하며, 부분적으로 사용했을 때 가독성이 좋다. 기업, 기관 등에서 배포하는 무료 폰트 중에도 좋은 디자인의 폰트가 많고, 대부분 저작권을 걱정하지 않고 편리하게 사용이 가능하다. 혹시라도 사용에 제한이 있을 수 있으므로 폰트 사용 전 저작권 관련 사항을 꼭 확인하자!

6 무료 이미지 사이트 픽사베이(https://pixabay.com)에 접속하여 각 항목을 대표하는 사진의 키워드를 검색하여 다운받는다.

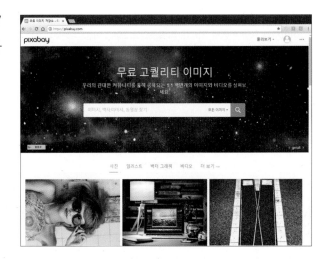

항목	검색 키워드
트랜스 지방/중성 지방	햄버거, 피자, 치킨, 아이스크림, 사탕, 팝콘, 과자, 케이크 등
식이섬유/좋은 콜레스테롤	생선, 연어, 곡물, 과일, 샐러리, 토마토 등

전문가 TIP!

이미지는 저작권에 문제되지 않는 무료 이미지를 찾거나 직접 구입, 직접 촬영한 것을 사용한다. 이미지를 검색할 때에는 직접적인 키워드를 사용하는 것이 더 많은 검색 결과를 얻을 수 있다(예 패스트푸드(X), 햄버거/피자/치킨(O)). 사이즈가 작은 이미지는 픽셀이 깨지거나 흐림 현상이 발생할 수 있으므로 가급적 500px 이상의 사이즈를 사용하는 것을 권장한다.

7 이미지를 도형 형태로 만들어보자. [삽입] 탭-[이미지] 그룹-[그림]을 선택하여 다운받은 이미지를 불러온 후 이미지 위에 [삽입] 탭-[일러스트레이션] 그룹-[도형]-[타원]을 적당한 크기로 그린다. 이미지를 선택한 후 Ctrl을 누르고 도형을 선택한다. [그리기 도구]-[서식] 탭-[도형 삽입] 그룹-[도형 병합]-[교차]를 눌러 이미지를 원형으로 만든다.

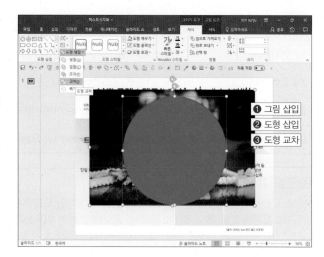

❶ 그림 삽입
❷ 도형 삽입
❸ 도형 교차

전문가 TIP!

• 이미지를 도형 형태로 만들 때에는 선택하는 순서(이미지→도형)가 중요하다.

• [도형 병합] 기능은 메뉴에 마우스가 위치하면 미리보기가 가능하기 때문에 원하는 기능을 미리보기 후 선택할 수 있다.

※ 이미지와 도형의 병합 기능은 파워포인트 2013 이상 버전부터 사용이 가능하다. 파워포인트 2010 이하 버전은 기능이 제공되지 않으므로 다른 방법을 활용한다.

① 도형을 그린다.

② [마우스 오른쪽 클릭]-[도형 서식]-[채우기]-[그림 또는 질감 채우기]-[파일]-[이미지 선택]

③ [늘이기 옵션]-[오프셋]에서 왼쪽/오른쪽/위쪽/아래쪽 수치를 조절한다. 파워포인트의 오프셋 기능은 해당 위치를 기준으로 벌어지는 간격을 조절하는 기능이다. 수치가 양수인 경우 위치 기준으로 안쪽으로 조절되며, 음수인 경우 바깥쪽으로 조절된다. 이미지에 따라 비율이 다르므로, 오프셋을 조절하여 이미지가 찌그러지지 않도록 조절할 수 있다.

---

8 원형 형태의 사진 위에 같은 크기로 [삽입] 탭-[일러스트레이션] 그룹-[도형]-[적용 안됨]을 선택해 비권장 표시를 넣고 모양 조절점으로 두께를 조절한다. 도형과 이미지를 함께 선택한 뒤 그룹화(Ctrl+G)한다.

도형 색(RGB)	투명도
■ 210/32/87	50%

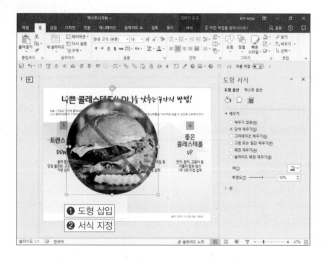

❶ 도형 삽입
❷ 서식 지정

9 다른 이미지들도 같은 방법으로 추가하여 그림처럼 배치한다.

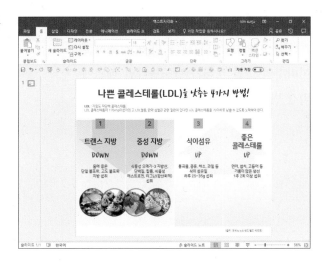

10 (7)~(8) 과정을 반복하여 3, 4번 영역에 들어갈 사진(권장 음식)을 불러와 원형 형태로 만든다. [삽입] 탭-[일러스트레이션] 그룹-[도형]-[원형 : 비어 있음]을 선택해 도형을 그리고 모양 조절점을 드래그하여 두께를 조절한 뒤 그룹화(Ctrl + G)한다.

도형 색(RGB)	투명도
65/162/211	50%

11 1, 2번 영역의 기피 음식 사진과 같은 크기로 조절하여 배치한다.

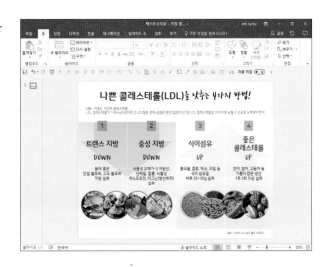

12 각 내용의 중요한 부분의 텍스트를 굵게(Ctrl + B)하거나 색을 바꿔 강조하고 이미지의 나열 형태가 단조롭다면 배열에 약간 변형을 준 뒤 마무리한다.

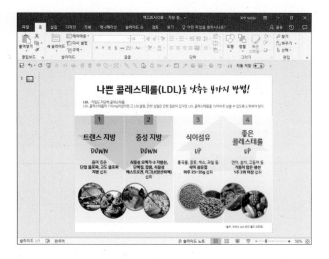

CHAPTER 09

주택 관련 통계 데이터로
모바일 카드뉴스 만들기

다수의 통계를 커다란 공간에 차근차근 나열해 정리한다해도 보는 사람에게 공감을 얻기란 쉽지 않다. 모바일 디바이스, 즉 '스마트폰'을 통해 데이터를 소개하고 싶다면 더욱 그럴 것이다. 모바일 기기에서 자료를 소개한다면 '비율과 해상도'를 먼저 고려해야 한다. 작은 화면은 통계 데이터 한 개만 넣어 소개하는 것이 좋다.

SECTION 1 │ 카드 뉴스용 원문 데이터 분석

'1데이터 1컷 원칙'을 가지고 카드뉴스를 만들어 보자. 카드뉴스는 해외에서는 '스냅샷'이란 단어를 사용하기도 하는데 다수의 통계 데이터의 가독성을 높이는 데 알맞은 방법 중 하나다. 현장에서도 데이터를 모바일 사이즈에 맞도록 스토리를 구성하는 데 큰 관심을 가지고 있어 실무자에게 많은 도움이 될 것이다.

01 서울시 생애최초주택 마련 경험 1

표1. 생애최초주택 마련 경험 (단위 : %)

주택 마련 경험 있음	주택 마련 경험 없음	계
50.7	49.3	100.0

- **자료** : 국토교통부, 2016년도 주거실태조사
- **전체 표본** : 20,133가구 중 서울 표본은 3,872가구, 가중치 반영한 결과

(1) 데이터 요약 및 분석

① 전체 분석

카드뉴스는 이전과 달리 텍스트 표현이 매우 중요하다. 따라서 표 데이터를 보고 문장으로 정리하는 과정을 거쳐야 한다. 일종의 대본이며 스토리텔링을 하는 과정이라 생각하면 된다. 예시 데이터는 합계가 100.0%가 되는 통계 데이터이므로 원그래프로 그릴 수도 있다.

② 카드뉴스 데이터 요약

- **제목** : "생애최초주택 마련 경험 절반 정도 있다"
- **본문** : 2016년 서울 거주 가구 절반은 가구주가 된 이후 생애 최초 주택 마련 경험 있다 응답
- **자료** : 국토교통부, 2016년도 주거실태조사
- **전체 표본** : 20,133가구 중 서울 표본은 3,872가구, 가중치 반영한 결과

(2) 시각화(디자인) 방법

파이그래프, 사진 배경, 100% 누적 그래프, 아이콘+수치 방법 사용 가능

02 서울시 생애최초주택 마련 경험 2

표2. 생애최초주택 마련 경험 (단위 : %)

거주 중	거주하지 않음	계
46.4	53.6	100.0

- **자료** : 국토교통부, 2016년도 주거실태조사
- **전체 표본** : 20,133가구 중 서울 표본은 3,872가구, 가중치 반영한 결과

(1) 데이터 요약 및 분석

① 전체 분석

합계가 100%이나 거주 중이 거주하지 않은 수보다 낮은 46.4%이지만 '거주 중'을 강조해야 한다. 생애최초주택 마련자 중 계속 거주하는 비율 46.4%로 해석한다.

② 카드뉴스 데이터 요약

- **제목** : "생애최초주택 계속 거주자 비율 절반에 가까워"
- **본문** : "생애최초주택 마련 이후 절반 가까이 계속 거주"하고 있다(긍정의 의미).

  "생애최초주택 마련 이후 46.4%만 계속 거주"하고 있다(부정의 의미).
- **자료** : 국토교통부, 2016년도 주거실태조사
- **전체 표본** : 20,133가구 중 서울 표본은 3,872가구, 가중치 반영한 결과

(2) 시각화(디자인) 방법

파이그래프, 사진 배경, 100% 누적 그래프, 아이콘＋수치 방법 사용 가능

03 서울시 생애최초주택 마련 방법

표3. 생애최초주택 마련 경험 (단위 : %)

기존 주택 구입	신규 주택 분양 또는 구입 (재건축 포함)	증여나 상속	개인주택 신축	기타	계
75.5	16.1	7.8	0.6	0.1	100.0

- **자료** : 국토교통부, 2016년도 주거실태조사
- **전체 표본** : 20,133가구 중 서울 표본은 3,872가구, 가중치 반영한 결과

(1) 데이터 요약 및 분석

① 전체 분석

합계가 100%지만 구성 비율이 다양한 데이터이다. 기존 주택 구입이 월등히 높은 비율을 나타내고 있으며, 하위 개인주택 신축과 기타 비율은 미미한 수준이다.

② 카드뉴스 데이터 요약

- **제목** : "생애최초주택 마련 방법 기존 주택 구입 비율 가장 높아"
- **본문** : "75%가 넘는 대부분의 사람들이 기존 주택을 선호하고 있었습니다. 그 다음은 신규주택 분양 및 구입 – 증여 및 상속 순입니다."
- **자료** : 국토교통부, 2016년도 주거실태조사
- **전체 표본** : 20,133가구 중 서울 표본은 3,872가구, 가중치 반영한 결과

(2) 시각화(디자인) 방법

하위 데이터 통계가 너무 적은 비율이고, 이미 통계 데이터가 그래프 형태로 1, 2컷에 들어갔다면 그림 중심의 '아이콘+수치' 방법을 사용해본다.

04 생애최초주택 마련 소요 연수(단위 : %)

표4. 생애최초주택 마련 소요 연수 (단위 : %)

1년 미만	1년~2년	2년~3년	3년~5년	5년~10년	10년 이상	계
26.1	3.5	5.6	10.2	21.4	33.2	100.0

- **자료** : 국토교통부, 2016년도 주거실태조사
- **전체 표본** : 20,133가구 중 서울 표본은 3,872가구, 가중치 반영한 결과

(1) 데이터 요약 및 분석

① 전체 분석

6개 구간으로 이루어져 있는 합이 100%가 되는 데이터다. 현재 비율(%)을 순서대로 정리를 하지 않았다. 여기서 중요한 점이 있다. 바로 데이터의 비율 순으로 독립변수를 바꿀지 소요 연수, 즉 독립변수 그대로 비율 차이를 나타낼 것인지를 결정해야 한다.

일간 비율 순으로 보면 10년 이상 > 1년 미만 > 5년~10년 순이다.

② 카드뉴스 데이터 요약

- **제목** : "생애최초주택 마련까지 기간 10년 이상이 33.2%"
- **본문** : 가구주가 된 이후 생애최초주택 마련까지 소요 연수는 10년 이상이 33.2%였으나, 1년 미만이라는 응답도 26.1%로 그 다음을 차지하고 있습니다.
- **자료** : 국토교통부, 2016년도 주거실태조사
- **전체 표본** : 20,133가구 중 서울 표본은 3,872가구, 가중치 반영한 결과

(2) 시각화(디자인) 방법

상위 1, 2, 3의 데이터 합이 80%가 넘는다. 파이그래프+그림이나 그림과 수치를 부등호로 순서를 나타내면서 전체 스토리를 전개시킬 수 있다.

전문가 **TIP!** **카드뉴스 표지 제작 및 제목의 중요성**

• 전체 1, 2, 3, 4컷(각 페이지)에서 강조하고자 하는 페이지의 메시지 하나를 표지 전체 제목에 넣어 볼 수 있다. 제목은 간결하면서 다음 페이지로 이동을 유도하도록 구성한다. 매 컷마다 통계 데이터를 그래프 방식으로만 표현하면 피로감을 줄 수 있으니 1~2개 페이지는 스토리가 있는 그림 중심의 카드뉴스로 만들어 보자.

• 데이터를 시각화할 때 중요한 것은 제목을 어떻게 정하는가이다. 제목의 중요도는 매우 높다. "제목은 곧 전달자의 메시지"라는 점 잊지 말자.

모바일이 대중화되면서 콘텐츠도 모바일에 맞춰 제작하는 일이 잦아졌다. 모바일에 맞는 가장 효과적인 콘텐츠로 카드뉴스를 많이 사용한다. 카드뉴스는 적은 글자에 이미지나 그래픽 콘텐츠를 결합하여 작은 모바일 화면으로도 짧은 시간 안에 내용을 쉽게 이해할 수 있다. 공감을 끌어낼 수 있는 좋은 카드뉴스는 너무 많은 글이나 복잡한 그림, 사진을 사용하는 것보다는 최대한 요점만 보여주며 지루하지 않도록 제작해야 한다.

STEP 01 >> 인포그래픽 PREVIEW

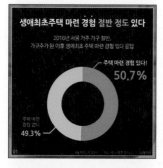

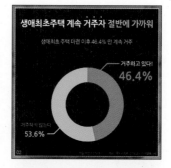

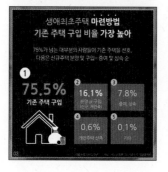

❶ 카드뉴스를 제작할 때에는 우선 크기를 고민해야 한다. 정사각형 형태로 제작할지 직사각형 형태로 제작할지, 업로드할 사이트는 어디인지 등을 고려하여 최적화 사이즈를 적용해야 한다. 예를 들어 페이스북용 이미지 및 카드뉴스 최적화 사이즈는 900px(31.75cm)이다.

❷ 전체적인 흐름이 끊기거나 갑자기 내용이 바뀌면 이해하기가 어려워진다. 따라서 스토리텔링(기획)에 신경 써서 카드뉴스를 제작하는 것이 포인트다. 또, 각 페이지마다 로고나 출처, 페이지 수 등은 동일한 위치에 넣어주는 것이 좋다.

❸ 배경은 내용이 잘 보이도록 너무 화려하거나 복잡하지 않은 것을 사용한다.

❹ 전체 들어가는 글자 수를 100자 내외로 조절하여 요점만 넣어준다. 짧은 시간에 보는 콘텐츠이기 때문에 글이 많거나 복잡하면 보지 않게 된다. 최대한 요약하여 중요한 메시지로만 구성하는 것이 좋으며, 모바일용 콘텐츠의 본문 최소 폰트 사이즈는 26pt 이상을 유지해 주는 것이 좋다(페이지 수, 출처 제외).

• **완성파일** : 9장\[완성파일] 폴더   • **실습자료** : 9장\[실습파일] 폴더

1 [디자인] 탭 – [슬라이드 크기] – [사용자 지정 슬라이드 크기]를 선택하고 [슬라이드 크기] 대화상자에서 너비와 높이를 '31.75cm'로 각각 지정한다. [마우스 오른쪽 클릭] – [배경 서식] – [채우기] – [그림 또는 질감 채우기] – [파일]을 선택하고 [실습파일] 폴더의 '배경이미지.jpg'를 불러온다.

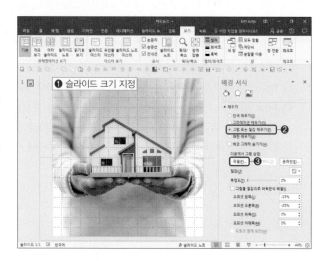

2 배경 이미지에서 제목이 들어갈 공간을 마련하기 위해 [배경 서식] – [채우기]에서 오프셋 아래쪽 값을 '-30%'로 지정하여 이미지 위치를 조절한다. [텍스트 상자]를 이용해 제목을 입력하고 화면의 1/3 이상의 크기가 되도록 크고 가독성이 좋은 폰트를 사용한다.

3 대비와 강조로 제목이 눈에 잘 보이도록 다듬어보자. [배경 서식]−[그림]에서 밝기와 대비를 '−45%'와 '−20%'로 지정한 후 입력한 제목의 텍스트 서식을 지정한다. [삽입] 탭−[일러스트레이션] 그룹−[도형]−[직사각형]을 선택해 슬라이드보다 약간 작은 사각형을 그려주고 '색 없음', '윤곽선 3pt', '□ 흰색'으로 설정한다.

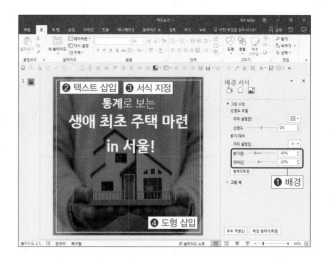

텍스트	글꼴/속성/글꼴 크기/속성	글꼴 색(RGB)
제목	나눔고딕, 나눔고딕 ExtraBold / 66~88 / 가운데 정렬	□ 흰색

4 'in 서울!' 글자를 강조하여 서울 관련 통계라는 것을 확실하게 보여주자. 글자 색을 변경하고 잘 보이도록 뒤에 [삽입] 탭−[일러스트레이션] 그룹−[도형]−[직사각형]을 선택해 어두운 색의 사각형 도형을 추가한다. 다른 형태의 도형도 좋고 다른 텍스트 디자인이나 색도 좋다.

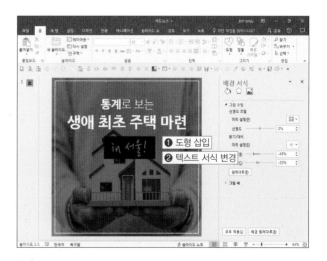

텍스트	글꼴/글꼴 크기	글꼴 색(RGB)
in 서울!	더페이스샵 잉크립퀴드체 / 96	■ 249 / 107 / 107

전문가 TIP!

카드뉴스는 표지가 중요하다. 흥미나 궁금증을 유발하는 제목과 사진으로 독자들이 카드뉴스를 보게끔 만들어야 한다. 핵심 내용을 간단명료하게 정리하여 제목으로 정해보자. 이미지는 주제와 관련성이 높되 호감을 주는 사진을 선택하자!

5 (페이지 ①) 표지 슬라이드를 선택하고
(Ctrl + D)를 눌러 슬라이드를 복제한다.
흰색 테두리 직사각형을 선택하고 [도형
서식]-[채우기]에서 색을 '검정색', 투명도
를 '30%'로 지정하여 어두운 투명 사각형
영역을 만든다.

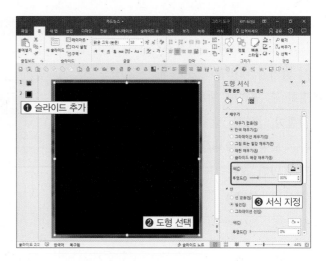

6 (페이지 ①) [실습파일] 폴더의 '텍스트
데이터.txt'를 열고 [텍스트 상자]를 이용
해 내용을 추가한다. 전체적으로 통일할
글자 서식을 지정한다.

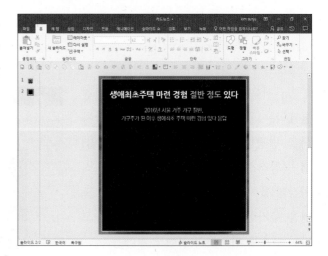

텍스트	글꼴/글꼴 크기	글꼴 색(RGB)
제목	나눔고딕 ExtraBold/48	흰색
강조 텍스트	–	251/167/167
내용(통계 결과)	KoPub돋움체 Medium/32	217/217/217

7 (페이지 ①) [삽입] 탭-[일러스트레이션] 그룹-[차트]-[원형]-[도넛형]을 선택해 그래프를 삽입한다. [실습파일] 폴더의 '그래프 데이터.xlsx'를 열고 [표 1] 데이터를 선택해 복사(Ctrl + C)한 후 차트데이터 시트에 붙여넣는다. 차트 요소 버튼을 이용해 그래프 차트 요소를 모두 비활성화하고 그래프만 남겨둔다.

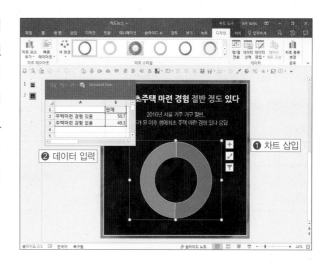

8 (페이지 ①) 차트의 변경할 계열을 두번 클릭하고 [마우스 오른쪽 클릭]-[데이터 요소 서식]-[채우기 및 선]에서 색을 지정한다.

구분	채우기 색(RGB)	테두리
있다 영역	249/107/107	선 없음
없다 영역	191/191/191	선 없음

9 (페이지 ①) [텍스트 상자]를 이용해 해당 영역 값과 텍스트를 입력하고 서식을 지정한다. '있다' 영역은 강조하여 '없다' 영역보다 크게 삽입한다. [삽입] 탭-[일러스트레이션] 그룹-[도형]-[자유형 도형]을 선택하고 선으로 안내선을 삽입한다.

텍스트	글꼴/글꼴 크기/속성	글꼴 색(RGB)
주택 마련 경험 있다	나눔고딕/32/굵게	흰색
50.7%	나눔고딕 ExtraBold/66	249/107/107
주택 마련 경험 없다	나눔고딕/28	191/191/191
49.3%	나눔고딕 ExtraBold/40	191/191/191

구분	선 색(RGB)	너비
안내선	그래프 영역과 동일	6pt

10 (페이지 ①) 주제는 마련 '경험'이므로, [삽입] 탭-[일러스트레이션] 그룹-[도형]-[타원]을 이용해 '경험' 텍스트 위에 강조점을 넣어준다. 글자 크기를 다르게 하거나 강조하는 여러 다른 방법을 사용해서 표현해도 좋다. 마지막으로 하단에 페이지 수와 대상 및 출처를 적어주고 페이지를 마무리한다.

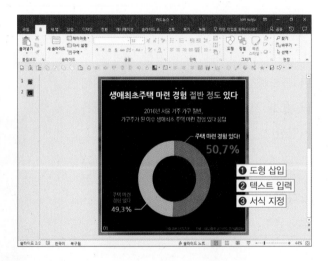

텍스트	글꼴/글꼴 크기	글꼴 색(RGB)
페이지 수	KoPub돋움체 Medium/28	217/217/217
대상 및 출처	KoPub돋움체 Medium/18	127/127/127

11 (페이지 ②) 〈페이지 ①〉 슬라이드를 선택하고 복제(Ctrl + D)한다. 복사한 슬라이드의 그래프를 선택하고 [차트 도구]-[디자인] 탭-[데이터] 그룹-[데이터 편집]-[데이터 편집]을 선택하여 '생애최초주택 마련 경험' 값으로 변경한다.

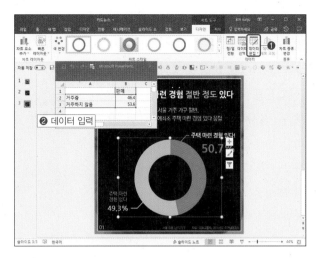

항목	값
거주 중	46.4%
거주하지 않음	53.6%

12 (페이지 ②) 텍스트의 내용을 변경한다. '거주자'에 관한 통계이므로 강조점은 '거주자'에 넣어준다.

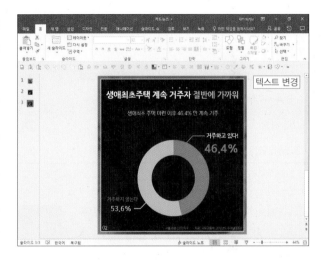

제목	생애최초주택 계속 거주자 〈절반에 가까워〉
소제목	생애최초 주택 마련 이후 46.4%만 계속 거주
통계	거주하고 있다! - 46.4% / 거주하지 않는다 - 53.6%
페이지 수	02

13 (페이지 ③) 〈페이지 ②〉 슬라이드를 선택하고 복제(Ctrl + D)한다. 그래프는 삭제하고 텍스트를 변경한다. 주제는 마련방법이므로 강조점을 '마련방법'에 넣어준다.

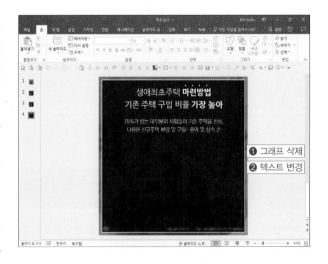

제목	생애최초주택 마련방법 〈기존 주택 구입 비율〉 가장 높아
소제목	75%가 넘는 대부분의 사람들이 기존 주택을 선호, 다음은 신규주택 분양 및 구입- 증여 및 상속 순
페이지 수	03

14 (페이지 ③) 이번 슬라이드는 마련 방법 순위에 대한 데이터를 다루는 페이지로, 그래프가 아닌 텍스트 형식으로 구성했다. [삽입] 탭 – [일러스트레이션] 그룹 – [도형] – [직사각형]을 선택하여 1위 값을 입력할 부분을 제외하고 2~5위 값을 입력할 틀을 만든다. [타원]을 선택하여 1~5위 순번 도형을 삽입한 뒤 숫자를 입력한다. 도형과 텍스트에 서식을 지정한다.

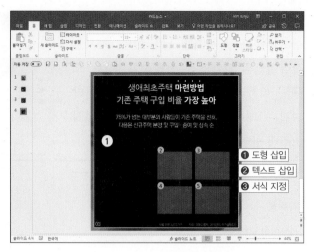

텍스트	글꼴/글꼴 크기/속성	글꼴 색(RGB)
1	나눔고딕/48/굵게, 가운데 정렬	138/6/6
2~5	나눔고딕/28/굵게, 가운데 정렬	38/38/38

도형	도형 색(RGB)	투명도	윤곽선
2-5위 사각형	109/109/109	15%	없음
(1위) 타원	흰색	0%	없음
(2-5위) 타원	191/191/191	0%	없음

15 (페이지 ③) [텍스트 상자]를 이용해 가장 큰 비율을 차지하는 1위 값을 크게 강조하여 입력하고, 2~5위 값은 비중을 낮춰 순서대로 입력한 후 서식을 지정한다.

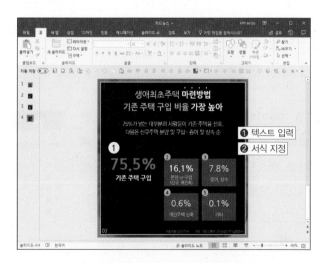

텍스트	글꼴, 글꼴 크기, 속성	글꼴 색(RGB)
1위 비율/항목명	나눔고딕 ExtraBold, 88/36	249/107/107/ 흰색
2위 비율/항목명	나눔고딕, 48, 굵게/나눔고딕, 24	흰색/ 217/217/217
3~5위 비율/항목명	나눔고딕, 48/나눔고딕, 24	흰색/ 217/217/217

16 (페이지 ③) [실습파일] 폴더의 '아이콘.pptx'을 열고 아이콘을 복사해 붙여넣는다. 각각의 아이콘을 선택하고 [마우스 오른쪽 클릭]-[도형 서식]-[채우기 및 선]에서 채우기 색과 윤곽선을 변경하고 텍스트 아래에 배치한다.

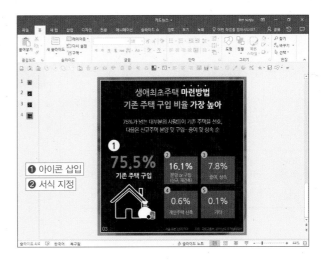

구분	도형 색(RGB)	윤곽선 색(RGB)	너비
집 아이콘	없음	☐ 흰색	5pt
돈 아이콘	☐ 흰색	없음	−

17 (페이지 ④) 〈페이지 ③〉 슬라이드를 선택하고 복제(Ctrl + D)한다. 텍스트를 변경하고 강조점은 '소요기간'에 넣어준다. 하단의 도형과 아이콘 등은 모두 삭제한다.

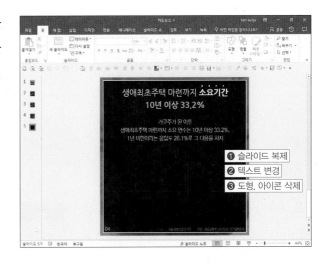

제목	생애최초주택 마련까지 소요기간 〈10년 이상 33.2%〉
소제목	가구주가 된 이후 생애최초주택 마련까지 소요 연수는 10년 이상 33.2%, 1년 미만이라는 응답도 26.1%로 그 다음을 차지
페이지 수	04

18 (페이지 ④) [삽입] 탭−[일러스트레이션] 그룹−[차트]−[가로 막대형]−[100% 기준 누적 가로 막대형]을 선택해 차트를 삽입한다. 데이터 시트 창에서 값이 큰 '10년 이상'부터 시간 순으로 나열한다.

10년 이상	5년 ~10년	3년 ~5년	2년 ~3년	1년 ~2년	1년 미만
33.2	21.4	10.2	5.6	3.5	26.1

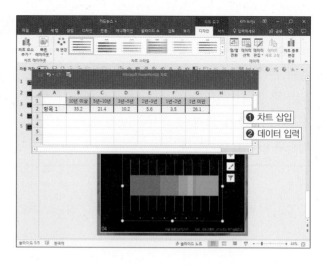

19 (페이지 ④) 그래프를 선택하고 [차트 요소]에서 '데이터 레이블' 항목만 활성화한다.

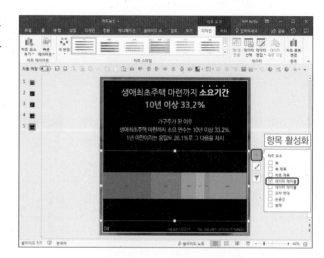

20 (페이지 ④) 그래프를 선택하고 잘라내기(Ctrl + X)한 후 선택하여 붙여넣기(Ctrl + Alt + V)를 실행한다. [선택하여 붙여넣기] 대화상자에서 '그림(확장 메타파일)'을 선택하여 붙여넣는다. 흰색 테두리에 맞게 크기를 조절한 후 그룹 해제(Ctrl + Shift + G)를 2번 실행한다.

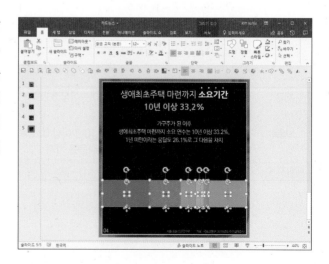

21 (페이지 ④) 그래프에서 강조하고자 하는 내용은 '10년 이상'과 '1년 미만' 값이다. 두 구간을 강조하여 그래프 색을 지정한다.

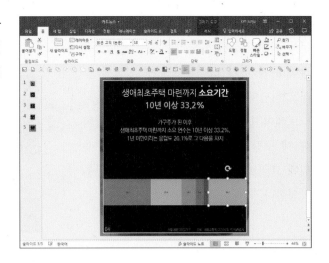

구분	색(RGB)
10년 이상 (강조 1 구간)	249 / 107 / 107
1년 미만 (강조 2 구간)	251 / 167 / 167
중간 4개 구간	회색 명도 조절 (점점 어둡게)

22 (페이지 ④) 구간 강조를 위해 일정한 그래프의 높이에 차이를 줘보자. 각 구간을 선택하고 [마우스 오른쪽 클릭]-[크기 및 위치]-[크기]-[높이]의 수치를 변경하여 각 구간의 크기를 조절한다.

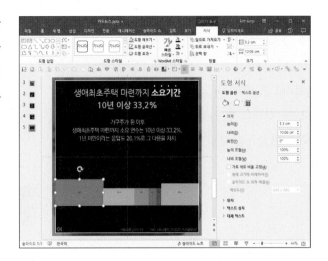

구분	높이
10년 이상(강조 1 구간)	5.3cm
1년 미만(강조 2 구간)	4.5cm
중간 4개 구간	3.5cm

23 (페이지 ④) 화면 공간이 넓지 않기 때문에 최대한 글자를 줄이는 것이 좋다. 복잡하지 않게 기간을 알아볼 수 있도록 그래프 하단에 표시해보자. [삽입] 탭－[일러스트레이션] 그룹－[도형]－[직선]을 선택해 세 구간으로 나누어 선을 삽입하고 선 위에 그래프의 구분 구간에 맞춰 구분선을 삽입한다.

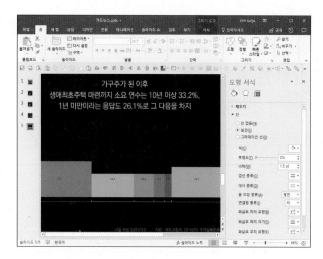

구분	대시 종류	선 색(RGB)	너비
10년 이상/1년 미만 구간	점선		
1~10년 구간	실선	242/242/242	1.5pt
구간 구분선	실선		

24 (페이지 ④) [텍스트 상자]를 이용해 구분 구간에 연도를 입력한다. '이상'과 '미만'의 텍스트 구간에는 [삽입] 탭－[일러스트레이션] 그룹－[도형]－[선 화살표]를 선택하여 이상/미만 텍스트 방향에 맞게 화살표를 삽입한다.

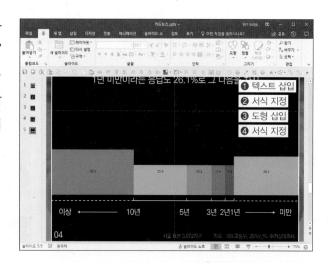

텍스트	글꼴/글꼴 크기	글꼴 색(RGB)
연도	KoPub돋움체 Medium/26	242/242/242

구분	선 색(RGB)	너비
화살표	242/242/242	1.5pt

25 (페이지 ④) 그래프 위의 데이터 값과 강조 구간의 기간 및 단위 텍스트를 [텍스트 상자]를 선택하여 추가한 후 글자 서식을 변경하여 텍스트가 잘 보이도록 강조한다.

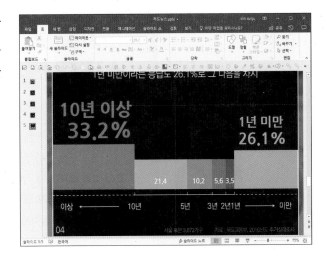

텍스트	글꼴, 글꼴 크기, 속성	글꼴 색(RGB)
10년 이상/데이터 값	나눔고딕 ExtraBold, 60/72	249/107/107
1년 미만/데이터 값	나눔고딕 ExtraBold, 44/54	251/167/167
기타 데이터 값	나눔고딕/23/굵게	흰색

26 (페이지 ④) [텍스트 상자]를 이용해 그래프 오른쪽 상단에 '(단위 : %)'를 표기하고 마무리한다.

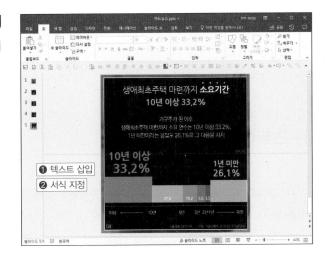

텍스트	글꼴/글꼴 크기	글꼴 색(RGB)
단위	KoPub돋움체 Medium/18	127/127/127

신기술 보급 목표와 실적을 강조한
실적현황자료 만들기

두 개 이상의 복합적인 데이터를 동시에 표현해야 하는 경우 시각적 차이를 보다 강하게 주는 것이 중요하다. 제목과 그래프 및 표는 물론, 성격이 다른 그래프를 그릴 때 확실한 차이를 알 수 있도록 컬러에 세심한 신경을 써야 한다. 이번 장에서는 이공계 연구원들이 자주 작성하는 연구실적 데이터 사례를 통해 표현하는 방법을 살펴본다.

SECTION 1 | 농림축산식품부 보급실적 데이터 분석

농림축산식품부는 농식품 분야에서 생산성 향상과 노동력 절감 등으로 경쟁력을 높이기 위해 2014년부터 원예 및 축산 분야에 ICT를 접목한 '스마트팜' 확산 사업을 추진 중에 있다. 매년 시설원예 부분의 데이터 단위는 (ha)를 사용하고, 축산 부분의 데이터 단위는 (호)로 집계된다. 단위가 다른 데이터는 그래프로 나타내는 방법과 '도해'로 배열하는 방법이 있다. 두 방법의 차이를 알아보자.

01 스토어팜 보급실적 데이터

시설현대화 사업과 연계한 스마트팜 확산 가속화로 도입 첫해인 2014년 대비 2016년 보급 실적이 8~19배 확대되는 등 스마트팜이 선도 농가에서 인근 농가로 확산되면서 주산지 중심으로 규모화, 집적화하는 단계로 진입하고 있다. 스마트팜 보급현황을 살펴보면 2014년 시설원예 60ha, 축산농가수 30호에서 출발해 2015년 시설원예 364ha, 축산농가수는 156호로 늘어났다. 2016년 시설원예 1,143ha, 축산농가수 234호, 2017년은 시설원예 4,000ha, 축산농가수 730호를 목표로 한다.

(1) 데이터 요약 및 분석

① 전체 분석

총 4년간(2014년, 2015년, 2016년, 2017년)의 스마트팜 보급 현황을 시설원예, 축산 등 2가지 항목으로 분석한 데이터다. 해당 자료는 먼저 표 분류부터 해야 그래프나 도해 처리가 가능하다. 문장의 앞부분에 있는 '2014년 대비 2016년 보급 실적이 8~19배'는 요약 메시지로 별도 표현이 가능하다. 출처는 농림축산식품부이다.

② 데이터 요약

- **대표 제목**
  - 제목1 : 스마트팜 2014년 대비 2016년 '8~19배'로 증가
  - 제목2 : 연도별 스마트팜 보급 추이
- **데이터 요약** : 먼저 '표'로 내용을 분류한다. 단위는 ha, 호이다.

항목	시설원예(ha)	축산(호)
2014년	60ha	30호
2015년	364ha	156호
2016년	1,143ha	234호
2017년(목표)	4,000ha	730호

(2) 시각화(디자인) 방법 1

독립변수가 연도이므로 추이를 나타내는 동시에 대소의 높낮이를 나타낼 수 있는 복합 그래프(선그래프(시설원예)+막대그래프(축산))를 사용할 수 있다. 특히 최댓값이 4,000ha로 가장 높은 '시설원예' 데이터는 선그래프로 처리한다. 복합 그래프는 동시에 2개의 그래프를 확인해야 하므로 분명한 메시지 포인트를 어디에 주는지가 핵심이다. 제시된 데이터에서는 2017년을 강조하기 위해 다음 그래프처럼 표현하였다.

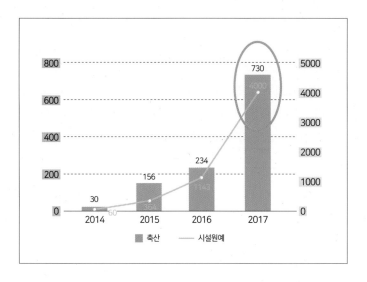

(2) 시각화(디자인) 방법 2

전체 데이터를 시간 순으로 전개하는 도해로 나타내는 방식이다. 표보다는 발전된 형태로, 데이터의 흐름을 메시지 전달자가 결정한다. 왼쪽에서 오른쪽으로, 위에서 아래로 그리는 방법 등이 있으며, 통상적으로 시간 순의 데이터는 왼쪽 → 오른쪽 도해를 선택하나 해당 데이터는 4년간의 데이터를 나타내야 하므로 가로 공간이 부족할 수 있다. 따라서 위에서 아래(↓)로 흐르는 플로어(flow)형 도해를 사용할 수 있다.

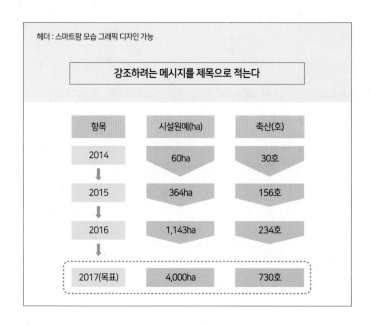

도해에서는 화살표 도형의 역할이 매우 중요하다. 도해는 읽는 방법, 보는 흐름을 제작자가 결정하는 것으로 한정된 공간에 함축된 정보를 전달할 수 있는 장점을 가지고 있다. 문제는 '스마트팜'이란 단어는 일반인들이 쉽게 받아들이기 어려운 신조어이면서 기술용어라는 점이다. 따라서 개념을 글자로만 해독하기에는 매우 어렵고 분석 시간이 걸리므로 중요한 키워드는 이미지네이션(Imagination)해 뇌에서 쉽게 받아들이도록 표현해야 한다. 어떤 의미를 다른 사람에게 전달하는 방법은 글(텍스트), 말, 그림 등이 있다. 그림과 단어(스마트 팜)를 일치시키는 나만의 기호를 만드는 연습이 필요하다.

KEY NOTE

1 복합형 그래프는 최댓값이 큰 데이터를 선그래프로 처리한다.

2 보조축(Y축)은 양쪽에 위치하지만 구분을 위해 컬러를 다르게 한다.

3 도해에서 중요한 도형, 화살표의 여러 속성(의미)을 파악한다.

4 도해의 빈 공간에 신기술 용어를 이해하기 쉽도록 그래픽 이미지로 보완 설명하면 좋다.

이번 장에서 다루고 있는 내용은 농림축산식품부의 스마트팜과 관련된 통계자료이다. 신기술을 알리기 위해서는 독자가 이해하는 데 도움이 될 수 있도록 적합한 시각적 요소의 역할이 중요하다. 다이어그램과 그래프 유형으로 나누어 자료를 표현해보고 이에 더하여 관련된 아이콘 또는 이미지를 구성하는 방법을 적용하여 제작해보자.

STEP 01 >> 인포그래픽 PREVIEW

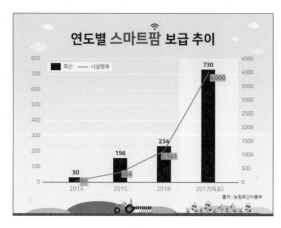

▲ Preview 1

▲ Preview 2

DESIGN POINT >> 자료 유형별 디자인 및 관련 시각화 자료 구상

❶ 같은 데이터라도 표현하는 방식에 따라 전달되는 느낌이 다른 것을 확인할 수 있다. 또한 주제에 맞는 아이콘이나 이미지를 활용함으로써 생소한 단어를 이해하는 데 큰 역할을 한다는 것에 포커스를 두고 예제를 살펴본다.

❷ Preview 1) 두 가지 유형의 복합그래프를 활용했다. 각 데이터의 형태와 기능이 다르고 y축의 척도 또한 다르다. 자칫 복잡하고 어려운 데이터가 될 수 있으므로, 두 그래프의 차이를 명확하게 구분할 수 있는 색의 역할이 가장 크다. 데이터 간 대비가 뚜렷한 색을 활용하고 데이터 색상 계열로 각각의 y축에 약간의 미색을 넣어 연관성을 나타낸다.

❸ Preview 2) 제목에 전달하고자 하는 주제를 넣고 내용에서 관련된 부분에만 컬러를 사용하는 방식은 큰 강조 효과를 얻을 수 있다. 2014~2016년의 값은 증가 흐름 정도만 표현을 해준다. 무채색 계열을 사용하여 값이 점점 증가함을 표현하고 2017년 목표 값을 강조하기 위해 선명한 색을 사용하여 시선이 집중될 수 있도록 한다.

• **완성파일** : 10장\[완성파일] 폴더   • **실습자료** : 10장\[실습파일] 폴더

1 [디자인] 탭-[사용자 지정] 그룹-[슬라이드 크기]-[표준(4:3)]을 선택해 슬라이드 크기를 변경한다. 슬라이드에 도형으로 배경을 넣어보자. [삽입] 탭-[일러스트레이션] 그룹-[도형]-[직사각형]을 선택해 슬라이드 크기에 맞춰 도형을 삽입한다. [텍스트 상자]를 이용하여 제목을 입력한다.

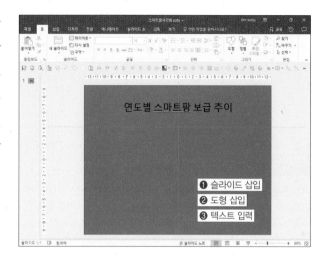

2 삽입한 도형을 선택하고 [마우스 오른쪽 클릭]-[도형 서식]-[채우기]-[그라데이션 채우기]를 선택하고 중지점 2개를 삽입한다. 중지점 서식을 지정하여 배경색을 변경하고 제목 텍스트도 서식을 변경한다.

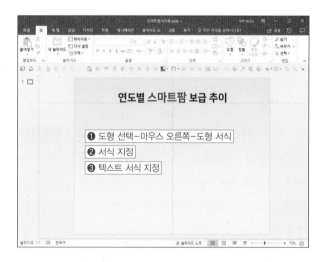

그라데이션 종류	각도	그라데이션 중지점 1	그라데이션 중지점 2
선형	90°	148/218/248	207/237/247

텍스트	글꼴/글꼴 크기/속성	글꼴 색(RGB)
제목	나눔스퀘어 ExtraBold/36/가운데 정렬	0/32/96
강조 : 스마트팜	나눔스퀘어 ExtraBold/40/가운데 정렬	2/69/178

3 [실습파일] 폴더에서 '아이콘.pptx'를 열고 사용할 아이콘을 Ctrl+C, Ctrl+V를 눌러 복사한 후 그림처럼 배치한다. '스마트팜'을 표현할 수 있는 다른 아이콘을 다운받아 활용해도 좋다.

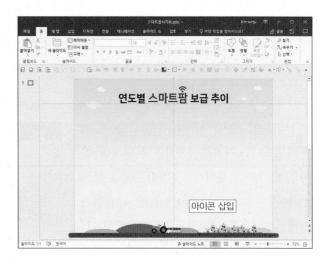

저작권에 문제가 없는 무료 이미지 및 아이콘을 제공하는 사이트 몇 곳을 소개한다. 아이콘 사이트는 대부분 해외 사이트이므로, 영문으로 검색하여 활용해야 한다. 사이트별로 제공하는 파일 형식이 다양하며, 필요한 형식을 다운받아 활용할 수 있다. 사이트를 사용하기 위해 간단한 회원가입이 필요하거나 부분적으로 유료인 경우도 있지만, 무료 콘텐츠가 풍부하여 제작에 도움을 받을 수 있다.

- 픽사베이(https://pixabay.com/) : 무료 고해상도 이미지를 필요한 사이즈별로 다운 가능하다.
- 플랫아이콘(https://www.flaticon.com/)
  : 해외 사이트이므로 영문으로 검색해야 하며, 심플한 아이콘 및 픽토그램을 제공한다. 부분적으로 유료 콘텐츠가 있으며 'png, svg, eps' 등의 형식을 제공한다.
- 프리픽(http://www.freepik.com/)
  : 해외 사이트이므로 영문으로 검색해야 하며, 다양한 일러스트를 포함한 벡터 파일 및 이미지 파일을 제공한다. 부분적으로 유료 콘텐츠가 있으며 'jpg, ai, eps' 등의 형식을 제공한다.

4 [삽입] 탭-[일러스트레이션] 그룹-[차트]-[콤보]-[사용자 지정 조합]을 선택한다. 3개의 데이터 계열 중 예제에서 필요한 그래프는 '막대 그래프'와 '꺾은선 그래프' 2개이므로 '계열 1'의 [차트 종류]는 [묶은 세로 막대형], '계열 2'의 [차트 종류]는 [꺾은선형]을 선택한다. '계열 2'의 [보조축]에 체크하고 [확인]을 클릭하여 차트를 삽입한다.

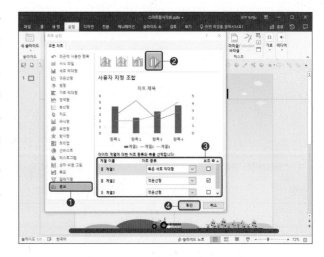

콤보형 차트를 활용하면 2개 이상의 그래프에 각각의 그래프 종류를 선택하여 복합형 그래프를 만들 수 있다. 3개의 데이터 계열이 기본으로 설정되어 있으나 데이터 계열 개수만큼 그래프 개수를 지정할 수 있다.

5 그래프의 데이터를 입력하고 비어 있는 '계열 3'의 엑셀 데이터를 삭제하여 필요 없는 그래프를 제거한다. 오른쪽 [차트 요소(십자 모양 버튼)]을 누른 후 [축], [데이터 레이블], [눈금선]을 체크하여 활성화한다.

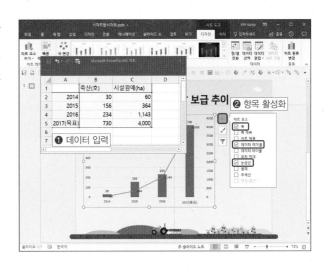

6 그래프를 잘라내기(Ctrl + X)한 뒤, 선택하여 붙여넣기(Ctrl + Alt + V)를 한다. [선택하여 붙여넣기] 대화상자가 나타나면 [그림(확장 메타파일)]을 선택하여 그래픽 이미지 형태로 붙여 넣는다. 이미지를 선택하고 그룹 해제(Ctrl + Shift + G)를 2번 하여 개체를 분리한 후 필요 없는 빈 영역은 삭제한다.

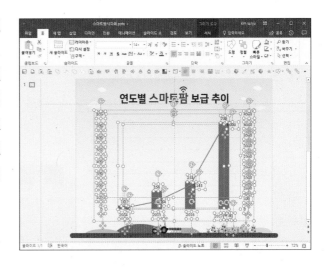

7 화면에 맞게 표를 적절한 크기로 조정한 후 각각의 데이터 색상과 눈금선 서식을 변경한다.

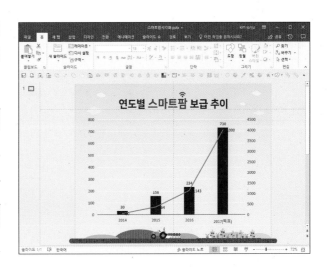

구분	색(RGB)	선 너비
축산	■ 0/32/96	–
시설원예	■ 246/127/38	2.25pt

구분	색(RGB)	너비
기준선	■ 127/127/127	2pt
눈금선	□ 흰색	0.75pt

8 축과 데이터 레이블 텍스트의 서식을
지정한다.

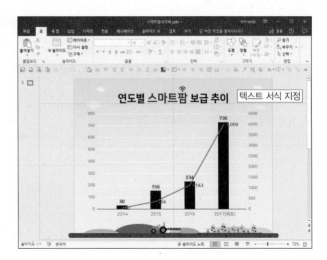

텍스트	글꼴/글꼴 크기/속성	글꼴 색(RGB)
x축	나눔스퀘어/16/가운데 정렬	127/127/127
기본 y축	나눔스퀘어/14/오른쪽 정렬	71/111/159
보조 y축	나눔스퀘어/14/왼쪽 정렬	167/117/87
데이터 값	나눔스퀘어라운드 ExtraBold/16/가운데 정렬	데이터 색상

9 그래프가 중첩되어 레이블 값 또한 비
슷한 위치에 표기되어 있다. 선 그래프(시
설원예)의 데이터 값을 좀 더 선명하게 하
기 위해 텍스트 상자에 색을 삽입해보자.
레이블 텍스트 상자를 선택하고 [마우스
오른쪽 클릭]-[개체 서식]-[채우기]-[단
색 채우기]에서 서식을 지정한다.

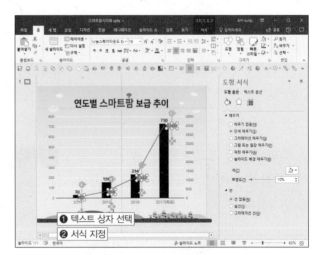

색(RGB)	투명도
255/192/0	10%

10 그래프의 왼쪽 상단에 [그리기 도구]-[서식] 탭-[도형 삽입] 그룹의 [도형]과 [텍스트 상자]를 활용하여 범례를 만든다. 범례는 y축 기준으로 기본 축에 해당하는 '축산' 데이터, 보조 축에 해당하는 '시설원예' 순으로 표기하여 작성한다. 완성된 범례는 그룹화(Ctrl + G)한다.

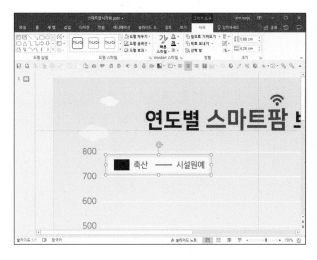

구분	도형	색(RGB), 투명도	윤곽선 색(RGB), 너비
범례 틀	사각형 : 둥근 모서리	흰색, 50%	–
축산	직사각형	0/32/96, 0%	–
시설원예	직선	–	246/127/38, 2.25pt

구분	글꼴/글꼴 크기	글꼴 색(RGB)
텍스트	나눔스퀘어/14	89/89/89

11 2017년의 데이터를 구분하기 위한 도형을 삽입한다. [삽입] 탭-[일러스트레이션] 그룹-[도형]-[직사각형]을 선택해 그래프 영역에 맞춰 삽입한 뒤 [마우스 오른쪽 클릭]-[도형 서식]-[채우기]-[그라데이션 채우기]에서 색을 지정한다. [텍스트 상자]를 이용해 출처를 입력한다.

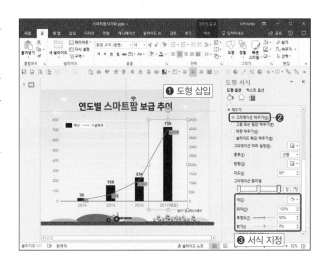

종류	각도	색(RGB)	중지점 1 위치/투명도	중지점 2 위치/투명도	중지점 3 위치/투명도
선형	90°	209/237/255	0%/50%	50%/0%	100%/50%

텍스트	글꼴/글꼴 크기/속성	글꼴 색(RGB)
출처	나눔스퀘어/12/오른쪽 정렬	64/64/64

12 완성된 슬라이드를 복제(Ctrl + D)하여 두 번째 유형을 제작한다. 도형으로 만들었던 배경을 상단 제목 영역의 크기로 줄여 제목 영역과 내용 영역을 구분한다. 제목 영역에 맞게 아이콘의 위치를 재배치한다.

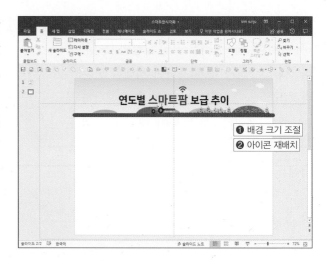

13 제목을 변경하고 [실습파일] 폴더의 '아이콘.pptx'에서 아이콘을 복사해 사용하거나 적절한 아이콘을 다운받아 삽입한다.

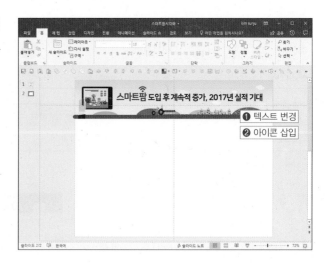

14 다이어그램 형태로 제작하기 위해 먼저 분류 항목을 입력한다. [삽입] 탭－[일러스트레이션] 그룹－[도형]－[사각형 : 둥근 모서리]를 삽입하고 도형 서식을 지정한 뒤 각 도형에 '연도'/'시설원예(ha)'/'축산(호)'를 입력한다.

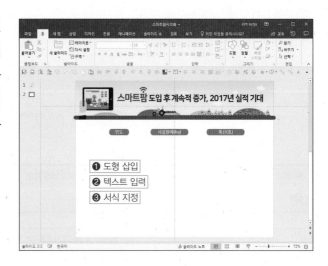

구분	도형	색(RGB)	윤곽선
도형	사각형 : 둥근 모서리	■ 127/127/127	없음

텍스트	글꼴/글꼴 크기/속성	글꼴 색(RGB)
항목명	나눔스퀘어/16/가운데 정렬	□ 흰색

15 [텍스트 상자]를 이용해 연도와 각 데이터 값을 입력하고 서식을 지정한다. 과거-현재를 표현하기 위해 연도 사이에는 [삽입] 탭-[일러스트레이션] 그룹-[도형]에서 [화살표]를, 데이터 값의 뒤에는 [화살표 : 오각형]을 방향이 아래쪽으로 향하도록 회전시켜 삽입한다. 2017년 데이터는 표의 마지막 항목이므로 [직사각형] 도형을 삽입한다.

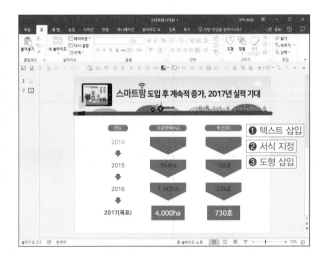

텍스트	글꼴/글꼴 크기/속성	글꼴 색(RGB)
2014, 항목	나눔스퀘어/20/가운데 정렬	■ 127/127/127
2015, 2016, 항목	나눔스퀘어/20/가운데 정렬	■ 64/64/64
2017(연도)	나눔스퀘어 ExtraBold/20/가운데 정렬	■ 31/78/121
2017(항목)	나눔스퀘어 Bold/24/가운데 정렬	□ 흰색

16 삽입한 도형의 서식을 지정한다. 2014년 값부터 2017년 값 순으로 글자 및 도형은 밝은 회색에서 점점 어두운 색으로 지정하여 값이 점차적으로 변화함을 표현한다.

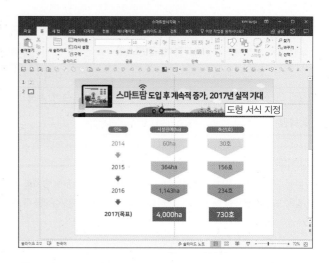

구분	색 1(RGB)	색 2(RGB)	색 3(RGB)	색 4(RGB)	윤곽선
화살표	166/166/166	127/127/127	0/112/192	–	없음
항목 도형	217/217/217	191/191/191	166/166/166	0/112/192	없음

17 2017년도 목표 값을 강조하기 위한 점선 테두리를 넣는다. [삽입] 탭-[일러스트레이션] 그룹-[도형]-[사각형:둥근 모서리]를 삽입하고 모양 조절점을 드래그해 모서리를 둥글게 만든다. [마우스 오른쪽 클릭]-[도형 서식]-[선]을 선택해 서식을 지정한다. 앞 슬라이드에서 표기한 출처를 복사해 오른쪽 하단에 붙여넣은 후 적절한 위치에 배치해 마무리한다.

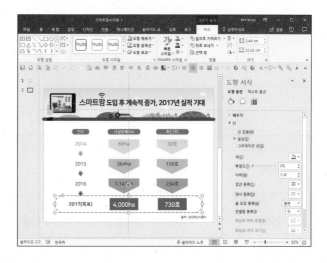

구분	채우기	윤곽선 색(RGB)	너비	대시 종류
강조 도형	없음	0/112/192	3pt	파선

'사상 최대'를 강조하는
실적보도자료 인포그래픽 만들기

그래프에서 종속변수는 주로 선, 막대 등으로 표현하지만 상징 아이콘을 추출하여 그림그래프로 나타내면 주목도를 더 높일 수 있다. 다만 수치를 그림과 결합할 때는 수치의 위치와 그림의 컬러를 주의해서 사용해야 한다. 이번 장에서는 매년 등장하는 데이터를 가지고 시각화하는 방법을 배워본다.

SECTION 1 | 최대치를 강조하는 데이터 분석하기

매년 인천국제공항공사는 연휴철이나 휴가철이면 인천국제공항에서 출발한 최대 여객수를 집계하여 발표한다. '사상 최대'라는 실적은 해마다 갱신되고 있는데 이러한 실적 발표 시 쉽게 수치를 파악할 수 있는 표현방법을 알아보자.

01 인천공항 이용현황 데이터

인천국제공항공사는 추석 황금연휴 둘째 날인 10월 1일 인천국제공항에서 출발한 여객 수가 11만 6천 112명으로 하루 만에 역대 최다 기록을 갈아치웠다고 2일 밝혔다. 연휴 첫날인 9월 30일 여객 수는 11만 4천 751명으로 여름 성수기인 지난 7월 30일의 종전 최다 기록(10만 9천 918명)을 뛰어넘었다.

(1) 데이터 요약 및 분석

① 전체 분석

인천국제공항공사는 자료를 발표한 출처가 된다. 날짜를 중심으로 한 여객 수를 비교한 데이터이므로 독립변수는 일자(9월30일, 10월1일, 7월30일), 종속변수는 여객 수(11만 6천 112명, 11만 4천 751명, 10만 9천 918명)가 된다.

② 데이터 요약

> • **대표 제목** : 인천국제공항 하루 출발 여객 수 최다 기록
>
> • **데이터 요약**
>
> 핵심 단어는 '출발 여객 수'다. X축 변수와 Y축 변수를 찾았으면 이후 생각해야 하는 것은 10월 1일, 9월 30일만을 사용할지 7월 30일 데이터까지 사용할지에 대한 X축의 변수 개수를 고민해야 한다. 7월 30일을 포함하면 증가 추이를 좀 더 면밀하게 살펴볼 수 있다는 장점이 있다. Y축은 최솟값, 최댓값이 얼마인지를 파악해야 한다. 최댓값은 그래프 Y축 범위를 설정하는 데 중요한 역할을 한다. 그래프는 대소의 차이를 분명하게 나타내는 막대그래프 형태의 시각그래프로 그려 볼 수 있다.
>
> | X축 : 독립변수(날짜) | Y축 : 종속변수(하루 출발 여객 수) |
> | --- | --- |
> | 10월 1일 | 11만 6천 112명(사상 최대)(최댓값) |
> | 9월 30일 | 11만 4천 751명 |
> | 7월 30일 | 10만 9천 918명(최솟값) |

(2) 데이터 시각화 방법 1 : 세로 막대형 시각그래프로 제작한다(총 3개의 데이터 비교).

핵심 단어인 여객 수를 상징하는 그림을 찾는다. 비행기, 출국, 캐리어, 여행 등 상징 그림을 생각해 볼 수 있지만 종속변수가 여객 수(명)이므로 다음 그림처럼 사람의 모습이 들어간 것이 좋다.

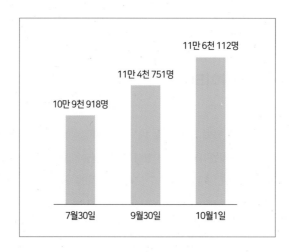

▲ 시각그래프를 제작하기 전 그래프 형태로 나타낸 모습

숫자를 그림 위에 표현할 때 적합하지 <u>않은</u> 것은?

정답은 ②번이다. '막대그래프=사람의 크기'이므로 머리 바로 위 또는 머리 부분에 숫자를 표현하면 대소 차이를 한눈에 보기 어렵기 때문에 피해야 한다.

▲ 시각그래프로 나타낸 모습

(3) 데이터 시각화 방법 2 : 가로 막대형 시각 그래프로 제작한다(2개의 데이터 비교).

시간 순(10월 1일, 9월 30일)으로 되어 있는 2개의 가로 막대그래프를 비교할 때는 최근 날짜의 그래프를(10월 1일) 상단에 올리는 것이 좋다. 최근 데이터가 중요하기 때문이다. 물론 그래프 표현에서 이것이 절대적 기준은 아니므로 중요성을 고려해 표현해주는 것이 좋다. 다만, 증가분을 강조하기 위해 증가선을 나타낼 때에는 최근 그래프(10월 1일)를 아래에 위치시켜 표현할 수도 있다.

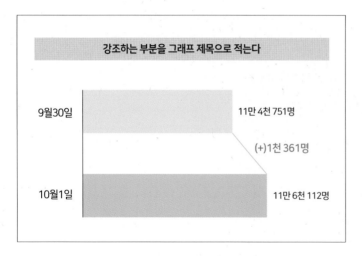

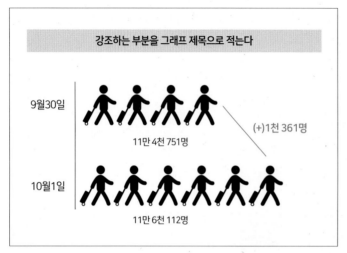

1 종속변수(막대그래프의 높이) 단위가 명 수이므로 사람 모습을 선택한다.

2 숫자 표시는 막대그래프의 최고점 부분에 올리지 않는다.

3 시간 순으로 나타내는 가로 막대그래프라면 최근 데이터를 가장 상단에 배치한다. 다만, 증가선으로 증가하는 모습을 보여줄 때는 수치가 큰 그래프를 아래에 배치할 수 있다.

4 시각 그래프에서 하나의 그림을 크기 차이로 보여줄 수도 있고, 복사하여 쌓기 그림으로 나타낼 수도 있다.

최대 수치를 강조하는 데이터 시각화하기

그래프를 아이콘으로 대체하여 표현하는 방법은 최근 흔히 볼 수 있는 형태의 디자인으로, 주제와 관련성이 높은 아이콘을 선택해야 전달력을 높일 수 있다. 그래프의 크기를 아이콘으로 표현하는 방법이기 때문에 100% 정확한 데이터를 전달하기는 어렵지만 아이콘의 정확한 형태와 비율, 간격 등을 지켜 신뢰감 있게 표현하면 효과적인 디자인을 완성할 수 있다.

STEP 01 >> 인포그래픽 PREVIEW

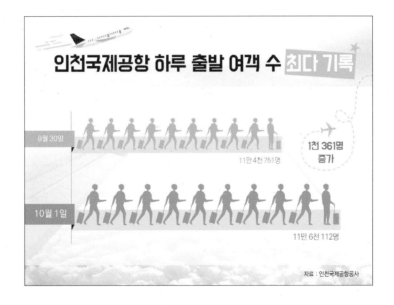

DESIGN POINT >> 그래프를 아이콘으로 대체하여 시각화

❶ 아이콘(그림)의 크기로 데이터를 나타낼 때는 아이콘의 비율이 깨져 찌그러지지 않도록 주의하여 크기를 조절해야 한다. 사이즈를 조절할 때 Shift 를 누른 상태에서 크기를 조절하면 같은 비율로 크기를 키우거나 줄일 수 있다.

❷ 예제처럼 쌓기 방법으로 표현할 때는 아이콘의 간격 및 수가 같아야 한다. 가장 많은 수의 데이터를 먼저 아이콘으로 대체 후 그 간격과 수를 기준으로 작은 수의 데이터를 표현하는 것이 좋다.

❸ 강조할 데이터가 더 잘 보이도록 디자인하기 위해 강조할 그래프는 채도가 높은 선명한 색이나 짙은 색을 선정하고 그 외에 다른 그래프는 무채색 또는 강조할 그래프보다 옅은 색으로 표현한다.

❹ 강조할 색을 결정했다면 전체 톤을 강조 색상에 맞추어 표시한다. 같은 톤의 색상이기 때문에 어색하지 않고, 색 선정에 어려움 없이 디자인할 수 있다.

- **완성파일** : 11장\[완성파일] 폴더   • **실습자료** : 11장\[실습파일] 폴더

1 [디자인] 탭-[사용자 지정] 그룹-[슬라이드 크기]-[표준(4:3)]으로 설정한다. [삽입] 탭-[일러스트레이션] 그룹-[차트]-[가로 막대형]-[묶은 가로 막대형] 차트를 선택하고 데이터 시트에 값을 입력한다. 그래프를 선택하고 [차트 요소(십자 모양)]를 클릭한 후 '축' 항목만 체크하여 활성화한다.

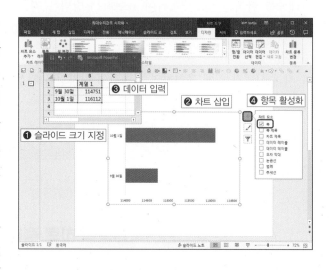

9월 30일	114751
10월 1일	116112

2 그래프를 시각화하기 전, 적당한 차이를 보여주기 위해 척도 수치를 변경하여 그래프 바의 크기를 조절해보자. 그래프의 x축을 선택하고 [마우스 오른쪽 클릭]-[축 서식]-[축 옵션]-[경계]에서 최솟값과 최댓값을 변경한다(축의 단위는 나중에 축을 비활성화할 것이므로 따로 조절하지 않아도 된다).

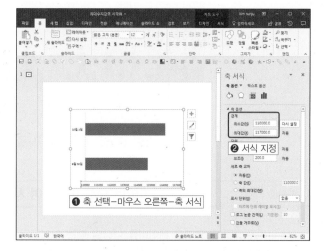

구분	값
최소값	110,000
최대값	117,000

전문가 **TIP!**

수평 막대그래프는 수직 막대그래프와 달리 x축에 종속변수가 들어가므로 x축 척도를 기준으로 그래프를 그린다. 데이터를 강조하기 위해서는 비교할 데이터와의 차이를 명확하게 보여줘야 하며 반대로 그래프 값의 차이가 수치에 비해 너무 극대화되지 않도록 적절한 척도 조절이 필요하기도 하다. x축 옵션에서 최솟값과 최댓값을 경우에 따라 조절하여 각 그래프 간의 차이를 다르게 표현할 수 있다.

3 최근 데이터의 증가량을 강조하기 위해 과거 데이터 다음에 최근 데이터 항목 순으로 그래프를 표현한다. y축(계열 이름)을 선택하고 [축 옵션]-[축 위치]에서 '항목을 거꾸로'에 체크하여 계열 위치를 반전시킨다.

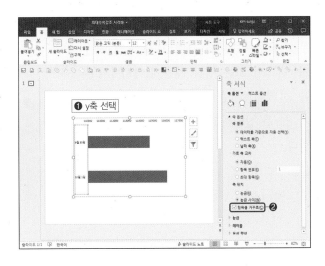

4 그래프를 선택하고 [차트 요소(십자 모양)]에서 '축' 항목을 비활성화한 후 슬라이드에 맞게 그래프의 크기를 적당한 크기로 조절한다. 추후 그래프는 제거하므로, [삽입] 탭-[일러스트레이션] 그룹-[도형]-[선]을 선택하여 세로로 기준선을 삽입하고 [텍스트 상자]를 선택하여 날짜를 입력한다.

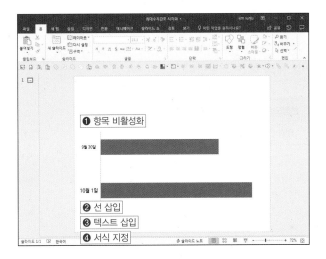

선 색(RGB)	너비	대시 종류
191/191/191	1.5pt	실선

텍스트	글꼴/글꼴 크기
9월 30일	KoPub돋움체 Light/14
10월 1일	KoPub돋움체 Medium/18

5 슬라이드 배경을 삽입하기 위해 [마우스 오른쪽 클릭]-[배경 서식]-[채우기]-[그림 또는 질감 채우기]에서 [파일]을 선택해 [실습파일] 폴더의 '배경이미지.jpg'를 삽입하고 투명도를 '70%'로 조절한다.

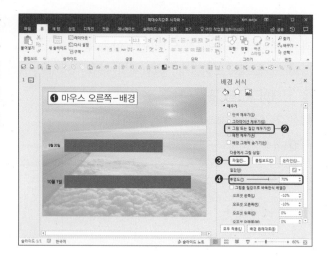

6 이미지를 보정해보자. 속성 창의 [배경 서식]-[그림] 탭에서 이미지의 밝기 및 대비, 채도 등을 조절한다.

선명도	밝기	대비	채도	온도
0%	25%	10%	180%	8,800

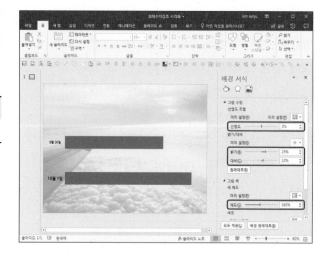

전문가 TIP!

배경 이미지를 삽입할 때 속성 창의 [배경 서식]-[그림] 탭에서 이미지의 밝기와 대비, 선명도 등을 조절할 수 있다. 포토샵을 다룰 수 있다면 포토샵에서 직접 보정 후 삽입하는 것이 좋지만, 파워포인트 안에서도 간략하게 조절이 가능하다.

- [미리 설정]은 파워포인트에서 미리 수치값을 지정하여 제공하는 효과로 간편하게 이미지를 보정할 수 있으며, 조절 바를 이용하여 세밀한 조절도 가능하다.
- [원래대로]를 누르면 수정 전 이미지로 되돌릴 수 있다.

7 내용이 잘 보이도록 [삽입] 탭-[일러스트레이션] 그룹-[도형]-[직사각형]을 선택하여 그래프 영역 뒤에 삽입한다. 서식을 지정한 후 [홈] 탭-[그리기] 그룹-[정렬]-[맨 뒤로 보내기]를 눌러 그래프 뒤로 보낸다.

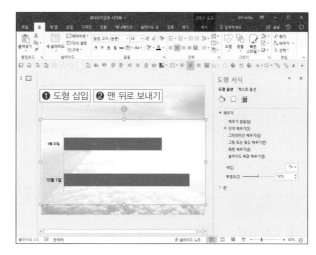

도형 색(RGB)	투명도
흰색	50%

8 [텍스트 상자]를 선택하여 제목을 삽입한다. '최다기록' 텍스트를 강조하기 위해 [삽입] 탭-[일러스트레이션] 그룹-[도형]-[직사각형]을 선택해 글자 영역의 크기에 맞게 삽입한다. 사각형 도형은 회전 조절점으로 살짝 회전시키고 [삽입] 탭-[일러스트레이션] 그룹-[도형]-[별:꼭짓점 5개]를 선택하여 사각형 오른쪽 위에 삽입한 후 도형과 텍스트에 서식을 지정한다. 사각형 도형은 글자를 가리지 않도록 [홈] 탭-[그리기] 그룹-[정렬]-[맨 뒤로 보내기]를 선택해 글자 뒤로 보낸다.

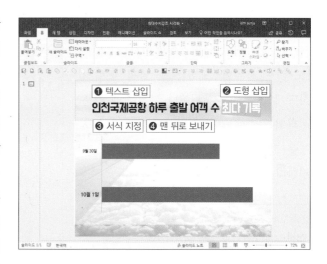

텍스트	글꼴/글꼴 크기	글꼴 색(RGB)
제목	배달의민족 도현/36	64/64/64
강조 부분	배달의민족 도현/36	흰색

도형	도형 색(RGB)
사각형, 별	113/201/205

9 날짜와 그래프가 연결된 종이라벨 형태의 도형을 만들어보자. [삽입] 탭-[일러스트레이션] 그룹-[도형]-[직사각형]을 선택해 날짜 텍스트 뒤에 삽입한다. 기준선보다 약간 앞쪽으로 튀어나오도록 그려준다. 도형의 서식을 지정하고 텍스트는 '☐ 흰색'으로 변경한다.

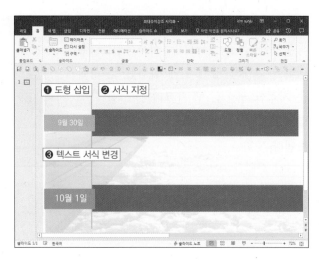

구분	도형 색(RGB)	윤곽선
'9월 30일' 도형	186/186/186	없음
'10월 1일' 도형	35/162/165	없음

10 [삽입] 탭-[일러스트레이션] 그룹-[도형]-[자유형 : 도형]으로 날짜 도형의 하단에 기준선에서 튀어나온 부분과 기준선과의 공간에 맞춰 직각삼각형 형태의 도형을 그려 접힌 형태로 만들고 서식을 지정한다.

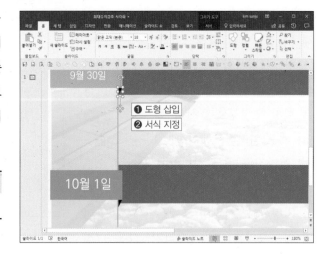

구분	도형 색(RGB)	윤곽선
접힌 부분 도형	64/64/64	없음

11 날짜가 삽입된 도형을 복제(Ctrl + D)해 접힌 부분 도형 하단에 맞춰 정렬한다. 그래프의 길이만큼 도형 너비를 조절한후 서식을 지정한다. 접힌 효과를 내기 위해 접힌 부분 도형 뒷부분에 배치해보자. 도형을 선택하고 [그리기 도구]−[서식]탭−[정렬] 그룹−[뒤로 보내기]를 접힌 부분 도형 뒷부분에 배치될 때까지 누른다. 배치가 완료되면 기존 그래프는 삭제한다.

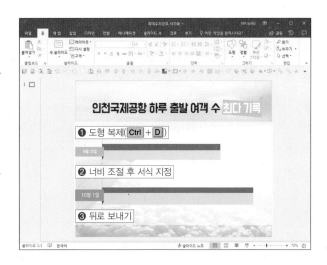

구분	도형 색(RGB)	윤곽선
'9월 30일' 도형	220/220/220	없음
'10월 1일' 도형	176/225/230	없음

12 [실습파일] 폴더의 '아이콘.pptx'를 연다. 아이콘 사용 전에 모양을 수정하고 싶다면 도형을 선택한 후 [마우스 오른쪽 클릭]−[점 편집]을 선택하고 조절점을 드래그하여 모양을 변형한다. 조절점을 선택했을 때 생기는 흰 점을 움직여 곡선을 조절한다. 제거할 조절점은 Ctrl 을 눌러 커서가 X 모양이 되면 클릭하여 삭제한다. 수정이 필요 없다면 이 과정은 생략한다.

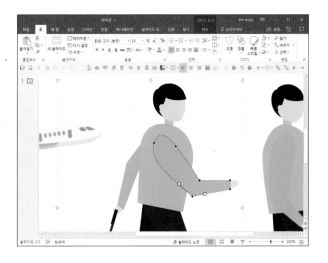

13 사람 아이콘을 복사(Ctrl + C, Ctrl + V)하여 슬라이드로 가져온 후 크기를 조절한다. 그래프 바 위에 배치하고 바의 길이만큼 사람 아이콘을 복제(Ctrl + D)한다. 복제한 아이콘들을 전체 선택하고 그룹화(Ctrl + G)한다.

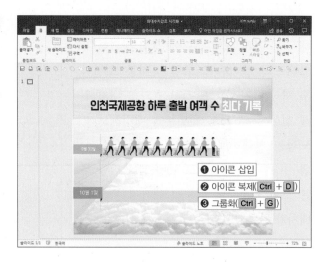

전문가 TIP!

복제할 개체를 선택하고 Ctrl + D를 누른 후 복제된 개체를 원하는 위치와 간격으로 이동한다. 다시 Ctrl + D를 누르면 배치한 간격대로 복제된다.

14 '9월 30일' 그래프에 삽입한 사람 아이콘을 '10월 1일' 그래프에 복제(Ctrl + D)한다. '9월 30일'보다 '10월 1일'을 강조하므로 바의 길이에 맞춰 아이콘의 크기를 크게 변경한다. 대비가 잘 되도록 '9월 30일' 아이콘은 무채색으로, '10월 1일' 아이콘은 유채색으로 지정한다.

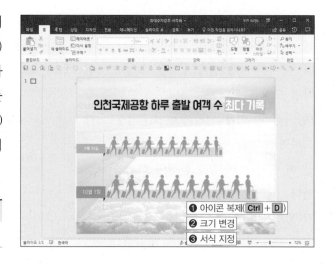

구분	색(RGB)
'9월 30일' 아이콘	186/186/186
'10월 1일' 아이콘	11/165/180

15 증가량을 표시하는 선을 그려보자. [삽입] 탭-[일러스트레이션] 그룹-[도형]-[직선]을 선택하고 '9월 30일' 바 도형의 오른쪽 끝부분에 마우스 포인터를 위치시키면 회색 연결점이 생긴다. 이때 마우스를 클릭하고 드래그하여 '10월 1일' 바 도형 오른쪽 끝부분에 마우스를 위치시키면 나타나는 연결점을 클릭하여 선을 삽입한다. 연결점에 연결되면 선을 선택했을 때 양끝이 초록색 점으로 나타난다.

전문가 TIP!

개체 위에 선을 연결시키면 개체를 이동하거나 크기를 변경할 때 선이 개체에 붙어 움직이므로 선을 별도로 이동하거나 조절하지 않아도 된다.

16 선을 선택하고 [마우스 오른쪽 클릭]-[도형 서식]-[선]-[그라데이션 선]을 선택하여 서식을 지정한다.

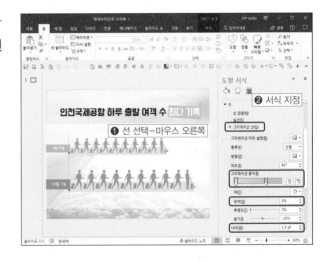

종류	그라데이션 중지점 1, 위치	그라데이션 중지점 2, 위치	너비	대시 종류
선형	217/217/217, 0%	104/207/210, 65%	1.5pt	둥근 점선

17 [텍스트 상자]를 선택하여 여객수와 증가량을 입력하고 서식을 지정한다.

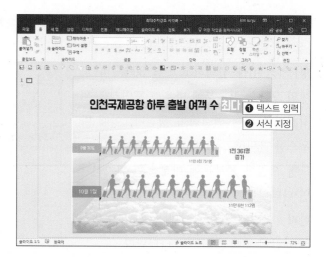

텍스트	글꼴/글꼴 크기/속성	글꼴 색(RGB)
11만 4천 751명	KoPub돋움체 Light/14	127/127/127
11만 6천 112명	KoPub돋움체 Medium/16	32/135/156
1천 361명 증가	배달의민족 도현/18/가운데 정렬	32/135/156

18 글자의 행간을 조절해보자. 증가량 텍스트를 선택하고 [홈] 탭-[단락] 그룹-[줄 간격]-[줄 간격 옵션]을 선택한다. [단락] 대화상자의 [들여쓰기 및 간격] 탭-[간격]-[줄 간격]을 '배수'로 선택한 뒤 [값]을 '1.2'로 지정한다.

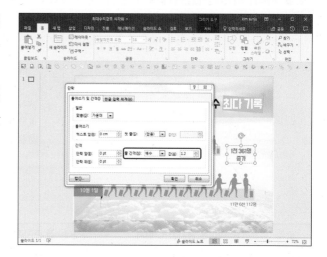

전문가 **TIP!**

[줄 간격]은 행간을 조절하는 기능으로, 기본 설정은 '1.0'으로 되어 있다. 행간은 가독성을 높일 수 있는 중요한 요인 중 하나로, 너무 좁거나 너무 벌어지지 않도록 조절해야 한다. 대략 글자 높이의 1/2 정도의 간격이 적당하다. 폰트 디자인에 따라 기본 줄 간격이 달라지는데, 파워포인트에서 자동으로 지정하는 간격 외에 임의로 조절하는 경우에 유용하게 활용할 수 있다.

19 [실습파일] 폴더의 '아이콘.pptx'를 열어 아이콘을 가져온다. 상단 제목 부분에는 비행기 아이콘을 삽입하고 그래프 증가량 텍스트 윗부분에는 비행기 픽토그램을 삽입한다.

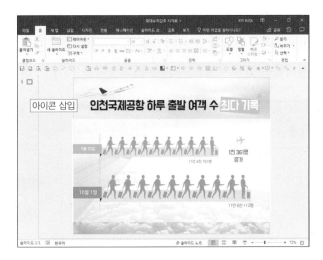

20 [삽입] 탭-[일러스트레이션] 그룹-[도형]-[곡선]을 선택하여 비행기 픽토그램의 꼬리 부분에 꾸밈선을 삽입하여 텍스트를 강조해보자. 비행기 꼬리 부분부터 마우스로 클릭하여 선을 시작한다. 클릭할 때마다 클릭한 지점을 기준으로 곡선이 된다. 텍스트를 감싸는 형태로 자유롭게 선을 그린 후 더블클릭하여 선을 완성한다.

전문가 TIP!

[곡선]은 마우스를 클릭한 점을 기점으로 곡률을 만들어 선이 휘도록 그리는 기능이다. 마우스로 클릭하여 원하는 선의 모양을 그릴 수 있으며 클릭하는 지점의 거리가 짧을수록(클릭을 많이 할수록) 곡률이 부드러운 선을 만들 수 있다. 선을 마무리할 때는 더블클릭하거나 Esc 를 누르면 된다. 완성 후 [점 편집]을 통해 다듬으면 더 자연스럽게 만들 수 있다.

21 만들어진 곡선을 선택하고 [마우스 오른쪽 클릭]-[도형 서식]-[선]-[실선]을 선택하여 선의 서식을 지정한다.

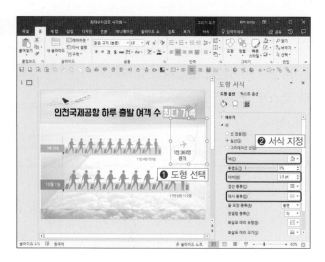

선 색(RGB)	너비	대시 종류
113/201/205	1.5pt	파선

22 [텍스트 상자]를 이용해 하단에 출처를 삽입하고 마무리한다.

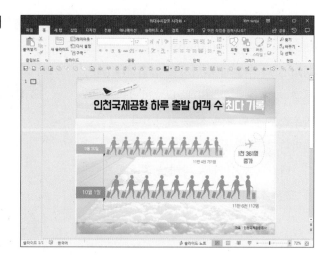

텍스트	글꼴/글꼴 크기	글꼴 색(RGB)
출처	KoPub돋움체 Medium/12	64/64/64

CHAPTER 00 12

큰 수치를 쉽게 비교하는
수입현황 분석자료 만들기

다양한 그래프를 그리는 방법을 익히는 것은 데이터를 시각화하는 데 아주 중요하다. 자주 사용하는 막대와 원그래프 외 화살표를 활용한 기울기선 표시, 시각 그래프 편집 방법까지 활용하면 전달력이 한층 높아진다. 이번 장에서는 비율로 보는 다중 분할 막대그래프의 사용법을 포함해 기울기 그래프 등 그래프 고수가 될 수 있는 유용한 제작 노하우를 소개한다.

SECTION 1 | 크게 차이 나는 데이터 분석 및 시각화하기

다중 분할 막대그래프는 두 개 이상의 독립변수(X축)의 차이와 흐름을 살펴볼 때 사용한다. 그중 높이가 같아야 하는 그래프를 '100% 누적 수직 막대그래프'라 한다. 단위는 비율(%)을 사용하며, 판매 비율 흐름 등을 파악하는 데 사용된다. 특히 막대그래프 간 항목 비율을 정확하게 비교하여 시장을 분석하는 데 적합하다.

01 관세청 수입 통계자료

2015년 1~10월부터 2016년1~10월까지 수입 와인 종류별 금액 변동을 살펴보면 레드 와인의 경우 107,085천 달러에서 103,975천 달러로 소폭 하락했으나, 화이트 와인은 22,569천 달러에서 23,829천 달러로, 스파클링 와인은 23,419천 달러에서 25,232천 달러로 늘어났다.

[출처] 관세청 및 한국 무역통계진흥원

(1) 데이터 요약 및 분석

① 데이터 분석

단위를 천 달러로 산정했으나 전체 금액이 얼마인지 카운트를 해야 알 수 있는 금액이므로 금액을 다시 정리한 후 한글 단위를 섞어 표시한다. 또한 수치가 큰 경우 증감을 금액으로 보기란 쉽지 않으므로 금액 차이를 비율로 다시 계산한다.

② 데이터 요약

• **1단계** : 표 정리

	레드 와인	화이트 와인	스파클링 와인
2016년 1~10월	1억3백9십7만5천 달러	2천3백8십2만9천 달러	2천5백2십3만2천 달러
2015년 1~10월	1억7백8만5천 달러	2천2백5십6만9천 달러	2천3백4십1만9천 달러

• **2단계** : 표 정리(% 표시)

	레드 와인	화이트 와인	스파클링 와인
2016년 1~10월	1억3백9십7만5천 달러 (−2.90% 감소)	2천3백8십2만9천 달러 (5.58% 증가)	2천5백2십3만2천 달러 (7.74% 증가)
2015년 1~10월	1억7백8만5천 달러	2천2백5십6만9천 달러	2천3백4십1만9천 달러

• 3단계 : 그래프 형태 결정

– 독립변수 : 2개 연도를 비교하는 3개 항목(레드, 화이트, 스파클링 와인)

– 그래프 유형 : 막대그래프, 시각그래프, 기울기그래프

---

(2) 시각화 방법 1 : 세로 막대그래프

세로 막대그래프로 만들 때 보조축(y축) 맨 위는(최댓값) 여유 있게 공간을 만들고, 증감률을 보기 위해 내부 보조선은 없앤다.

Before 세로 막대그래프로 표현했지만 금액 기준 증감 추이를 살펴보기는 어렵다.

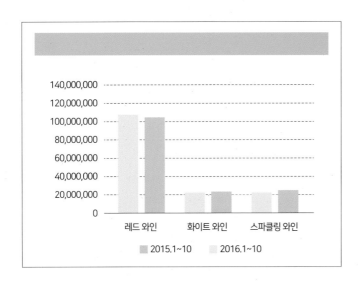

After 막대그래프 상단에 화살표를 활용해 비율 '증감률'을 표시하였다.

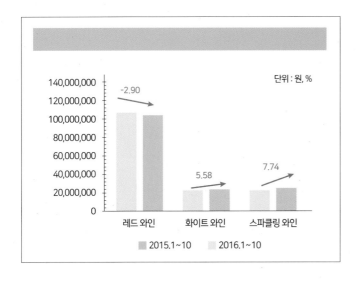

(3) 시각화 방법 2 : 시각 그래프+기울기 표시

막대그래프 대신 와인병을 그리고 화살표로 증감률을 표시한다.

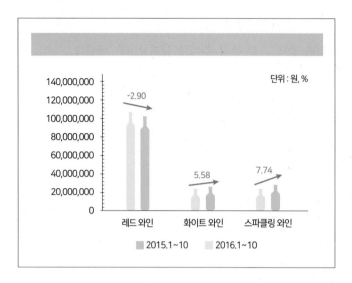

(4) 시각화 방법 3 : 기울기 그래프

기울기 그래프의 특징은 양끝점을 활용해 차이를 나타낼 수 있다는 것이다. 강조할 그래프는 명도가 낮은 컬러를 사용하거나 선을 굵게 처리한다.

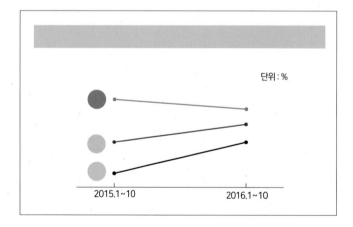

KEY NOTE

1 단위가 큰 금액의 증감액은 비율 차이로 재편집하여 나타낸다.

2 막대그래프 증감률 차이에 화살표의 기울기를 활용하면 해독 시간을 줄일 수 있다.

3 기울기 선을 활용한 그래프의 강조는 컬러, 선 굵기 등으로 할 수 있다.

큰 수치를 쉽게 비교하는 관세청 수입현황자료 만들기

일상에서 흔히 접하는 내용물이나 인기 있는 요소와 관련된 그래프를 시각화할 때는 일반적인 그래프보다는 시각적으로 형상화하여 표현하면 재미 요소가 가미되어 시선을 끄는 콘텐츠가 된다. 관련 아이콘이나 색상을 통해 시각적인 즐거움이나 홍보 또는 공감대를 형성하는 효과를 얻을 수 있다. 여기서는 아이콘을 직접 제작하여 간단하면서도 재미있는 그래프를 만들어보자.

STEP 01 >> 인포그래픽 PREVIEW

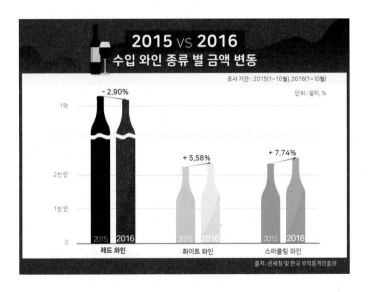

DESIGN POINT >> 소재를 활용하여 표현하는 그래프

❶ 데이터의 내용물이 각각 다른 형태나 색을 가지고 있는 것처럼 디자인하여 이중 막대그래프를 표현하였다. 그래프 막대에 직접 연도를 표기하고, 세부적인 사항(조사 기간)을 그래프 상단에 표기하여 설명한다. 그래프 막대의 수가 적거나 소재 아이콘을 활용할 경우에 사용할 수 있는 디자인 방법이다.

❷ 시각화 과정에서 각 항목 간의 값 차이가 클 때 값이 작은 항목은 일정한 아이콘 형태로 표현하는 것이 힘들어진다. 그런 경우 값이 큰 항목에 생략선을 넣어 큰 값과 작은 값을 나타낼 아이콘의 형태가 일정할 수 있도록 표현이 가능하다.

❸ '와인'하면 가장 쉽게 떠올릴 수 있는 '레드 와인'의 붉은 색을 주조색상으로 선택하여 전반적인 디자인을 붉은색으로 할 수 있다. 색을 사용할 때에는 쨍한 원색보다는 톤을 한 단계 낮추거나 채도를 살짝 낮추어 사용하는 것을 권장한다.

• **완성파일** : 12장\\[완성파일] 폴더　　• **실습자료** : 12장\\[실습파일] 폴더

1 [디자인] 탭 – [사용자 지정] 그룹 –
[슬라이드 크기] – [표준(4:3)]으로 설정
한다. 슬라이드에서 [마우스 오른쪽 클
릭] – [배경 서식] – [채우기] – [단색 채우
기]를 선택하고 [색] – [다른 색]에서 '■
136/48/56'을 지정한다. 화면을 3등분(제
목/내용/출처)하여 그래프 영역에 [삽입]
탭 – [일러스트레이션] 그룹 – [도형] – [직
사각형]을 삽입하고 서식을 지정한다.

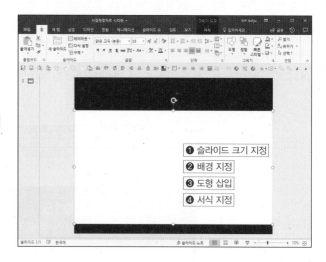

구분	도형 색(RGB)	윤곽선
내용 사각형	☐ 흰색	없음

2 [텍스트 상자]를 이용해 제목과 출처를
입력한다.

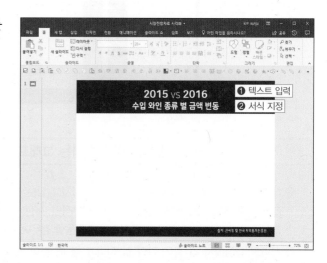

텍스트	글꼴/글꼴 크기/속성	글꼴 색(RGB)
연도	나눔스퀘어라운드 ExtraBold/36/가운데 정렬	☐ 흰색
제목	나눔스퀘어라운드 ExtraBold/28/가운데 정렬	☐ 흰색
출처	나눔스퀘어라운드 Regular/12/오른쪽 정렬	☐ 흰색

3 연도를 강조하기 위해 [삽입] 탭-[일러스트레이션] 그룹-[도형]-[직사각형]을 연도 위에 삽입하고 서식을 지정한다. [홈] 탭-[그리기] 그룹-[정렬]-[맨 뒤로 보내기]를 선택하여 도형을 텍스트 뒤로 보낸다.

구분	도형 색(RGB)	윤곽선
연도 강조 사각형	■ 90/32/38	없음

4 강조 사각형과 제목의 텍스트에 그림자 효과를 지정해보자. 강조 사각형을 선택하고 [마우스 오른쪽 클릭]-[도형 서식]-[도형 옵션]-[효과]-[그림자]-[미리 설정]에서 서식을 지정한다. 제목 텍스트는 [도형 서식]-[텍스트 옵션] 탭의 [텍스트 효과]에서 서식을 지정한다.

구분	그림자 효과
강조 도형	그림자 : 오프셋 가운데
수입 와인 종류 별 ~	그림자 : 오프셋 아래쪽

5 흰색 사각형을 복제(Ctrl + D)하여 높이를 줄인 후 제목 영역 하단에 배치한다. [텍스트 상자]를 선택하여 조사기간을 입력하고 서식을 지정한다.

구분	도형 색(RGB)	윤곽선
조사 기간 사각형	□ 255/242/243	없음

텍스트	글꼴/글꼴 크기/속성	글꼴 색(RGB)
조사 기간	나눔스퀘어라운드 Regular/12/오른쪽 정렬	■ 136/48/56

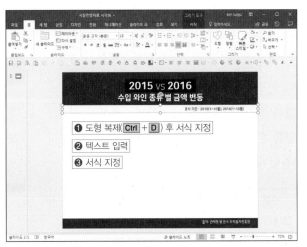

6 [삽입] 탭-[일러스트레이션] 그룹-[차
트]-[세로 막대형]-[묶은 세로 막대형]을
선택하여 차트를 추가하고 데이터 시트에
값을 입력한다.

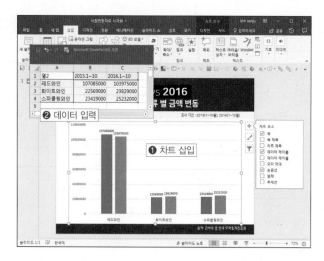

7 레드 와인 그래프 크기가 다른 와인 그
래프 크기보다 상대적으로 높다. 이런 경
우 높은 막대에 중간 생략 선을 넣어 다른
막대와의 차이의 폭을 좁히는 것이 좋다.
먼저 그래프를 하나 더 복제(Ctrl + D)한
뒤 각 그래프의 [차트 필터]를 지정하여 두
개로 분리한다.

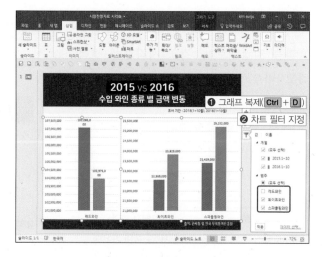

구분	차트 필터 활성화
그래프 1	레드 와인
그래프 2	화이트 와인/스파클링 와인

8 그래프를 분리하니 y축 척도가 변경되
어 그래프 크기가 바뀌었다. 한눈에 비교
할 수 있도록 그래프의 크기를 조절하자.
각 그래프의 y축을 선택하고 [마우스 오른
쪽 클릭]-[축 서식]-[축 옵션]에서 최솟
값과 최댓값 수치를 변경한다. 생략선 삽
입을 위해 그래프 2의 높이를 그래프 1보
다 낮게 줄인다.

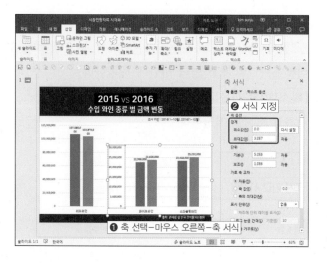

구분	최소값	최대
그래프 1	0	1.2E8 (120,000,000)
그래프 2	0	3.0E7 (30,000,000)

9 그래프로 사용할 와인병 아이콘을 만들어보자. [실습파일] 폴더의 '아이콘.pptx'를 연다. 제공된 와인병 이미지 위에 [삽입] 탭-[일러스트레이션] 그룹-[도형]-[도형 : 자유형]을 선택하여 와인병 모양을 따라 그린다. 병의 밑부분은 그래프로 활용해야 하므로 평평하게 만든다.

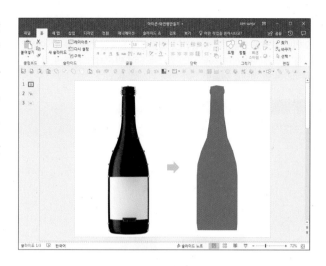

10 완성된 와인병 모양이 어설프고 자연스럽지 못하다. 부드럽게 변형하여 와인병을 완성해보자. 도형을 선택하고 [마우스 오른쪽 클릭]-[점 편집]을 선택하여 부자연스러운 부분의 검정색 점 위에 [마우스 오른쪽 클릭]-[부드러운 점]을 클릭한다. 점 클릭 시 나타나는 흰색 점을 조절하여 자연스러운 곡선 형태를 만들어 다듬는다.

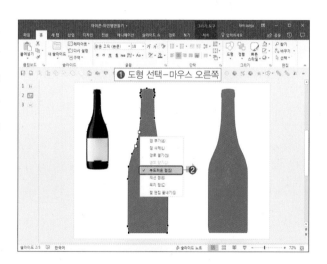

와인병 도형을 만들기가 어렵다면, 와인병의 반쪽만 그린 후 점 편집을 한다. 완성된 도형을 복제(Ctrl + D)하고 [홈] 탭-[그리기] 그룹-[정렬]-[회전]-[좌우 대칭]을 선택하여 반전시킨다. 두 도형을 나란히 붙인 뒤 [그리기 도구]-[서식] 탭-[도형 병합]-[병합]을 선택하여 병 형태로 만들면 쉽게 병을 완성할 수 있다.

11 완성된 와인병 도형을 슬라이드로 가져와 그래프 막대 중 가장 낮은 크기의 막대 높이에 맞춰 Shift를 누르고 크기를 조절한다.

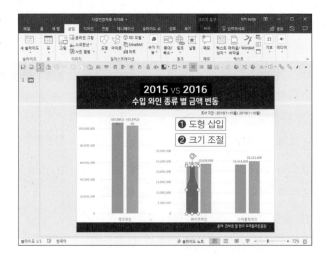

12 와인병 도형을 복제(Ctrl + D)하여 다른 그래프 막대에도 삽입한다. 막대의 윗부분에 맞춰 배치한다.

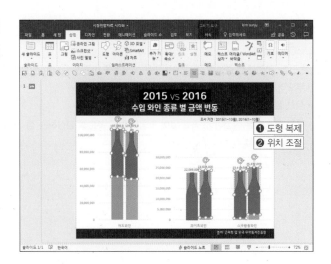

13 막대의 길이만큼 아이콘의 길이를 맞추기 위해 [삽입] 탭-[일러스트레이션] 그룹-[도형]-[직사각형] 도형을 와인병의 하단 기준선에 맞춰 삽입한다. 사각형과 와인병을 함께 선택한 뒤 [그리기 도구]-[서식] 탭-[도형 병합]-[병합]을 선택한다. 나머지 와인병 도형들도 같은 방법으로 모두 병합하여 그래프 막대 크기로 만든다.

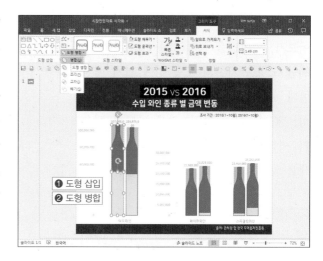

14 와인병 도형을 연도별, 종류별로 나누어 색상 계열을 지정하고 2016년과 2015년의 색상은 채도에 차이를 주어 구분되도록 지정한다.

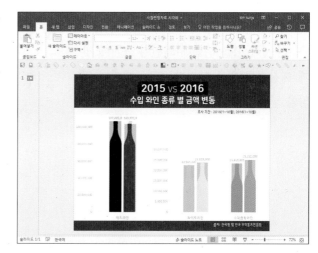

도형	2015 도형 색(RGB)	2016 도형 색(RGB)	윤곽선
레드 와인	66/25/29	168/16/30	없음
화이트 와인	202/198/182	229/225/193	없음
스파클링 와인	178/148/146	251/151/151	없음

15 2016년의 와인병에 약간의 명암을 넣어보자. 와인병을 복제(Ctrl + D)하고 복제한 도형을 기존의 도형 위에 겹쳐 배치한다. 복제한 도형은 [그리기 도구] – [서식] 탭 – [도형 스타일] 그룹 – [도형 채우기] – [다른 채우기 색] – [사용자 지정]에서 색을 약간 어둡게 조절하여 변경한다.

기존 도형과 복제한 도형을 함께 선택한 뒤, [정렬] – [맞춤] 기능을 활용하면 쉽고 정확하게 위치를 맞출 수 있다.

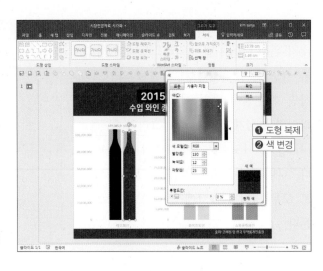

16 [삽입] 탭 – [일러스트레이션] 그룹 – [도형] – [곡선]을 선택해 와인병 크기에 맞게 대각선 형태로 그린다. 다른 형태의 명암을 넣어도 좋다.

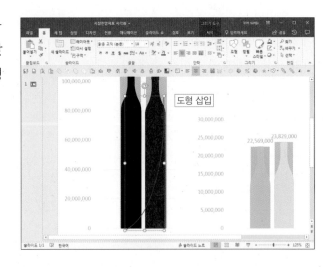

17 먼저 와인병을 선택하고 곡선을 선택한 후 [그리기 도구] – [서식] 탭 – [도형 병합] – [조각]을 선택해 와인병을 곡선 모양대로 조각낸다. 병 밑부분 명암이 될 도형만 남기고 필요 없는 부분은 삭제한다. 완성된 와인병은 그룹화(Ctrl + G)한다. 같은 방법으로 화이트 와인과 스파클링 와인에도 명암을 준다.

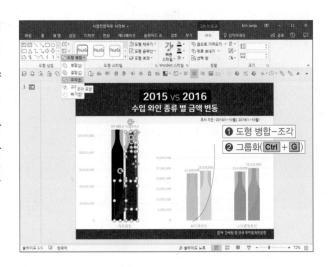

18 [텍스트 상자]를 선택하여 그래프에 맞춰 x축, y축 계열 이름과 단위 등을 삽입한다. [삽입] 탭 - [일러스트레이션] 그룹 - [도형] - [선]을 선택하여 그래프의 기준선과 눈금선을 삽입한다. 기준선과 눈금선은 '0'부터 '1천 만' - '2천 만' - 생략선 - '1억' 순에 맞춰 삽입한다.

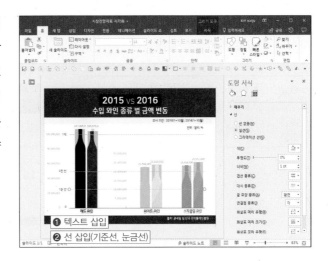

텍스트	글꼴/글꼴 크기	글꼴 색(RGB)
y축/단위	나눔스퀘어라운드 Regular/12	■ 89/89/89
계열 이름	나눔스퀘어라운드 Bold/14	각 와인 색 계열

구분	선 색(RGB)	너비	대시 종류
기준선	■ 89/89/89	1.5pt	실선
눈금선	■ 191/191/191	1pt	실선

19 중간 생략을 표시할 물결선을 만들어보자. 새 슬라이드를 삽입하고 [삽입] 탭 - [일러스트레이션] 그룹 - [도형] - [물결]을 선택하여 삽입한다. 삽입한 도형을 선택하고 도형과 도형 사이에 간격이 생기지 않도록 복제(Ctrl + D)한다. 복제한 도형 모두 선택한 뒤 [그리기 도구] - [서식] 탭 - [도형 병합] - [병합]을 선택한다.

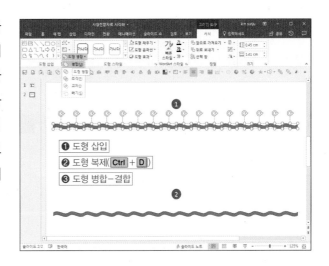

20 물결 도형을 그래프의 '2천 만'과 '1억' 사이에 삽입하고 서식을 지정한다.

구분	도형 색 (RGB)	윤곽선 색 (RGB)	너비
물결 도형	☐ 흰색	▨ 209/209/209	1pt

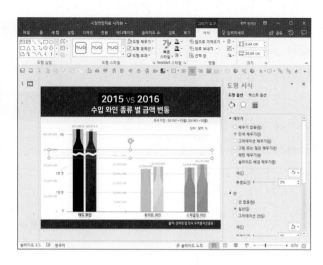

21 이전에 삽입한 그래프를 선택하여 삭제한 후 일정하지 않은 와인병의 간격을 조절한다.

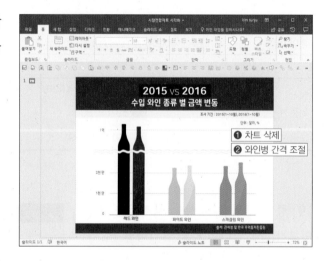

22 [텍스트 상자]를 선택하여 와인병 하단에 연도를 삽입하고 서식을 지정한다.

텍스트	글꼴/글꼴 크기	글꼴 색 (RGB)
2015	나눔스퀘어라운드 Light/16	☐ 흰색
2016	나눔스퀘어라운드 Bold/18	☐ 흰색

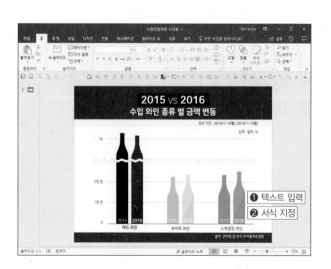

23 증감선을 나타내기 위해 [삽입] 탭 –
[일러스트레이션] 그룹 – [도형] – [선 화살
표]를 선택하고 2015년 와인병 위에 마우
스 포인터를 위치시켜 회색점이 활성화되
면 가장 윗부분의 가운데 점을 클릭한 뒤
마우스를 드래그하여 2016년 와인병 윗부
분의 회색점에 연결시킨다. 삽입한 선은
서식에 맞게 지정한다.

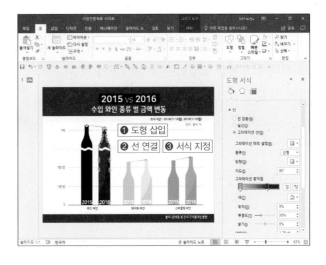

구분	종류	각도	너비	그라데이션 중지점 1, 위치, 투명도	그라데이션 중지점 2, 위치, 투명도
감소	선형	90°	1.25pt	251 / 151 / 151, 0%, 30%	121 / 43 / 50, 70%, 0%
증가	선형	90°	1.25pt	143 / 170 / 220, 0%, 50%	0 / 43 / 130, 70%, 0%

24 [텍스트 상자]를 선택하여 증감선 위
에 증감률을 입력한다.

텍스트	글꼴/글꼴 크기	글꼴 색(RGB)
증가율	나눔스퀘어라운드 Bold / 16	13 / 44 / 95
감소율	나눔스퀘어라운드 Bold / 16	108 / 38 / 45

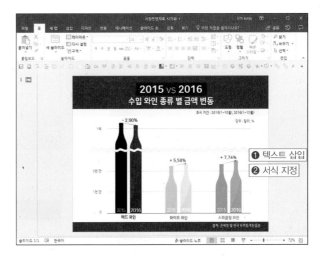

25 상단 영역 부분에 맞춰 [삽입] 탭 – [일러스트레이션] 그룹 – [도형] – [직사각형]을 선택해 도형을 삽입한다. [곡선]을 선택하여 물결 느낌이 나도록 선을 그린 후 [마우스 오른쪽 클릭] – [점 편집]을 하여 선을 다듬는다.

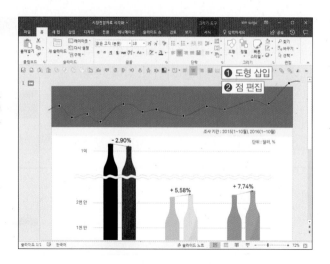

26 마지막 점을 선택하고 [마우스 오른쪽 클릭] – [경로 닫기]를 선택하면 맨 처음 점과 끝 점이 이어지면서 도형 형태가 된다. 이어진 선이 다른 선 부분과 겹치지 않도록 조절한다.

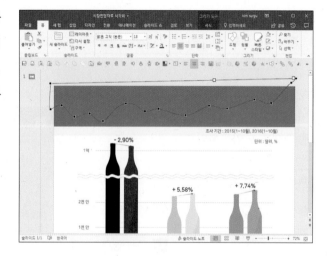

27 직사각형을 먼저 선택하고 물결선 도형을 선택한 후 [그리기 도구] – [서식] – [도형 병합] – [빼기]를 선택한다.

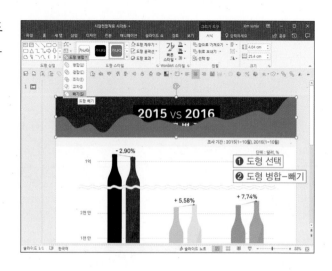

28 남겨진 도형을 선택하고 [마우스 오른쪽 클릭]-[도형 서식]-[채우기]-[그라데이션 채우기]에서 색을 지정한다. 도형을 선택하고 [그리기 도구]-[서식] 탭-[정렬] 그룹-[뒤로 보내기]-[맨 뒤로 보내기]를 선택하여 제목 뒤로 보낸다.

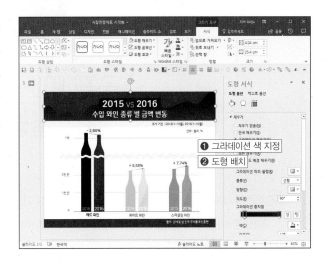

종류	방향	그라데이션 중지점 1, 위치	그라데이션 중지점 2, 위치
선형	90°	■ 66/25/29, 10%	■ 136/48/56, 100%

29 [실습파일] 폴더의 '아이콘.pptx'를 열고 와인 벡터 아이콘 또는 적절한 아이콘을 가져와 삽입하고 슬라이드를 마무리한다.

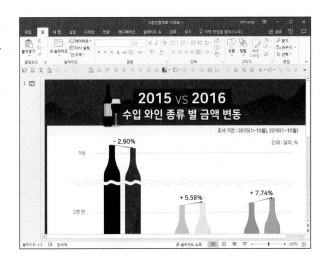

공공데이터 요약 및
정렬방법

공공기관의 데이터는 엑셀 형식 그대로 웹 사이트에 게재되는 경우가 많아 해석이 쉽지 않다. 따라서 엑셀 데이터(원문 데이터 수준)를 보면서 여러 각도로 데이터를 확인하고 전달 목적에 맞도록 다시 한 번 재편집하는 것이 중요하다.

01 제시데이터 : 서울시 자동차등록 대수 현황(월별/구별)

기간	자치구	합계				승용차
		소계	관용	자가용	영업용	소계
2017.07	서울시	3,112,120	11,702	2,902,138	198,280	2,632,029
	종로구	50,307	3,726	44,998	1,583	40,600
	중구	50,756	1,002	46,029	3,725	39,762
	용산구	75,234	356	72,603	2,275	64,973
	성동구	102,580	285	92,311	9,984	87,290
	광진구	97,757	288	92,023	5,446	81,930
	동대문구	97,734	299	91,714	5,721	79,518
	중랑구	113,571	203	103,760	9,608	92,005
	성북구	117,360	271	111,740	5,349	100,000
	강북구	77,691	292	72,607	4,792	63,702
	도봉구	97,344	236	89,547	7,561	82,013
	노원구	156,003	267	146,203	9,533	135,219
	은평구	128,192	245	121,087	6,860	108,330
	서대문구	85,739	420	79,982	5,337	72,934
	마포구	117,149	321	109,826	7,002	99,556
	양천구	150,632	329	141,596	8,707	128,292
	강서구	200,210	320	184,089	15,801	169,792
	구로구	143,462	262	130,475	12,725	118,323
	금천구	85,957	103	79,104	6,750	67,632
	영등포구	146,508	337	136,417	9,754	118,539

기간	자치구	합계				승용차
		소계	관용	자가용	영업용	소계
	동작구	105,022	299	101,882	2,841	91,538
	관악구	122,226	288	116,348	5,590	103,689
	서초구	179,941	605	169,006	10,330	156,354
	강남구	241,805	366	221,101	20,338	217,022
	송파구	229,765	341	217,038	12,386	195,441
	강동구	139,175	241	130,652	8,282	117,575
	기타	−	−	−	−	−

[출처] 국토교통부 「자동차등록현황보고」
[주석] 합계에 이륜차는 미포함

02 1단계 : 데이터 문해력(Data Literacy)을 키워라!

엑셀도 엄밀하게 이야기하면 표다. 표 분석 시에는 1열, 1행을 먼저 봐야 한다. 열은 2017년 7월, 2열은 서울시 25개 구의 명칭이 위치한다. 3열은 관용+자가용+영업용 차량의 등록대수 합계를 나타낸다. 마지막 열은 승용차 부분의 합계다. 처음 조사 데이터의 자료를 찾아보면 아마도 관용, 자가용, 영업용의 기준을 찾아 볼 수 있지만 책에서는 해당 분야의 정의는 생략하기로 한다. 만일 초기 데이터가 필요하다면 서울연구원 홈페이지(http://data.si.re.kr)에서 주제별인프라−교통인프라 메뉴로 찾아 들어가면 해당 자료를 확인할 수 있다. <u>해당 내용을 종합하면 2017년 7월 기준 서울시 25개의 자동차 등록대수 및 승용차 합계를 나타낸 통계 데이터라 해석할 수 있다.</u>

03 2단계 : 데이터의 묘미는 여러 관점으로 해석할 수 있다는 점이다.

예를 들어 (1) 25개 구 자동차 등록대수 합계 (2) 승용차 합계 데이터를 내림차순으로 정렬할 수 있다. 이때 그래프 개수가 합계 부분을 포함해 26개나 되므로 세로형 막대그래프 대신 가로형 막대그래프를 선택할 수 있다. (3) 1행에 위치한 최상위 항목만(서울시 전체 강조) 표현하는 방법도 가능하다. 1행은 크게 서울시 전체 자동차 등록대수 합계=관용차, 자가용, 영업용 항목과 서울시 전체 승용차 합계 항목으로 이루어져 있다.

04 3단계 : 데이터는 내림차순으로 정리한다.

■ 자동차 등록대수(정렬 전)

자치구	소계
서울시	3,112,120
종로구	50,307
중구	50,756
용산구	75234
성동구	102580
광진구	97757
동대문구	97734
중랑구	113571
성북구	117360
강북구	77691
도봉구	97344
노원구	156003
은평구	128192
서대문구	85739
마포구	117149
양천구	150632
강서구	200210
구로구	143462
금천구	85957
영등포구	146508
동작구	105022
관악구	122226
서초구	179941
강남구	241805
송파구	229765
강동구	139175

▲ 자동차 등록대수 합계 정렬 전

■ 자동차 등록대수(정렬 후)

자치구	소계
서울시	3,112,120
강남구	241,805
송파구	229,765
강서구	200,210
서초구	179,941
노원구	156,003
양천구	150,632
영등포구	146,508
구로구	143,462
강동구	139,175
은평구	128,192
관악구	122,226
성북구	117,360
마포구	117,149
중랑구	113,571
동작구	105,022
성동구	102,580
광진구	97,757
동대문구	97,734
도봉구	97,344
금천구	85,957
서대문구	85,739
강북구	77,691
용산구	75,234
중구	50,756
종로구	50,307

▲ 자동차 등록대수 합계를 내림차순으로 정렬

■ 승용차 등록대수(정렬 전)

자치구	승용차 합계
서울시	**2,632,029**
종로구	40,600
중구	39,762
용산구	64,973
성동구	87,290
광진구	81,930
동대문구	79,518
중랑구	92,005
성북구	100,000
강북구	63,702
도봉구	82,013
노원구	135,219
은평구	108,330
서대문구	72,934
마포구	99,556
양천구	128,292
강서구	169,792
구로구	118,323
금천구	67,632
영등포구	118,539
동작구	91,538
관악구	103,689
서초구	156,354
강남구	217022
송파구	195441
강동구	117575

▲ 승용차 등록대수 합계 정렬 전

■ 승용차 등록대수(정렬 후)

자치구	승용차 합계
서울시	**2,632,029**
강남구	217,022
송파구	195,441
강서구	169,792
서초구	156,354
노원구	135,219
양천구	128,292
영등포구	118,539
구로구	118,323
강동구	117,575
은평구	108,330
관악구	103,689
성북구	100,000
마포구	99,556
중랑구	92,005
동작구	91,538
성동구	87,290
도봉구	82,013
광진구	81,930
동대문구	79,518
서대문구	72,934
금천구	67,632
용산구	64,973
강북구	63,702

▲ 승용차 등록대수 합계를 내림차순으로 정렬

• 1행에 위치한 최상위 항목만(서울시 전체 데이터) 추출한 모습

기간	자치구	합계	합계	합계	합계	승용차
기간	자치구	합계	관용	자가용	영업용	소계
2017.07	서울시	3,112,120	11,702	2,902,138	198,280	2,632,029

순위로 배열하는
통계자료 인포그래픽 만들기

국가별 순위를 결정하는 종속변수가 한 개가 아닌 다수라면 순위를 결정하기 전 제작자는 어떤 항목을 맨 앞 열에 배열할지 결정해야 한다. 예를 들어 종합 순위까지 나온 데이터라면 1등을 한 국가의 3가지 항목 중 순위가 높은 것을 맨 앞 열에 표현하면 된다. 이번 장에서는 표에서 중요한 열 배치 및 시각화 방법에 대해서 살펴본다.

SECTION 1 | 순위로 배열해야 하는 표 및 그래프 작성법

표 데이터를 연차보고서, 보도자료, 백서 등에 활용할 때는 반드시 원문 데이터를 보고 자료 기획을 해야 한다. 모든 데이터를 사용할 수 없으므로 자료의 활용 목적에 따라 데이터 활용 범위를 결정한다. 특정 항목의 구체적인 숫자를 하나하나 살펴볼 때는 '표'가 유리하지만 독립변수 간 상호 흐름을 비교하려면 '그래프'가 유리하다.

01 4차 산업혁명 국가별 적응도 순위

스위스금융그룹인 UBS가 2016년 발표한 통계에 의하면 분야별 4차 산업혁명 적응도 순위에서 종합 1위는 스위스가 차지했으며, 2위는 싱가포르, 3위는 네델란드가 차지했다. 4위는 핀란드, 5위 미국 순이며 우리나라는 25위를 차지했다. 해당 순위는 기술숙련도, 교육시스템 등의 순위를 고려해 선정했다. 1위를 차지한 스위스는 노동시장 유연성과 교육시스템에서 1위, 기술숙련도 3위를 차지했다. 25위를 한 한국은 기술숙련도 23위, 교육시스템 19위, 노동시장 유연성은 83위를 차지했다.

	Labour structures flexible?	Skill level high?	Education allos adaptive skills?	Infrascructure suitable?	Legal protections?	Overall impact	Developed (DM), emerging market (EM) or frontier market (FM)?
Switzerland	1	4	1	4.0	6.75	3.4	DM
Singapore	2	1	9	3.5	9.00	4.9	DM
Netherlands	17	3	8	6.5	12.50	9.4	DM
Finland	26	2	2	19.0	1.25	10.1	DM
United States	4	6	4	14.0	23.00	10.2	DM
United Kingdom	5	18	12	6.0	10.00	10.2	DM
Hong Kong	3	13	27	4.5	10.00	11.5	DM
Norway	9	7	13	19.0	11.50	11.9	DM
Denmark	10	9	10	15.5	17.75	12.5	DM
New Zealand	6	10	24	21.5	6.25	13.6	DM
Sweden	20	12	7	12.0	19.75	14.2	DM
Japan	21	21	5	12.0	18.00	15.4	DM
Germany	28	17	6	9.5	18.75	15.9	DM
Ireland	13	15	21	19.0	11.50	15.9	DM
Canada	7	19	22	16.0	20.50	16.9	DM
Taiwan	22	14	11	20.0	31.25	19.7	EM
Australia	36	8	23	18.5	17.75	20.7	DM
Austria	40	16	17	19.5	17.25	22.0	DM
Belgium	54	5	16	17.5	21.5	22.8	DM
France	51	25	18	12.0	31.00	27.4	DM
Israel	45	28	3	26.0	38.50	28.1	DM
Malaysia	19	36	20	35.5	34.50	29.0	EM
Portugal	66	26	28	24.5	32.25	35.4	DM
Czech Republic	47	29	35	35.0	44.75	38.2	EM
South Korea	83	23	19	20.0	62.25	41.5	EM

▲ 원문 데이터

(1) 데이터 요약 및 분석

① 자료 범위 결정 : 한국의 순서를 최솟값으로 보고 이하 순위는 제외한다.

1위 스위스(최댓값)부터 25위 한국(최솟값)까지의 행 데이터만 가지고 해석한다. 이후 종속변수의 여러 항목 중 순위를 매긴 3가지 항목을 가지고 자료를 활용한다(해당 자료는 기술숙련도, 교육시스템, 노동시장유연성 등 항목마다 순위가 들어가 있다.). 이후에는 1등부터 25등까지 모든 순위를 다 넣어야 하는가에 대한 의사결정을 해야 한다. 한국이 Top 10에 들지 못하였으므로 'Top 10+한국' 또는 'Top5+한국' 중 하나를 사용해 볼 수 있다. 이는 상위 5개 국가와 한국의 자료를 가지고 표를 만들 1차 자료를 요약할 수 있다는 뜻이다.

표를 만들 때는 우선 열과 행에 들어가는 항목이 몇 개인지 파악하는 것이 필요하다. 늘 강조하지만 고수가 되려면 모든 과정을 컴퓨터만 사용하기보다는 자료를 요약하고, 도해를 만드는 일련의 과정은 연필로 직접 종이에 쓰고 그려보는 것이 중요하다.

1열(x축)은 국가별 종합순위다(표 전체가 순위로 나열돼 있다.), 2열~4열은 기술숙련도, 교육시스템, 노동시장유연성의 순위다. 국가는 1위~5위, 한국(25위)이므로 총 6개의 항목으로 그리면 된다.

종합 순위	노동시장 유연성	교육시스템	기술숙련도
1. 스위스	1	1	4
2. 싱가포르	2	9	1
3. 네델란드	17	8	3
4. 핀란드	26	2	2
5. 미국	4	4	6
25. 한국	83	19	23

표에서는 1등을 한 국가의 항목별 순위가 매우 중요하다. 예를 들어 스위스가 노동시장 유연성과 교육시스템에서 1위를 했지만 기술숙련도는 4위를 차지했다. 이때 순위가 제일 높은 항목을 앞부분에 배치하는 것이 중요하다(1위를 한 노동시장과 교육시스템 항목을 앞 열에 배치한다). 종합 순위 25위를 한 한국은 반대로 노동시장 유연성이 83위를 했기 때문에 상대적으로 순위가 높은 국가와 비교했을 때 해당 항목의 순위가 낮은 것을 표를 통해 비교할 수 있다. 물론 원문 데이터는 3개 항목 외에 '인프라', '법적인 보호' 등 다른 항목의 점수까지 반영하고 있어 전체 순위를 산정하는 데 영향을 준다. 다만 해당 항목의 가중치는 우리가 자세히 할 수 없으므로 참고만 하고 표 편집 시 생략한 것이다(자료 제작자가 원문 데이터를 가공할 때 충분히 고려를 해야 하는 이유이기도 하다).

(2) 도해 처리 방법

1차로 표를 만들었다면 시각화 전 단계인 도해 처리로 메시지를 전달하는 방법을 다르게 해 볼 수 있는데 일반적으로 많이 사용하는 '국기+사진'을 활용하는 방법을 생각해 볼 수 있다.

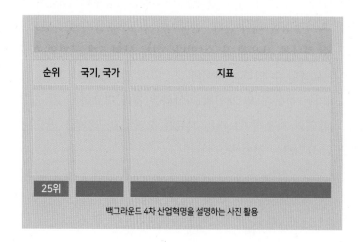
백그라운드 4차 산업혁명을 설명하는 사진 활용

가로 방향으로 종합 순위, 국기/국가, 지표 항목을 배열했다. 세로는 순서대로 순위를 나타내며, 한국은 5위와 간격을 두고 도해 처리했다. 배경에는 4차 산업혁명의 느낌을 낼 수 있는 사진을 활용해 볼 수 있다.

02 인터넷 평균 속도 상위 10개국

2017년 akamai.com 발표자료에 따르면 2016년 4분기 국가별 인터넷 평균 속도에서 한국이 26.1Mbps로 1위를 차지했다. 2위는 노르웨이로 23.6Mbps, 3위 스웨덴 22.8Mbps, 4위 홍콩 21.9Mbps, 5위 스위스 21.2Mbps, 6위 덴마크 20.7Mbps, 7위 핀란드 20.6Mbps, 8위 싱가포르 20.2Mbps, 9위 일본 19.6Mbps, 10위 네델란드 17.6Mbps 순이다. 전체(Grobal) 국가 평균 인터넷 속도는 7Mbps다.

(1) 데이터 요약 및 표 전환

한국이 1위를 한 데이터다. 국가 순위를 순서 그대로 나열해도 되지만 '전체 평균 인터넷 속도' 항목이 있으므로 이 부분을 가장 하단 행 또는 가장 상단 행 어디에 넣을지 먼저 고려해야 한다. 인터넷 평균속도는 빠를수록 좋다. 따라서 종속변수 단위 'Mbps'를 막대그래프나 그림그래프로 나타낼 수 있다. 만일 해당 데이터를 '연차보고서'와 같은 책 편집에 활용한다면 출판물 크기를 고려해 '가로 막대그래프'로 그려볼 수 있다.

제목 : 2016년 4분기 인터넷 평균 속도 상위 10개국

국가	인터넷 평균 속도(Mbps)
전체(Global)	7
한국	26.1
노르웨이	23.6
스웨덴	22.8
홍콩	21.9
스위스	21.2
덴마크	20.7
핀란드	20.6
싱가포르	20.2
일본	19.6
네델란드	17.6

[출처] Akamai

(2) 도해 처리 방법

해당 데이터는 '표' 자체를 디자인하여 마무리할 수도 있지만, 가로 막대그래프로 표현한다는 전제의 도해를 생각해 볼 수도 있다. 다음은 '2016년 4분기 인터넷 평균 속도 상위 10개국'을 출판물에 활용한다는 가정 하에 도해로 나타낸 모습이다.

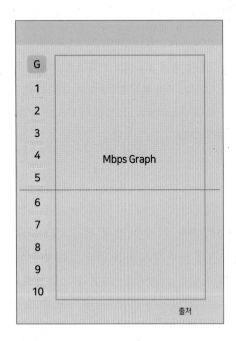

순위를 다루는 정보는 다양하게 활용된다. 순위 통계자료를 시각화할 때 가장 중요한 요소는 상위 순위를 차지하는 국가, 대한민국 순위, 각 국가 간 차이 등 순위 데이터에서 독자가 가장 궁금해 하는 내용을 파악하고 강조하여 보여주는 것이다. 순위 정보를 전달하기 위한 필요 요소를 파악하고 모바일용 결과물을 제작하기 위한 내용에 초점을 두어 '국가별 인터넷 평균 속도 순위' 인포그래픽을 만들어 보자.

STEP 01 >> 인포그래픽 **PREVIEW**

❶ 모바일 기기가 다양해짐에 따라 그에 맞는 화면 해상도와 비율 구성 등을 제작 전에 확인하는 것이 좋다. 모두 알아둘 필요는 없지만, 최소/최대 해상도와 최근 사용되는 비율의 추세 등을 미리 알아두면 제작할 이미지 사이즈를 결정하는 데 도움이 된다.
(※ 참고 사이트 : 구글 Device Metrics(https://material.io/devices/)는 구글에서 제공하는 사이트로, 타입별 해상도, 사이즈 등 기기별 상세 정보 확인 가능)

❷ 스마트 폰은 화면이 작기 때문에 웬만하면 풀 스크린으로 제공해야 정보를 보는 데 어려움이 없다. 가로 사이즈 800px(28.22cm) 정도로 작업했을 때 대부분의 스마트폰 기기에서 화질이 선명하게 보인다. 내용을 큼직하게 표현하고 자잘한 내용은 최대한 생략하는 것이 좋다.

❸ 가장 크게 고려해야 할 부분은 폰트의 크기다. 부연설명, 각주 같은 작은 글씨가 들어가지 않는 것이 최선이겠지만, 해당 부분을 제외한 본문 폰트의 최소 크기는 26pt 이상, 제목 크기는 40pt 이상일 때 흐름을 쉽게 파악하고 가독성을 높일 수 있다.

❹ 순위 데이터에서 국기는 국가별 데이터를 해독할 때 도움을 주고 시각적으로도 예쁘게 디자인할 수 있는 요소가 된다. 또, 1위 국가나 강조할 데이터의 그래프 색상에 차이를 주면 강조 효과를 더할 수 있다.

• **완성파일** : 13장\[완성파일] 폴더 • **실습자료** : 13장\[실습파일] 폴더

1 [디자인] 탭 – [사용자 지정] 그룹 –
[슬라이드 크기] – [사용자 지정 슬라이드
크기]를 선택하고 [슬라이드 크기] 대화상
자에서 '너비'와 '높이'를 각각 '28.22cm',
'39.5cm'로 설정한다.

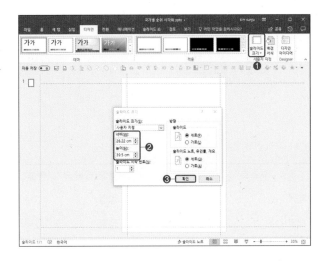

2 [삽입] 탭 – [일러스트레이션] 그룹 –
[도형] – [직사각형]을 선택해 '1.4cm'의 정
사각형을 상/하/좌/우에 삽입한다. 안내선
(Alt + F9)을 활성화시키고 사각형 크기
에 맞게 안내선을 드래그하여 여백을 표시
한다. 안내선 배치 후 정사각형 도형은 삭
제한다.

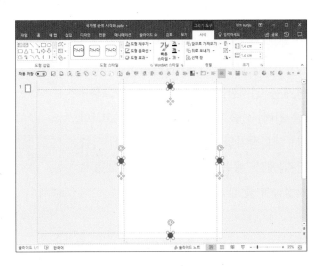

3 [텍스트 상자]를 이용해 제목과 출처를 입력한다. 제목은 안내선 안쪽에 맞춰 배치하고, 출처는 하단의 안내선 아래에 배치한다.

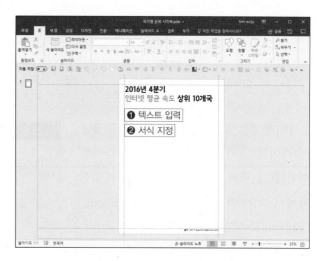

텍스트	글꼴/글꼴 크기/속성	글꼴 색(RGB)
제목	고도 B/54/왼쪽 정렬	■ 64/64/64
제목 강조	고도 B/54/왼쪽 정렬	■ 106/171/250
출처	KoPub돋움체 Light/18/오른쪽 정렬	■ 89/89/89

4 제목 텍스트를 선택하고 [홈] 탭–[글꼴] 그룹–[문자 간격]을 클릭하여 '매우 좁게'를 선택한다. [홈] 탭–[단락] 그룹–[줄 간격]–[줄 간격 옵션]을 선택하고 [단락] 대화상자의 [들여쓰기 및 간격]–[줄 간격]에서 '배수'를 선택하고 값은 '1.2'로 지정하여 줄 간격을 조절한다.

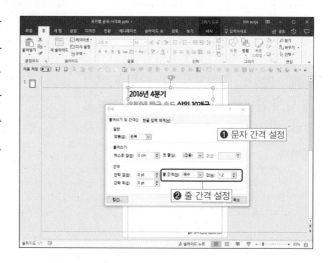

5 [삽입] 탭-[일러스트레이션] 그룹-[도형]에서 각 도형을 선택하고 안내선 안쪽에 인터넷 창 모양을 만든다.

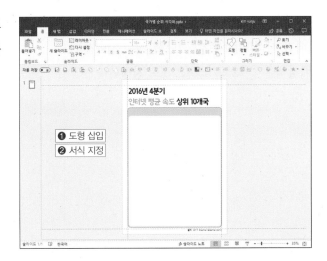

구분	도형	도형 색(RGB)	윤곽선(RGB)	너비
도형 1	사각형 : 둥근 모서리	■ 208/206/206	■ 127/127/127	0.75pt
도형 2	사각형 : 둥근 모서리	□ 흰색	없음	

6 [삽입] 탭-[일러스트레이션] 그룹-[도형]-[사각형 : 둥근 모서리]와 그 외 다른 도형으로 인터넷 창 상단의 버튼 모양을 만든다.

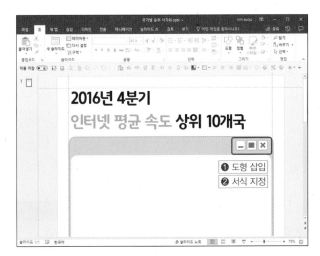

구분	도형	도형 색(RGB)	윤곽선(RGB)	너비
버튼 틀	사각형 : 둥근 모서리	□ 흰색	■ 127/127/127	0.75pt
버튼 모양	직사각형, 곱셈 기호	■ 127/127/127	없음	

7 슬라이드에서 [마우스 오른쪽 클릭]–
[배경 서식]–[채우기]–[단색 채우기]에서
배경색을 '☐ 255/250/225'로 지정한다.

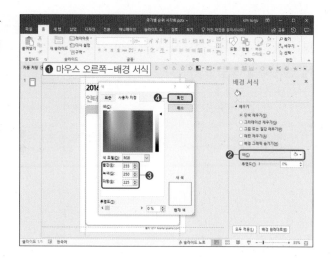

8 [삽입] 탭–[표] 그룹–[표]–[표 삽입]
을 선택하고 [표 삽입] 대화상자가 나타나
면 열과 행에 '4', '10'을 지정해 표를 삽입
한다.

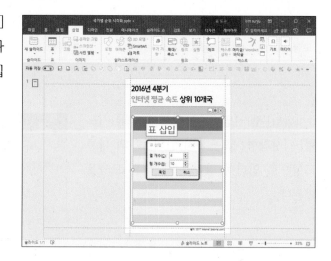

9 [실습파일] 폴더의 '그래프 데이터.xlsx'
를 열어 표 내용을 입력한다.

1열	2열	3열	4열
순위	비워둠	국가	인터넷 평균 속도(Mbps)

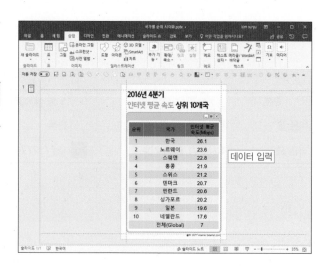

10 '국가'열 하단의 '전체'셀과 앞쪽의 빈 셀을 마우스로 드래그하여 선택한 뒤 [표 도구]-[레이아웃] 탭-[병합] 그룹-[셀 병합]을 선택하여 병합한다. 한 행씩 셀 병합 과정을 거쳐야 한다. 병합한 후에 [맞춤] 그룹-[가운데 맞춤], [세로 가운데 맞춤]을 선택하여 셀 안의 글자를 정렬한다.

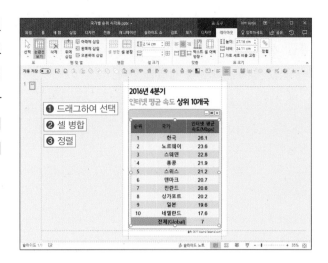

11 [표 도구]-[디자인] 탭-[표 스타일] 그룹-[테두리]와 [음영]에서 테두리 및 음영을 다음 표의 순서대로 지정한다.

진행 순서	표 구분	표 색(RGB)	윤곽선
1	전체	흰색	
2	1행(분류)	231/230/230	없음
3	한국	255/217/102	
4	전체(평균)	255/242/204	

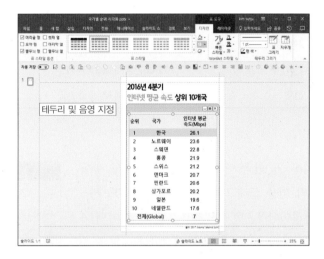

12 표의 국가명 값부터 전체 평균 값까지의 셀을 선택하고 [표 도구]-[디자인] 탭-[테두리 그리기] 그룹에서 펜 두께는 '1pt', 펜 색은 '■ 127/127/127'로 지정한 후 [표 스타일] 그룹-[테두리]-[오른쪽 테두리]를 선택하여 그래프의 기준선을 만든다.

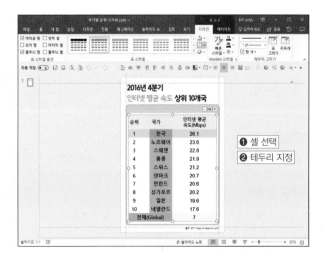

13 표의 글자에 서식을 지정하고 1행 분류를 제외한 '국가명' 항목은 왼쪽 정렬, '속도 값' 항목은 오른쪽 정렬을 한다.

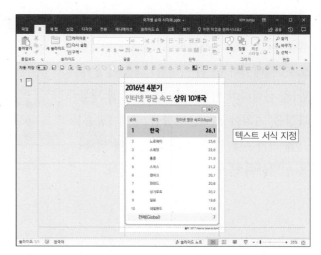

텍스트	글꼴/글꼴 크기/속성	글꼴 색(RGB)
1행) 분류	KoPub돋움체 Light/28/가운데 정렬	■ 89/89/89
2행) 한국	고도 B/40	■ 38/38/38
기타) 타 국가	KoPub돋움체 Medium/27	■ 89/89/89
전체	KoPub돋움체 Medium/30	■ 89/89/89

14 표 안쪽 여백을 주기 위해 속도 항목의 셀을 드래그하여 선택하고 [표 도구]-[레이아웃] 탭-[맞춤] 그룹-[셀 여백]-[사용자 지정 여백]을 선택한다. [셀 텍스트 레이아웃] 대화상자의 [오른쪽으로] 수치를 '0.9cm'로 변경한다.

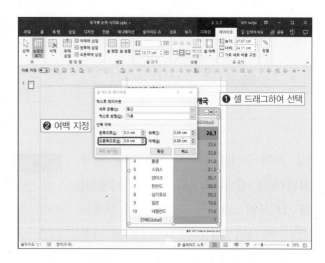

전문가 TIP!

[셀 여백]은 표 내부에 삽입한 텍스트의 레이아웃 및 표에 삽입된 개체(텍스트)와 표 내부 가장자리의 여백 간격을 지정하는 기능이다. [텍스트 레이아웃]으로 텍스트 정렬 및 텍스트 방향을 지정할 수 있으며, [안쪽 여백]은 지정한 수치만큼 표 내부의 여백을 직접 조절할 수 있다.

15 속도 값을 그래프 형태로 시각화하여 표현해보자. [삽입] 탭-[일러스트레이션] 그룹-[차트]-[가로 막대형]-[묶은 가로 막대형]을 선택한 후 데이터 시트에 값을 입력한다. 차트를 선택하고 [차트 요소(십자 모양)] 버튼을 클릭하여 모든 요소를 비활성화한다. 그래프를 기준선에 맞춰 적당한 크기로 조절하고 항목에 맞게 배치한다 (추후 그래프를 삭제할 것이므로, 정확하게 줄 맞춤할 필요는 없다).

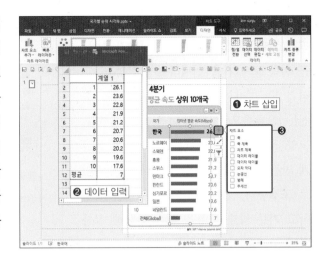

16 [삽입] 탭-[일러스트레이션] 그룹-[도형]-[직사각형]을 선택하여 기준선부터 숫자 앞까지 기준 막대가 될 도형을 삽입하고 [마우스 오른쪽 클릭]-[도형 서식]-[채우기 및 선]에서 서식을 지정한다. 뒷부분의 그래프 막대를 확인할 수 있도록 기준 막대는 투명도를 조절한다.

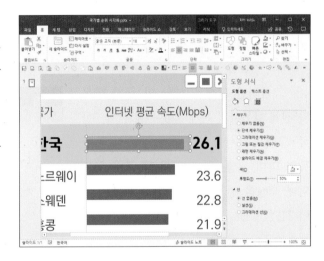

구분	도형 색(RGB)	투명도	윤곽선
기준 막대 도형	191/191/191	50%	없음

17 기준 막대 도형 위에 [삽입] 탭-[일러스트레이션] 그룹-[도형]-[사각형 : 둥근 위쪽 모서리]를 선택하여 삽입하고 [그리기 도구]-[서식] 탭-[정렬] 그룹-[회전]-[오른쪽으로 90도 회전]을 선택한다. 모양 조절점을 드래그하여 모서리를 둥글게 만든 후 그래프 막대 길이와 같은 길이로 조절한다. 삽입한 도형은 서식을 지정하고 기준 막대 도형을 함께 선택해 그룹화(Ctrl + G)한다.

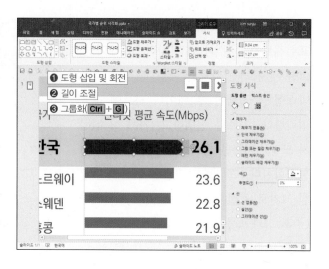

구분	도형 색(RGB)	윤곽선
그래프 막대 도형	■ 4/26/138	없음

18 그룹화한 도형을 하단 타 국가 항목 및 전체 항목까지 복제(Ctrl + D)한다. '한국' 그래프 색상을 강조하기 위해 다른 항목의 막대 색상을 변경한다(타 국가 항목 막대 색상을 먼저 변경한 후 복제하는 것이 TIP!).

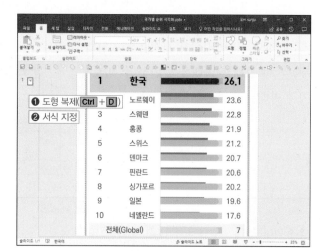

구분	도형 색(RGB)
타 국가 막대 도형	■ 140/192/254
전체(Global) 막대 도형	■ 184/214/238

19 계열 막대의 길이를 그래프에 맞춰 조절한 후 기존 그래프를 삭제한다.

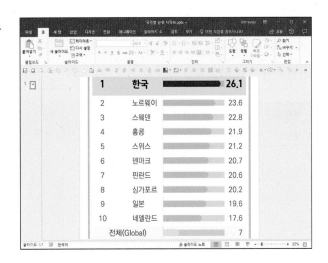

20 [삽입] 탭-[일러스트레이션] 그룹-[도형]-[선]을 선택하여 '전체' 막대 길이에 맞춰 그래프 위에 평균선을 그린 후 서식을 변경한다.

선 색(RGB)	너비	대시 종류
255/170/1	2pt	파선

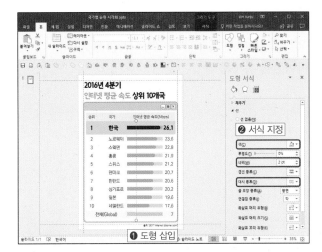

21 [실습파일] 폴더의 '아이콘.pptx'를 열고 국기 아이콘을 복사(Ctrl + C)해 '순위'와 '국가' 사이 비워둔 2열에 붙여넣기(Ctrl + V)한다. 크기를 적절히 조절하여 배치한다.

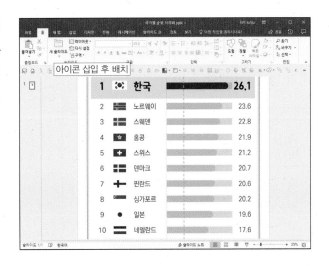

22 국기 아이콘을 선택하고 [마우스 오른쪽 클릭]-[도형 서식]-[효과]-[그림자]를 선택하여 그림자 효과를 약하게 지정한다.

투명도	크기	흐리게	각도	간격
80%	101%	4pt	0	0pt

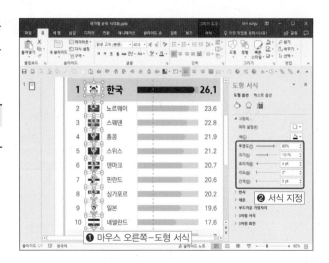

23 제목과 인터넷 창 제목 표시줄 영역에 '아이콘.pptx'에서 주제와 관련된 인터넷 아이콘을 복사해 삽입한다.

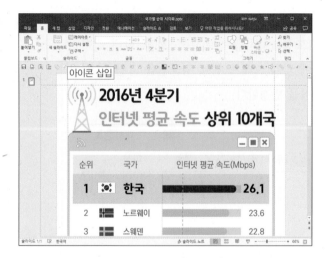

24 [텍스트 상자]를 이용해 인터넷 창 제목 표시줄 영역에 전체 콘텐츠의 핵심 메시지 내용을 입력한 후 마무리한다.

텍스트	글꼴/글꼴 크기	글꼴 색(RGB)
핵심 메시지	KoPub돋움체 Medium/26	■ 64/64/64

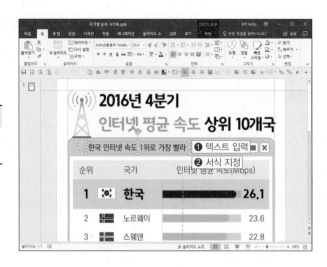

시장규모 및 성장률을 표현하는
원페이지 보고서 만들기

대부분의 정부보고서에서 가장 앞에 등장하는 것이 시장규모 통계자료이다. 예를 들어 빅데이터 관련한 정부보고서라면 연도별 산업규모(금액), 연도별 성장률, 공공&민간 시장 비율, 제품별 시장현황, 산업별 빅데이터 도입률 등이 먼저 제시된다. 이런 많은 데이터 중 시장규모를 가장 잘 나타내는 표현 방법은 시장규모 추이와 성장률을 하나의 그래프에 표현하는 경우다. 자칫 두 개의 데이터 전체를 해석하는 데 어려움을 줄 수 있으므로 정책보고서에서는 일목요연하게 강조할 메시지만 부각시키는 것이 좋다.

SECTION 1 | 빅데이터 시장 규모 및 추이 데이터 분석하기

연도별 시장 규모는 보통 금액으로 나타내는데 금액이 큰 경우에는 쉽게 셀 수 있는 단위로 변경하는 것이 좋다. 또한 연도별 금액의 크기는 높이 값 차이로 봐야 하므로 막대그래프를 활용한다. 만일 연도별 시장 규모를 성장률로 전환해 같은 그래프에 표시하고자 한다면 가급적 분리하여 자료를 소개하는 것이 바람직하다.

01 빅데이터 시장 규모

2016년 한국정보화진흥원의 빅데이터 시장 조사 발표에 의하면 국내 빅데이터 시장 규모는 2013년 1,643억 원, 2014년 2,013억 원, 2015년 2,623억 원, 2016년 3,440억 원 규모로 증가했으며, 성장률은 2014년 전년 대비 22%, 2015년은 30%, 2016년은 31%로 각각 증가했다.

(1) 데이터 분석

자료 출처는 한국정보화진흥원이다. 시장 규모에서 독립변수는 2013년부터 2016년까지의 연도, 종속변수는 금액이다. 성장률에서도 독립변수는 2013년부터 2016년이며, 종속변수는 성장률이다. 두 개의 데이터를 한 번에 그리기보다는 분리해서 그리거나 하나의 그래프에 숫자 형태의 그림으로 나타내는 것이 더 해독하기 쉽다.

(2) 도해 처리 방법

① 시장 규모와 성장률 데이터를 동시에 표현하는 경우

연도별 시장규모와 성장률을 동시에 표현하기 위해 막대그래프와 선그래프를 동시에 나타낸 경우 데이터 해독이 어려울 뿐만 아니라, Y축 기준을 금액으로 봐야 하는지 비율로 봐야 하는지에 대한 근거도 부족하다.

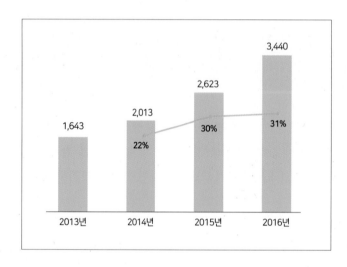

② 시장 규모와 성장률 데이터를 분리해서 그리는 경우

시장 규모는 수직 막대그래프로, 비율은 수평 막대그래프로 표현하여 읽는 단조로움을 피했으며, 수평 막대그래프의 경우 최근 연도를 가장 상위에 올려 현재 시점에 가까운 데이터의 중요성을 부각시켰다.

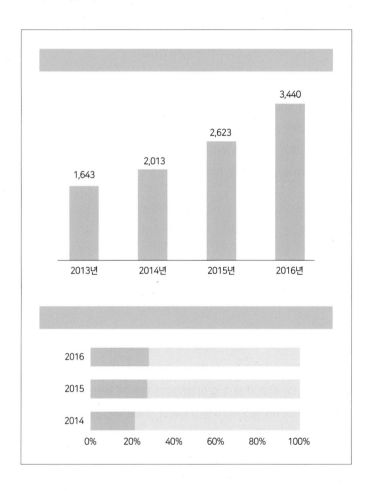

02 빅데이터 시장별 통계자료

한국정보화진흥원이 발표한 2016년 빅데이터 시장현황조사에 의하면 영역별 국내 빅데이터 시장 규모는 민간부문이 71%, 공공부문은 29%다. 제품별 시장 현황의 경우는 서버시장 규모는 730억 원으로 전체의 21%, 스토리지 911억 원 27%, 네트워크 267억 원 8%, 소프트웨어 809억 원 24%, 서비스 715억 원 20%다. 전체 빅데이터 산업 도입률은 2015년 4.3%에서 2016년 5.8%로 늘어났으며, 주요 산업 도입률은 금융 14%, 통신/미디어 6.5%, 공공 6.9%, 의료 6.3%, 제조 4.2%, 유통/서비스 5.5%다.

(1) 데이터 요약 및 분석

① 1차 데이터 분석

데이터 종류가 2개 이상인 복합 통계 데이터이다. 지문을 해독해보면 총 4개의 통계 데이터로 이루어져 있으며 각각 다른 그래프 또는 표로 전환해야 한다는 것을 알 수 있다.

한국정보화진흥원이 발표한 2016년 빅데이터 시장현황조사에 의하면(출처)

① 영역별 국내 빅데이터 시장 규모는 민간부문이 71%, 공공부문은 29%다.

② 제품별 시장 현황의 경우 서버시장 규모는 730억 원으로 전체의 21%, 스토리지 911억 원으로 27%, 네트워크 267억 원으로 8%, 소프트웨어 809억 원으로 24%, 서비스 715억 원으로 20%다.

③ 전체 빅데이터 산업 도입률은 2015년 4.3%에서 2016년 5.8%로 늘어났다.

④ 주요 산업 도입률은 금융 14.%, 통신/미디어 6.5%, 공공 6.9%, 의료 6.3%, 제조 4.2%, 유통/서비스 5.5%다.

---

② 2차 데이터 분석

- 영역별 국내 빅데이터 시장 규모는 민간부문이 71%, 공공부문은 29%다.

  → 전체 합이 71%+29%=100%이므로 원그래프로 나타낼 수 있다.

- 제품별 시장 현황의 경우 서버시장 규모는 730억 원으로 전체의 21%, 스토리지 911억 원으로 27%, 네트워크 267억 원으로 8%, 소프트웨어 809억 원으로 24%, 서비스 715억 원으로 20%다.

  → 전체시장 규모 합계 3432억 원을 산출한다. 이후 비율의 합이 100%가 맞는지 확인하고 마지막으로 데이터 크기를 순서로 정렬한다. 스토리지 911억 원(27%) – 소프트웨어 809억 원(24%) – 서버 730억 원(21%) – 서비스 715억 원(20%) – 네트워크 267억 원(8%) 순이다.

- 전체 빅데이터 산업 도입률은 2015년 4.3%에서 2016년 5.8%로 늘어났다.

  → 2016년 대비 2015년 도입률 차이를 구한다. = 1.5%p 증가

- 주요 산업 도입률은 금융 14%, 통신/미디어 6.5%, 공공 6.9%, 의료 6.3%, 제조 4.2%, 유통/서비스 5.5%다.

  → 주요 산업 도입률은 금융 14%, 공공 6.9%, 통신/미디어 6.5%, 의료 6.3%, 유통/서비스 5.5%, 제조 4.2% 순

---

(2) 데이터 시각화 방법

• 2016년 공공부문과 민간부문 간 빅데이터 시장 비율은 민간부문이 71%, 공공부문은 29% 데이터로 공공부문을 강조하기 위해 명도가 낮은 컬러를 사용했다.

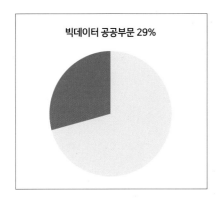

• 제품별로 본 빅데이터 비율과 시장 규모는 스토리지 911억 원(27%) - 소프트웨어 809억 원(24%) - 서버 730억 원(21%) - 서비스 715억 원(20%) - 네트워크 267억 원(8%) 순이다. 해당 데이터는 표를 사용해서 나타낼 수 있으며 1열에 아이콘(노란색 원)을 삽입해 보는 재미를 더할 수 있다. 또한 비율 부분을 강조하기 위해 2열에 비율(%) 데이터를 표시하였다.

항목	비율(%)	시장규모(억 원)
스토리지		
소프트웨어		
서버		
서비스		
네트워크		
합 계		

• 2015년 대비 2016년 전체 빅데이터 산업 도입률은 2015년 4.3%에서 2016년 5.8%로 1.5%p 증가하였으므로 (% − % = %p)로 표시하며, 차이(%p : 퍼센트 포인트)를 강조한다.

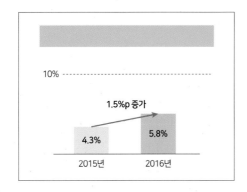

- 주요 산업별 빅데이터 도입률은 금융 14%, 공공 6.9%, 통신/미디어 6.5%, 의료 6.3%, 유통/서비스 5.5%, 제조 4.2% 순이다. 공공부문을 강조하기 위해서 해당 그래프 역시 명도가 낮은 색을 사용했으나 폰트 크기를 크게 하는 경우도 있다. 그래프 앞부분에 산업을 대표하는 그림(아이콘)을 넣어 볼 수도 있다.

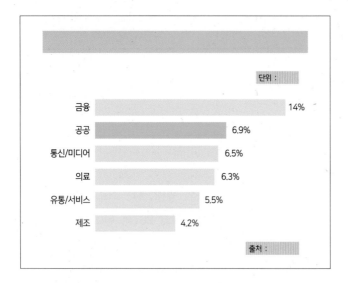

KEY NOTE

1 하나의 그래프에 1개의 데이터만 표시한다.

2 표에는 합계를 넣고, 데이터 크기를 순서대로 배열한다.

3 표와 아이콘, 그래프와 아이콘 조합은 데이터 해독에 지루함을 없앤다.

4 강조하고 싶은 그래프만 명도가 낮은 컬러를 사용해 강조한다.

빅데이터의 활용이 늘어나면서 빅데이터 시장의 규모와 종류, 관련 요소에 대한 여러 정보를 다루는 통계가 많아지고 있다. 여러 종류의 다양한 그래프를 다루며 주제와 관련하여 복잡하지 않게 자료를 만들어야 한다. 다양한 통계 자료를 한 번에 표현하는 원 페이지 디자인을 만들어보자.

STEP 01 ≫ 인포그래픽 PREVIEW

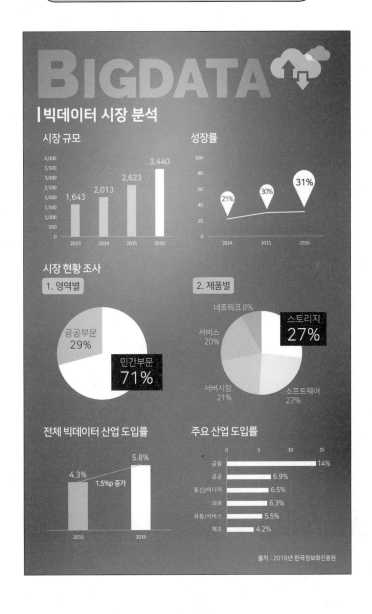

다수의 그래프를 한 번에! 통일감 있는 원 컬러 디자인

❶ 홈페이지용 이미지는 올릴 홈페이지나 사이트의 최대/최소 사이즈를 미리 알아둔 후 작성하는 것이 좋다.
웹상에서는 픽셀 단위로 계산되며, 홈페이지마다 사이즈가 다르기 때문에 최적화 사이즈가 어느 정도인지
파악하고 cm로 변환하여 슬라이드 크기를 지정한다(여러 곳에 활용하는 경우라면, 최소 사이즈는 800px
이상으로 제작하는 것이 좋으며, 홈페이지용 폰트는 12pt 이상 사용을 권장한다).

❷ 하나의 자료에 그래프가 많으면 자칫 복잡하거나 읽기 어려워질 수 있다. 다뤄야 하는 내용이 많은 경우
색의 사용을 최소화하는 것이 좋다. 한 가지 색상을 정하여 전체 그래프의 색을 채도나 명도 조절로
디자인하면 깔끔하고 통일감 있는 디자인이 가능하다.

❸ 강조할 부분은 가장 최근 데이터나 가장 많은 부분을 차지하는 데이터로 정하여 강조 부분에 집중되도록
그래프를 표현할 수 있다. 강조 부분의 데이터 값은 다른 부분과 글자 크기나 두께, 불투명 도형 안의
상반된 색상 등 차이를 두어 가독성을 높이는 방법이 있다.

• **완성파일** : 14장\[완성파일] 폴더   • **실습자료** : 14장\[실습파일] 폴더

1 [디자인] 탭-[사용자 지정] 그룹-[슬라이드 크기]-[사용자 지정 슬라이드 크기]를 선택하고 슬라이드의 너비와 높이 사이즈를 '31cm', '50cm'로 지정하여 세로 형태로 만든다.

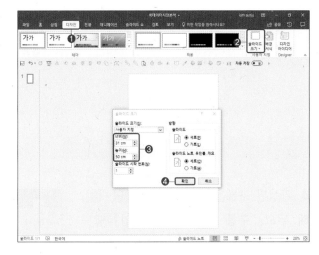

2 먼저 '클라우드' 아이콘을 직접 만들어보자. [삽입] 탭-[일러스트레이션] 그룹-[도형]-[타원]을 선택해 구름의 윗부분이 되도록 여러 개 겹쳐 배치한다. [직사각형]을 선택해 구름 모양 하단 빈 공간에 삽입한다. 이때 먼저 그린 원보다 모서리가 튀어나오지 않도록 주의한다.

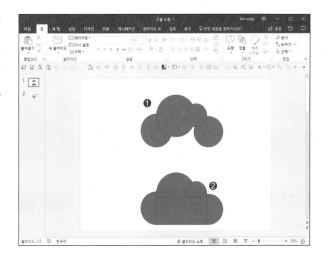

3 도형을 모두 선택하고 [선 없음]을 지정한 후 [그리기 도구]–[서식] 탭–[도형 삽입] 그룹–[도형 병합]–[병합]을 선택하여 구름 모양으로 만든다.

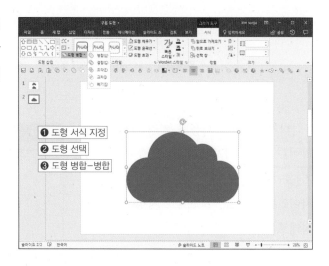

4 완성된 구름을 한쪽에 복제(Ctrl + D)해 두고, 구름 도형 위에 [삽입] 탭–[일러스트레이션] 그룹–[도형]–[화살표 : 위쪽]과 [화살표 : 아래쪽]을 각각 삽입한다. 위쪽 화살표는 구름 도형과 아랫면이 일치하도록 배치하고 아래쪽 화살표는 화살표 대와 구름 도형 아랫면이 겹치도록 배치한다. (여기서는 화살표 도형이 잘 보이도록 임의로 구름의 색을 변경하였다.)

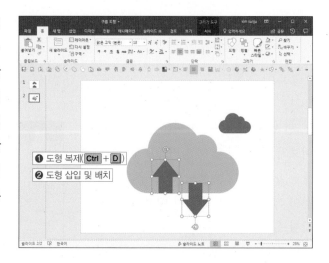

5 아래쪽 화살표와 구름이 겹쳐진 부분에 [직사각형] 도형을 선택하여 아래쪽 화살표 크기보다 약간 큰 크기로 삽입한다. 화살표 대가 가려지는 크기로 삽입해야 한다.

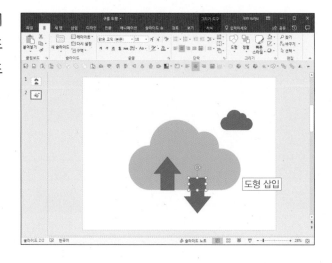

6 구름 도형과 왼쪽 화살표, 오른쪽 직사각형을 함께 선택하고 [그리기 도구]-[서식] 탭-[도형 병합]-[결합]을 선택한다. 구름 도형 면적에 겹쳐있던 다른 도형 면적이 제거되면서 클라우드 모양의 도형이 완성된다.

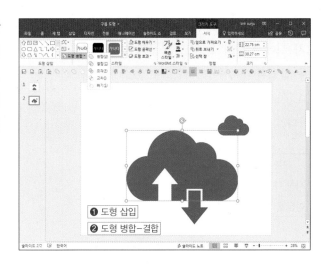

7 [실습파일] 폴더의 '아이콘.pptx'에서 'BIG DATA' 글자 아이콘 및 필요한 아이콘을 복사(Ctrl + C)해 슬라이드 상단에 붙여넣기(Ctrl + V)하여 배치한다. 클라우드 모양의 도형도 그림과 같이 배치한다.

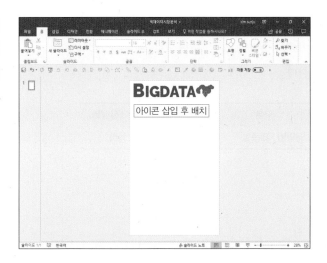

8 [보기] 탭-[표시] 그룹-[눈금선]을 선택해 활성화하고 그래프가 들어갈 공간을 제외한 곳에 [텍스트 상자]를 이용해 큰 제목 및 그래프 제목, 출처를 입력한다.

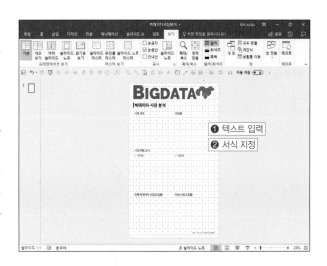

텍스트	글꼴/글꼴 크기
큰 제목	나눔스퀘어 ExtraBold / 40
그래프 제목	나눔스퀘어 Bold / 28
소분류 및 출처	나눔스퀘어 / 24, 15

9 [삽입] 탭 - [일러스트레이션] 그룹 -
[차트]에서 해당 그래프를 선택하여 차트
를 삽입한 후 데이터 시트에 값을 입력하
고 [차트 요소]에서 필요한 항목만 활성화
한다.

구분	그래프	차트 요소 활성화
시장 규모	묶은 세로 막대형	축/데이터 레이블
성장률	꺾은선형	축

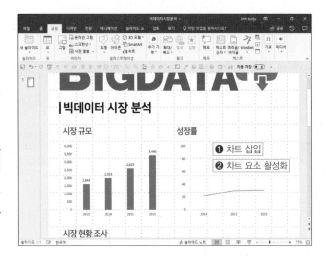

10 시장 현황 조사의 영역별과 제품별 영
역에도 9번과 같은 방법으로 차트를 추가
한다.

구분	그래프	차트 요소 활성화
영역별/제품별	원형	모두 비활성화

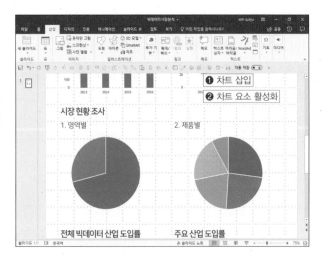

11 다시 한 번 9번과 같은 방법으로 전체
빅데이터 산업 도입률과 주요 산업 도입률
영역에 차트를 추가한다.

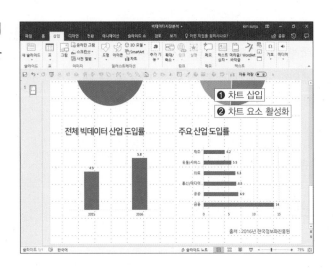

구분	그래프	차트 요소 활성화
전체 빅데이터 산업 도입률	묶은 세로 막대형	축-기본 가로축/데이터 레이블
주요 산업 도입률	묶은 가로 막대형	축/데이터 레이블/눈금선

12 모든 텍스트 및 그래프를 추가하였으면 슬라이드에서 [마우스 오른쪽 클릭]-[배경 서식]-[채우기]-[그림 또는 질감 채우기]-[파일]에서 [실습파일] 폴더의 '배경이미지.jpg'를 삽입한다.

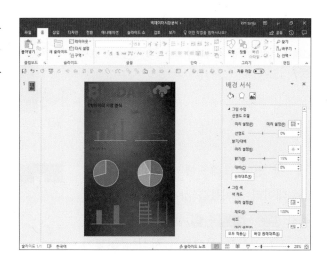

13 배경 이미지가 어두워 그래프가 잘 보이지 않으므로 첫 번째 그래프부터 다듬어 보자. 그래프의 x축, y축 영역을 선택한 후 [마우스 오른쪽 클릭]-[축 서식]-[텍스트 옵션]-[텍스트 채우기]에서 색을 '□ 흰색'으로 지정하고 글자 크기를 '14pt'로 지정한다.

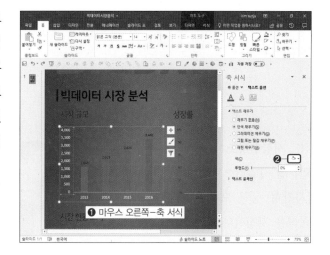

`전문가 TIP!`

• 글자 크기 키우기 단축키 : `Ctrl` + `Shift` + >
• 글자 크기 줄이기 단축키 : `Ctrl` + `Shift` + <

14 데이터 레이블을 선택하고 글자 서식을 지정한다.

텍스트	글꼴/글꼴 크기	글꼴 색(RGB)
데이터 값	나눔스퀘어/20	흰색

전문가 TIP!

그래프 내의 요소를 선택하면 파란색 선택점으로 표시된다.

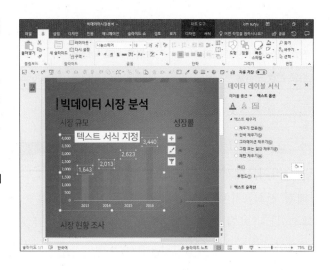

15 첫 번째 그래프에서 수정한 x축, y축, 데이터 레이블을 각각 선택하고 서식 복사(Ctrl + Shift + C)한 뒤 다른 그래프의 공통 부분을 선택하고 서식 붙여넣기(Ctrl + Shift + V)하여 일일이 수정하지 않고 한 번에 변경한다. 큰 제목, 그래프 제목, 출처 텍스트도 모두 '☐ 흰색'으로 변경한다.

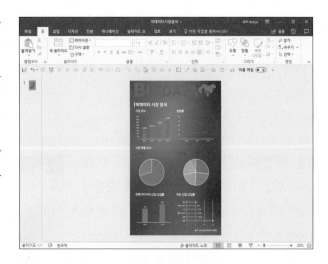

16 시장현황조사 부분의 분류 항목은 [삽입] 탭-[일러스트레이션] 그룹-[도형]-[사각형 : 둥근 모서리]를 선택해 삽입하고 서식을 지정한다. 텍스트가 보이도록 도형을 선택한 후 [서식] 탭-[정렬] 그룹-[뒤로 보내기]를 지정한다. 도형 안의 텍스트는 글자 색을 변경한다.

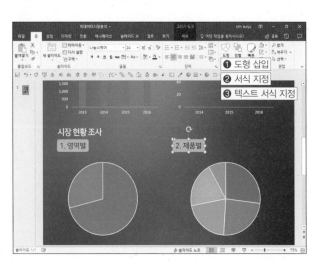

도형	도형 색(RGB)	윤곽선
사각형 : 둥근 모서리	169/183/223	없음

텍스트	글꼴 색(RGB)
항목명	0/32/96

17 이번엔 그래프의 색상을 바꿔보자. 그래프의 막대 부분을 선택하고 [마우스 오른쪽 클릭]-[데이터 계열 서식]-[계열 옵션]-[채우기 및 선]-[단색 채우기]에서 색은 '□ 흰색', 투명도는 '50%'로 지정한다.

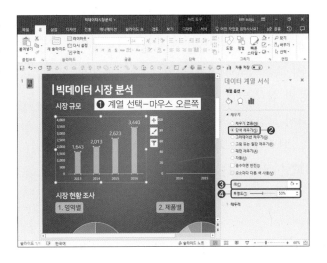

18 가장 최근 데이터인 2016년 막대를 더블클릭하여 해당 계열만 선택한 후 투명도를 '0%'로 지정하여 2016년 데이터를 선명하게 변경한다.

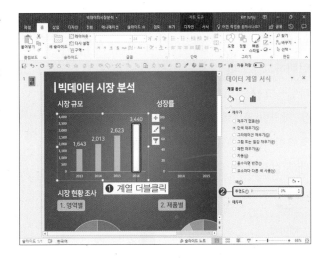

19 두 번째 선 그래프의 선을 선택하고 서식을 변경한다.

선 색(RGB)	너비
□ 흰색	2.25pt

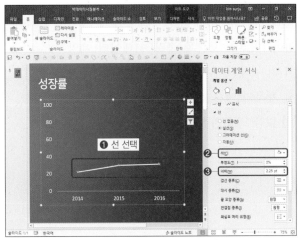

20 이제 데이터 레이블을 표시할 도형을 만들어보자. [삽입] 탭-[일러스트레이션] 그룹-[도형]에서 [타원]을 그린 후 [이등변 삼각형]을 원 아래에 배치하여 위치 표시 모양의 도형을 만든다. 두 도형을 모두 선택하고 [그리기 도구]-[서식] 탭-[도형 삽입] 그룹-[도형 병합]-[병합]을 선택한다.

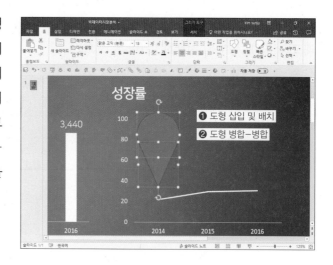

21 완성된 도형을 2개 복제(Ctrl + D)한 뒤 각 변곡점 위에 배치한다. 도형을 모두 선택하고 [그리기 도구]-[서식]-[도형 스타일] 그룹-[도형 채우기]에서 '□ 흰색'을 지정한 후 [텍스트 상자]를 이용해 값을 입력한다. 2016년 값은 도형과 텍스트를 다른 값보다 좀 더 크게 설정한다.

구분	글꼴/글꼴 크기	글꼴 색(RGB)
데이터 레이블	나눔스퀘어/18, 24	■ 0/32/96

22 다음 파이그래프의 영역 부분을 선택하여 [마우스 오른쪽 클릭]-[데이터 계열 서식]-[계열 옵션]-[채우기 및 선]-[단색 채우기]에서 색을 '□ 흰색', 테두리는 '선 없음'으로 지정한다.

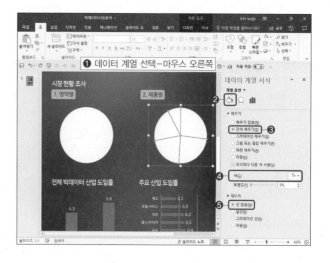

23 데이터의 조각난 부분을 더블클릭하면 해당 데이터만 수정이 가능하다. 가장 큰 값을 제외하고 그 다음 값부터 순차적으로 [색]의 투명도를 조절하여 점점 흐리게 만든다. [텍스트 상자]를 선택하여 데이터 값을 입력하고 가장 큰 값은 [그리기 도구]-[서식]-[도형 스타일] 그룹-[도형 채우기]에서 텍스트 상자의 배경색을 지정해 강조한다.

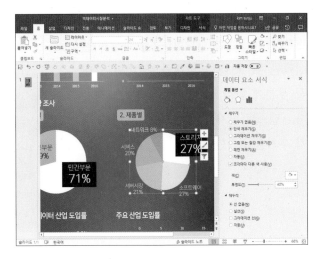

구분	영역1	영역2	영역3	영역4	영역5
투명도	0%	20%	40%	50%	60%

텍스트	글꼴/글꼴 크기	글꼴 색(RGB)	도형 채우기 색(RGB)
공통) 1위 분류 항목	나눔스퀘어/25, 44	☐ 흰색	■ 0/32/96
그래프1) 하위 분류 항목	나눔스퀘어 Light/24	■ 0/32/96	–
그래프2) 하위 분류 항목	나눔스퀘어 Light/20	☐ 흰색	–

24 마지막 산업 도입률 그래프도 [마우스 오른쪽 클릭]-[데이터 계열 서식]-[계열 옵션]-[채우기 및 선]-[단색 채우기]에서 색을 '☐ 흰색'으로 변경하고 투명도를 조절한다. '주요 산업 도입률' 그래프의 눈금선을 선택하고 [마우스 오른쪽 클릭]-[눈금선 서식]-[선]에서 투명도를 '80%'로 지정한다.

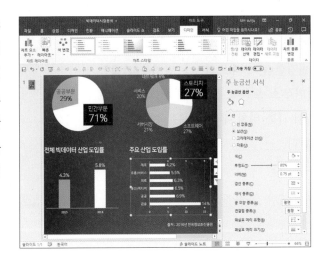

전문가 TIP!

오른쪽 '주요 산업 도입률' 그래프는 연도별이 아닌 항목별이므로 따로 투명도로 차이를 두지 않아도 무관하다.

25 증가선을 넣기 위해 [삽입] 탭-[일러스트레이션] 그룹-[도형]-[선 화살표]를 선택한 뒤 2015년 막대와 2016년 막대 끝 부분에 맞춰 삽입하고 서식을 지정한다. [텍스트 상자]를 이용해 선 아래에 증가 수치를 입력한다.

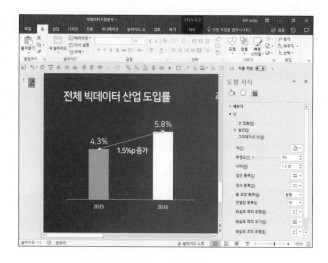

선	선 색(RGB)	너비	대시 종류
증가량 선	147 / 169 / 218	1.5pt	실선

구분	글꼴/글꼴 크기	글꼴 색(RGB)
1.5%p 증가	나눔스퀘어 Bold / 18	흰색

26 '주요 산업 도입률' 그래프는 현재 그래프의 나열은 오름차순으로 되어 있다. 가장 큰 값부터 나열되도록 내림차순으로 변경한다. 그래프의 y축 영역을 선택한 뒤 [마우스 오른쪽 클릭]-[축 서식]-[축 옵션]-[축 위치]에서 '항목을 거꾸로'에 체크한다.

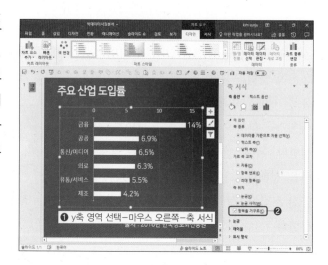

27 마지막으로 상단에 배치했던 텍스트 도형과 클라우드 모양 도형을 선택하고 [마우스 오른쪽 클릭]-[도형 서식]-[채우기]에서 '☐ 흰색'으로 지정한 후, 투명도를 각각 '70%', '40%'로 설정하여 마무리한다.

백서를 한 페이지로 설명하는
인포그래픽 만들기

백서의 경우 국민이 정부 분석 자료 및 전망에 대한 내용을 잘 이해하도록 데이터를 순화시키는 것이 핵심이다. 데이터 독해 및 분류뿐만 아니라 핵심 단어를 강조하는 것도 중요하다. 만약 한 페이지에 5개 정도의 많은 데이터를 넣어야 한다면 그래프 대신 그림과 숫자로 이루어진 그래픽을 사용하는 것이 공간을 활용하는 데 효과적이다. 이번 장에서는 백서를 시각 그래프로 제작하는 방법에 대해 알아보자.

SECTION 1 | 백서 내용 분석 및 원 페이지 인포그래픽

백서는 정부가 정치, 외교, 경제 따위의 각 분야에 대해 현상을 분석하고 미래를 전망하여 그 내용을 국민에게 알리기 위하여 만든 보고서를 일컫는다. 실무 현장의 인포그래픽 전문가는 자주 정부백서를 시각화하는 업무를 하게 된다.

01 인터넷 이용률 추이

과학기술정보통신부가 조사한 2016년 인터넷이용실태조사 요약 보고서에 의하면 만 3세 이상 전 국민 인터넷 이용률을 보면 2006년 74.1%, 2007년 75.3%, 2008년 76.4%, 2009년 77.1%, 2010년 77.6%, 2011년 78.0%, 2012년 78.6%, 2013년 80.0%, 2014년 83.5%, 2015년 86.1%, 2016년 88.3%로 나타났다.

(1) 데이터 분석 및 요약

① 전체 분석

연도별 통계 자료는 약방의 감초처럼 중장기 흐름을 조사할 때 빠지지 않고 등장하는 통계 유형이다. 해당 데이터의 독립변수는 시간(년), 종속변수는 이용률(%)이다. 전체 데이터는 2006년부터 시작해서 2016년까지 10년간 변화율을 조사한 데이터다. 출처는 과학기술정보통신부, 2016년 인터넷이용실태조사 요약 보고서다.

② 데이터 요약

선그래프 또는 100% 수직 막대그래프로 그리는 것이 일반적이다. 1페이지에 들어가야 한다는 전제 조건이 있으므로 공간을 효율적으로 활용하여 편집하는 것이 중요하다. 따라서 시각 그래프로 표현하기 위해 먼저 데이터 분량을 축소해야 한다. 먼저 기준 변수인 '독립변수'의 항목을 조정한다. 과연 10년치의 데이터를 보여주는 것이 필요한가라는 의문을 가져야 한다. 10년간의 데이터는 대략 3구간으로 나누어 나타내면 변화 추이를 이해하는 데 더 유리할 수도 있으므로 처음 연도~최근 연도 사이를 3구간으로 나누어 본다.

2016년(-5년), 2011년(-5년), 2006년(-5년)

과학기술정보통신부가 조사한 2016년 인터넷이용실태조사 요약 보고서에 의하면 만 3세 이상 전 국민 인터넷 이용률을 보면 2006년 74.1%, 2007년 75.3%, 2008년 76.4%, 2009년 77.1%, 2010년 77.6%, 2011년 78.0%, 2012년 78.6%, 2013년 80.0%, 2014년 83.5%, 2015년 86.1%, 2016년 88.3%로 나타났다.

요약 후 데이터

과학기술정보통신부가 조사한 2016년 인터넷이용실태조사 요약 보고서에 의하면 만 3세 이상 전 국민 인터넷 이용률을 보면 2006년 74.1%, 2011년 78.0%, 2016년 88.3%로 나타났다.

(2) 시각화(디자인) 방법

- 2006년, 2011년, 2016년 '인터넷이용률' 아이콘(시각물)을 그려 볼 수 있다.
- 시각물에 74.1%, 87%, 88.3%를 표시하고 비율에 따라 그림 크기는 다르게 그린다.
- 제목, 단위, 출처 등 3대 항목을 잊지 않고 표시한다.

02 인터넷 이용자 수

과학기술정보통신부가 조사한 2016년 인터넷이용실태조사 요약 보고서에 의하면 만 3세 이상 전 국민 인터넷 이용자 수는 2006년 34,000,000명, 2007년 34,500,000명, 2008년 35,800,000명, 2009년 36,100,000명, 2010년 36,900,000명, 2011년 37,180,000명, 2012년 38,300,000명, 2013년 39,600,000명, 2014년 40,900,000명, 2015년 41,500,000명, 2016년 43,600,000명으로 나타났다.

(1) 데이터 분석 및 요약

① 전체 분석

앞서 분석한 인터넷 이용률 추이 데이터와 유사하고, 종속변수 단위가 명(인원)으로 다를 뿐이다. 독립변수가 시간(년), 종속변수는 이용자 수(명)이다. X축 구간(눈금)은 2006년~2016년까지 10년간 흐름이며, 최댓값은 2016년 43,600,000명이다. 전체적으로 데이터는 꾸준히 우상향으로 증가하는 추세선을 가지고 있다. 출처는 과학기술정보통신부, 2016년 인터넷이용실태조사 요약 보고서다.

② 데이터 요약

흐름을 나타내는 데이터이므로 막대그래프로 높이값 비교를 할 수도 있고, 구간 차이를 계산해서 가장 많이 늘어난 구간에 차이 값을 언급할 수도 있다. 또는 제목에서 "2016년 인터넷 이용자 수 급격히 증가"라는 제작자가 강조하려는 메시지를 구체적으로 넣는 방법도 있다. 요약의 핵심은 X축 구간을 2006년(시작년도), 2011년(중간년도), 2016년(최근 년도)만 추출해서 표현한다.

> 과학기술정보통신부가 조사한 2016년 인터넷이용실태조사 요약 보고서에 의하면 만 3세 이상 전 국민 인터넷 이용자 수는 2006년 34,000,000명, ~~2007년 34,500,000명~~, ~~2008년 35,800,000명~~, ~~2009년 36,100,000명~~, ~~2010년 36,900,000명~~, 2011년 37,180,000명, ~~2012년 38,300,000명~~, ~~2013년 39,600,000명~~, ~~2014년 40,900,000명~~, ~~2015년 41,500,000명~~, 2016년 43,600,000명으로 나타났다.

요약 후 데이터

> 과학기술정보통신부가 조사한 2016년 인터넷이용실태조사 요약 보고서에 의하면 만 3세 이상 전 국민 인터넷 이용자 수는 2006년 3천4백만 명, 2011년 3천718만 명, 2016년 4천360만 명으로 나타났다.

(2) 시각화(디자인) 방법

- 2006년, 2011년, 2016년 각각 '이용자 수(핵심단어)' 아이콘(시각물)을 선정한다. 중요한 것은 '이용자 수'이므로 사람 모양을 선택한다.
- 이용자 수 단위는 '백만 명'으로 변경하고, 사람을 복제하여 표현하는 방법도 생각해 볼 수 있다.(사람 한 명 : 100만 명)
- 제목(예 인터넷 이용자 수 2016년 4천만 명 돌파), 단위(만 명), 출처를 표시한다.

03 전체 가구 모바일 기기 보유율

과학기술정보통신부가 조사한 2016년 인터넷이용실태조사 요약 보고서에 의하면 전체 가구 중 스마트폰을 보유한 가구가 88.5%, 스마트패드 보유 가구는 7.7%, 웨어러블기기 보유 가구는 4.0%로 조사됐다.

(1) 데이터 분석 및 요약

① 전체 분석

모바일 기기를 보유한 가구가 88.5%로 압도적으로 많다. 나머지는 통계 데이터로서는 거의 유의미 수준을 벗어난 정도의 수치를 나타낸다. 다만, 전체 데이터의 합을 구하면 100.2%이므로 질문에 중복 응답을 한 데이터가 있을 수 있다는 것을 예상해 볼 수 있다.

② 데이터 요약

- **제목** : 가구 모바일 기기 보유율(전체 가구)
- **출처** : 과학기술정보통신부. 2016년 인터넷이용실태조사 요약 보고서
- **단위** : (%)
  스마트폰 88.5% > 스마트패드 7.7% > 웨어러블기기 4.0%

(2) 시각화(디자인) 방법

- 집 모양(가구) 안에 모바일 아이콘을 나열하고 비율 데이터를 표시한다.
- 스마트폰 비율 데이터를 상징하는 그림을 강조한다.

04 가구원 모바일 기기 보유율(만 6세 이상 전체 가구원)

과학기술정보통신부가 조사한 2016년 인터넷이용실태조사 요약 보고서에 의하면 만 6세 이상 가구원 모바일 기기 보유율은 스마트폰 85.0%, 스마트패드 4.0%, 웨어러블기기 1.9%로 조사됐다.

(1) 데이터 분석 및 요약

① 전체 분석

모바일 기기를 보유한 가구원에 대한 개별적 조사다. 즉, 가구원 일부(6세 미만 제외)만 모바일 기기를 보유하고 있기 때문에 전체 인원보다 적은 100.0% 미만 데이터임을 파악해야 한다.

② 데이터 요약

- **제목** : 가구원 모바일 기기 보유율(만6세 이상 전체 가구원)
- **출처** : 과학기술정보통신부. 2016년 인터넷이용실태조사 요약 보고서
- 단위 : (%)

  스마트폰 85.0% > 스마트패드 4.0% > 웨어러블기기 1.9%

(2) 시각화(디자인) 방법

- 가구원, 모바일 기기는 대표적인 그림으로 나타내야 할 단어다. 데이터는 큰 순서대로 '왼쪽에서 오른쪽'으로 표현하되, 세로로 나타내는 경우 '위에서 아래'로 나열한다.
- 스마트폰 비율 데이터를 상징하는 그림을 강조한다.

05 가구원 모바일 기기 보유율(만 6세 이상 전체 가구원)

과학기술정보통신부가 조사한 2016년 인터넷이용실태조사 요약 보고서에 의하면 '가구 컴퓨터 보유율'이 2011년까지 꾸준히 상승하다 2012년부터 감소하기 시작해 2016년 70%대로 떨어졌다. 2001년 76.9%, 2002년 77.0%, 2003년 77.4%, 2004년 78.3%, 2005년 79.1%, 2006년 79.6%, 2007년 79.7%, 2008년 79.8%, 2009년 80.2%, 2010년 81.1%, 2011년 81.9%, 2012년 81.5%, 2013년 81.1%, 2014년 80.8%, 2015년 79.5%, 2016년 75.3%

(1) 데이터 분석 및 요약

① 전체 분석

모바일 기기로 인해 집에서 컴퓨터를 보유하는 비율이 떨어지는 것이 핵심이다. 2001년부터 2016년까지 무려 15년간 추이를 한눈에 살펴볼 수 있는 자료지만 X축(독립변수) 구간이 너무 많아 해독에 어려움이 있다. 5년 정도로 구간을 나누어 요약할 수 있다. 증가하다 감소하는 변곡점은 의미가 있으니 이 구간은 다른 색으로 강조하는 것이 포인트다.

② 데이터 요약

• **제목** : 가구 컴퓨터 보유율 변화(2001~2016년)

• **출처** : 과학기술정보통신부. 2016년 인터넷이용실태조사 요약 보고서

• **단위** : (%)

과학기술정보통신부가 조사한 2016년 인터넷이용실태조사 요약 보고서에 의하면 '가구 컴퓨터 보유율'이 ~~2011년까지 꾸준히 상승하다 2012년부터 감소하기 시작해 2016년 70%대로 떨어졌다.~~ 2001년 76.9%, ~~2002년 77.0%, 2003년 77.4%, 2004년 78.3%, 2005년 79.1%,~~ 2006년 79.6%, ~~2007년 79.7%, 2008년 79.8%, 2009년 80.2%, 2010년 81.1%,~~ 2011년 81.9%, ~~2012년 81.5%, 2013년 81.1%, 2014년 80.8%, 2015년 79.5%,~~ 2016년 75.3%

요약 후 데이터

과학기술정보통신부가 조사한 2016년 인터넷이용실태조사 요약 보고서에 의하면 '가구 컴퓨터 보유율' 2001년 76.9%, 2006년 79.6%(증가), 2011년 81.9%(증가), 2016년 75.3%(감소)

(2) 시각화(디자인) 방법

• 가구(집) 상징 그림이 모두 4개가 필요하다(2001년, 2006년, 2011년, 2016년).

• 최댓값(2011년)까지 그림의 크기를 키우다 변곡점(하락)인 2016년에는 작게 그린다.

• 변곡점의 차이를 표시해도 좋다(81.9%−75.3%=6.6%p감소).

• 2016년 그림은 다른 컬러를 사용하여 강조할 수 있다.

백서 내용을 요약한
원 페이지 시각그래프 만들기

백서나 발간물 등에 들어가는 통계 인포그래픽은 최대한 군더더기 없이 내용만으로 구성하는 것이
보기에 좋다. 편집 디자인은 프리젠테이션 디자인과는 다르게 여백이나 색상 선정 등에 약간의 차
이가 있다. 또한 파워포인트로 만든 결과물을 직접 인쇄소에 맡겨야 하거나 출력용이 아닌 인쇄용을
제작해야 하는 경우 사전에 고려해야 할 사항이 있다. 편집물을 제작하는 방법을 알아보자.

STEP 01 >> 인포그래픽 PREVIEW

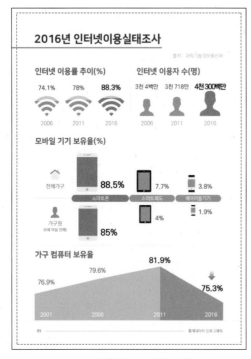

▲ A5 인쇄 전 3mm 여백 포함

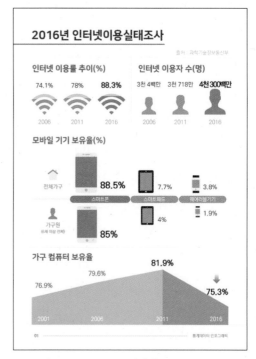

▲ A5 인쇄 후

파워포인트로 편집 디자인하기

❶ 인쇄용으로 제작 전 꼭 지정해야 할 사항은 슬라이드 크기(용지 크기) 설정이다. 추후 인쇄 과정에서 지정된 인쇄물 사이즈로 문제없이 재단하기 위해 인쇄할 용지 크기에 상하좌우 3mm의 재단 여백을 포함시켜야 한다. 슬라이드의 크기를 지정할 때 너비/높이에 각각 총 6mm를 더한다.

❷ 인쇄물의 본문 폰트 크기는 7~10pt 정도가 적당하다. 흔히 접하는 명함의 '이름' 부분 크기가 7~8pt 정도 이므로 크기를 가늠하는 데 도움이 될 것이다.

❸ 인쇄물은 모니터에서 출력되는 색상보다 약간 어둡다. 너무 진한 색상은 표현이 잘 되지 않으며, 선명한 색상을 선택할수록 주목성을 높일 수 있다.

❹ 예제에서 용지의 크기는 A5, 주조색은 주황색으로 정하고 명도를 조절하여 디자인하였다. 아이콘의 크기 비교 방식으로 수치를 표현할 수 있으며, 비율 데이터는 아이콘 크기를 100%로 가정하고 비율만큼 색이 채워지는 방식으로 표현할 수 있다.

• **완성파일** : 15장\[완성파일] 폴더   • **실습자료** : 15장\[실습파일] 폴더

1 [디자인] 탭-[사용자 지정] 그룹-[슬라이드 크기]-[사용자 지정 슬라이드 크기]를 선택하고 [슬라이드 크기] 대화상자에서 너비와 높이를 '15.4cm', '21.6cm'로 설정한다.

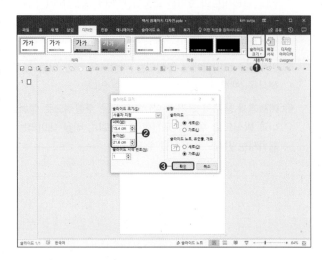

2 [삽입] 탭-[일러스트레이션] 그룹-[도형]-[직사각형]을 선택해 A5 용지 크기인 너비 '14.8cm', 높이 '21cm'의 사각형을 삽입하고 [홈] 탭-[그리기] 그룹-[맞춤]-[가운데 맞춤], [중간 맞춤]을 선택하여 슬라이드의 중앙에 배치한다. 안내선 (Alt + F9) 기능을 활성화시키고 사각형의 가장자리에 맞춰 안내선을 추가해 여백을 표시한다. 안내선 추가 후 도형은 삭제한다.

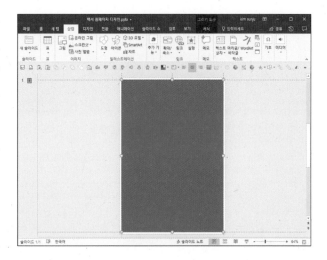

전문가 TIP!

도형이나 그림, 아이콘 등을 선택하고 [그리기 도구]-[서식] 탭-[크기] 그룹에서 원하는 수치를 직접 입력해 조절이 가능하다.

3 [삽입] 탭 – [일러스트레이션] 그룹 –
[도형] – [직사각형]을 선택하고 상하에는
'1.3cm'의 정사각형을, 좌우에는 '1.5cm'
의 정사각형을 그려 배치한다. 도형이 끝
나는 지점에 안내선을 추가하여 전체 테두
리 여백을 표시한 후 도형은 삭제한다.

전문가 TIP!

안내선 위에 커서를 올린 후 마우스 오른쪽을 클릭하면
[색]에서 안내선의 색상을 변경할 수 있다.

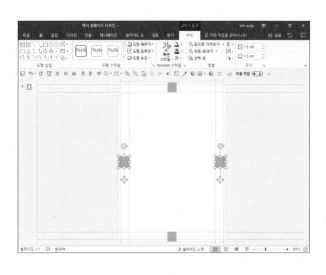

4 테두리 여백 안쪽으로 임의의 도형을
삽입하여 내용의 크기에 맞게 레이아웃을
구성한다(안내선을 추가하여 레이아웃을
구성해도 된다). 제목과 총 4개의 내용, 필
요시 하단의 페이지 수와 파트 제목 등의
위치를 미리 구성한다(레이아웃을 구성한
도형은 작업 영역 구분을 위한 도형이므
로, 레이아웃 구성이 완료되면 제거한다).

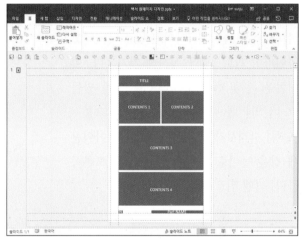

5 구성한 레이아웃에 맞춰 [텍스트 상자]
를 이용해 제목 및 소제목을 입력하고 서
식을 지정한다.

텍스트	글꼴/글꼴 크기	글꼴 색(RGB)
제목	나눔스퀘어 ExtraBold/20	■ 64/64/64
소제목	나눔스퀘어 ExtraBold/14	■ 89/89/89

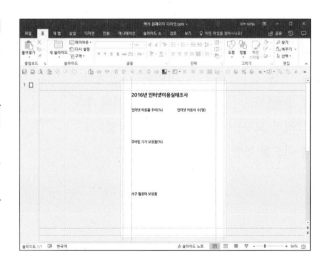

6 [삽입] 탭–[일러스트레이션] 그룹–[도형]–[선]을 선택하여 내용 영역을 나누는 구분선을 삽입하고 서식을 지정한다.

선 색(RGB)	너비	대시 종류
217/217/217	0.5pt	실선

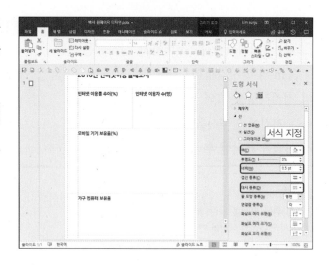

7 첫 번째 영역에 아이콘을 제작해보자. [실습파일] 폴더의 '아이콘.pptx'를 열고 와이파이 픽토그램을 복사해 가져온다. 아이콘을 복제(Ctrl + D)하여 두 개를 만들고 [삽입] 탭–[일러스트레이션] 그룹–[도형]–[직사각형]을 선택해 한쪽 아이콘에 같은 높이로 그려준 후 [마우스 오른쪽 클릭]–[맨 뒤로 보내기]를 선택한다.

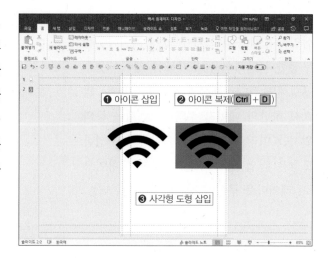

8 사각형을 선택한 후 [마우스 오른쪽 클릭]–[크기 및 위치]–[크기]–[높이 조절]을 '74%'로 조정한다. 아이콘을 선택하고 Shift 를 누른 상태에서 사각형 선택 후 [그리기 도구]–[서식] 탭–[도형 삽입] 그룹–[도형 병합]–[교차]를 선택한다.

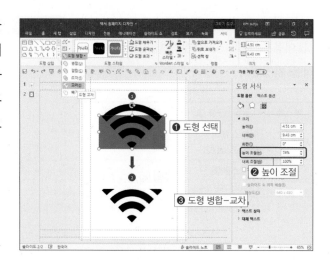

9 교차한 아이콘을 편집하지 않은 아이콘 위에 배치한다. 같은 방법으로 나머지 다른 비율의 아이콘을 제작한다.

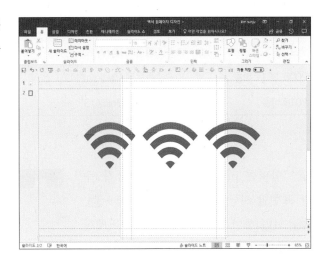

10 첫 번째 영역에 아이콘을 적당한 크기로 배치한 후 색상을 지정한다. 완성된 아이콘은 각각 선택하여 그룹화(**Ctrl** + **G**)한다.

구분	색(RGB)	윤곽선
기본 아이콘	191/191/191	없음
2006, 2011	255/148/59	없음
2016	255/116/1	없음

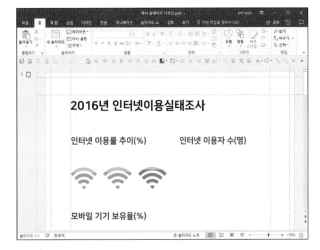

11 [텍스트 상자]를 선택하여 아이콘에 해당하는 텍스트를 입력하고 서식을 지정한다.

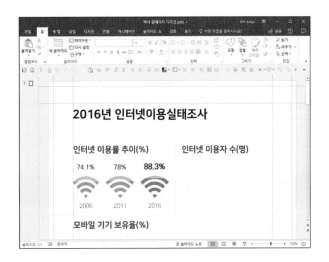

텍스트	글꼴/글꼴 크기	글꼴 색(RGB)
연도	KoPub돋움체 Light/10	127/127/127
2006, 2011 비율	KoPub돋움체 Medium/11	64/64/64
2016 비율	KoPub돋움체 Bold/13	100/50/0

12 '아이콘.pptx' 파일에서 이용자 수를 표현할 사람 아이콘을 복사(Ctrl + C, Ctrl + V)하여 배치한 후 수치에 비례한 비율로 과거에서 최근까지 점점 커지도록 크기를 조절하고 서식을 지정한다.

구분	도형 색(RGB)	윤곽선
2006, 2011	255/148/59	없음
2016	255/116/1	없음

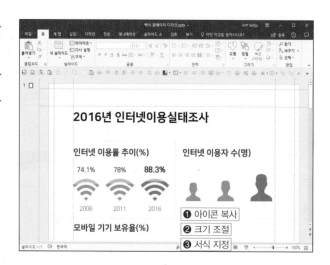

전문가 TIP!

왼쪽 영역의 아이콘과 서식(색상 및 윤곽선)이 동일하므로 서식 복사(Ctrl + Shift + C), 서식 붙여넣기(Ctrl + Shift + V) 기능을 활용해보자. 아이콘(도형)의 색상과 윤곽선, 적용하는 개체가 글자라면 글꼴 서식까지 편리하게 서식 적용이 가능하다. 2013버전 이상에서는 스포이트 기능을 활용하여 쉽게 색상을 변경할 수 있다.

13 1번 영역의 텍스트를 선택하고 Ctrl + Shift 를 누른 상태에서 2번 영역으로 드래그하여 텍스트를 복사한다. 내용에 맞게 텍스트를 변경하고 그림처럼 배치한다.

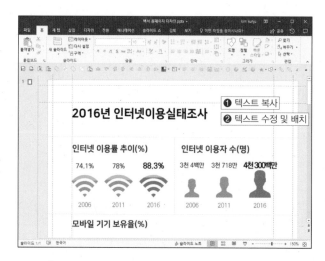

14 세 번째 데이터는 기기종류 이름을 중간에 배치하여 항목을 위/아래로 배열하는 형태로 제작해보자. [삽입] 탭−[일러스트레이션] 그룹−[도형]−[사각형 : 둥근 모서리]를 선택하여 도형을 3개 삽입한 후 서식을 지정한다. [선]을 선택하여 삽입한 도형을 기준으로 위/아래 영역을 분리할 구분선을 삽입한다.

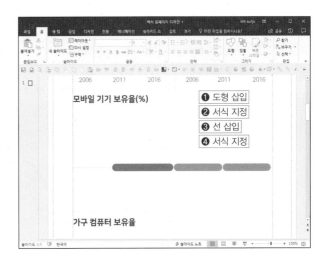

구분	도형 색(RGB)	윤곽선
스마트폰	255/116/1	없음
스마트패드, 웨어러블기기	255/148/59	없음

구분	선 색(RGB)	투명도	너비	대시 종류
영역 구분선	255/148/59	50%	0.5pt	실선

15 [텍스트 상자]를 이용하여 영역의 분류 항목 및 각 기기명, 비율을 입력하고 서식을 지정한다.

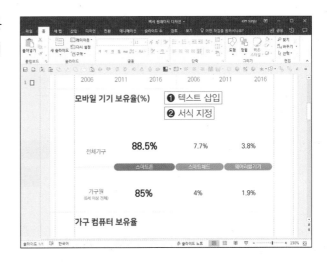

텍스트	글꼴/글꼴 크기	글꼴 색(RGB)
분류 항목	KoPub돋움체 Medium/10(괄호 안 7)	127/127/127
기기 명	KoPub돋움체 Light/9	흰색
스마트폰 비율	KoPub돋움체 Bold/16	100/50/0
스마트폰 외 비율	KoPub돋움체 Medium/11	64/64/64

16 [실습파일] 폴더의 '아이콘.pptx'에서 삽입할 아이콘을 복사해 디자인 색상에 맞게 적절히 색을 변경한다. 기기 아이콘은 유채색을, 분류 항목 아이콘은 무채색을 사용해보자.

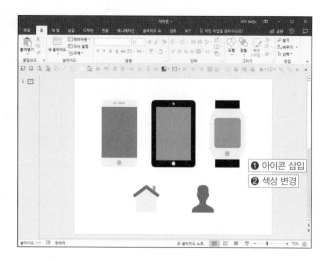

17 색을 변경한 아이콘을 [사각형 : 둥근 모서리] 도형의 위아래에 배치하고 비율에 맞게 아이콘의 크기를 조절한다. 아이콘의 위치에 맞춰 비율 텍스트의 위치를 재배치한 후 마무리한다.

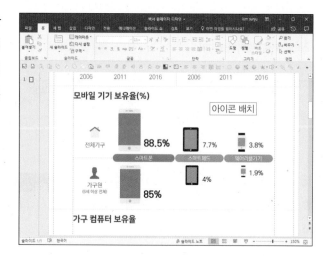

18 [삽입] 탭-[일러스트레이션] 그룹-[차트]-[영역형]-[영역형]을 선택하고 데이터 시트에 수치를 입력한다. [차트 요소]를 클릭하고 모든 항목을 비활성화하여 그래프 영역만 남긴 후 [그리기 도구]-[서식] 탭-[정렬] 그룹-[뒤로 보내기]-[맨 뒤로 보내기]로 정렬한다.

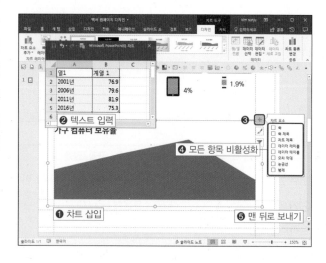

19 안내선에 맞춰 그래프의 크기를 조절한 후 그래프 영역을 선택하고 [마우스 오른쪽 클릭]-[데이터 계열 서식]-[계열 옵션]-[채우기 및 선]에서 그래프 서식을 지정한다.

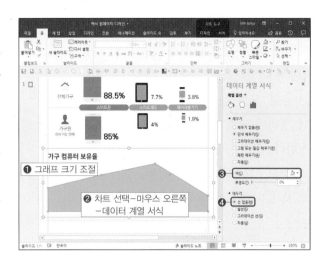

그래프 색(RGB)	윤곽선
255/188/133	없음

20 [텍스트 상자]를 선택하여 x축 연도와 데이터 레이블을 삽입하고 서식을 지정한다.

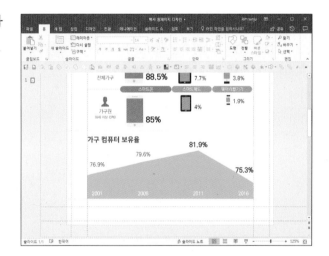

텍스트	글꼴/글꼴 크기	글꼴 색(RGB)
x축 연도	KoPub돋움체 Medium/10	흰색
2001/2006 비율	KoPub돋움체 Light/11	64/64/64
2011/2016 비율	KoPub돋움체 Bold/14	100/50/0

21 2011년~2016년 비율이 감소함을 나타내기 위해 강조 도형을 삽입한다. [삽입] 탭-[일러스트레이션] 그룹-[도형]-[자유형:도형]을 선택하여 2011년~2016년 영역에 맞춰 도형을 그리고 서식을 지정한다. 도형은 글자를 가리지 않도록 [그리기 도구]-[서식] 탭-[정렬] 그룹-[뒤로 보내기]를 선택하여 글자 뒤로 보낸다.

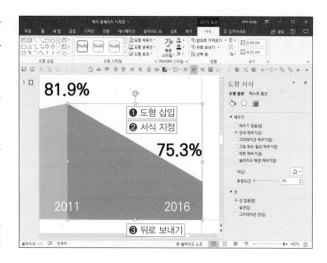

도형 색(RGB)	윤곽선
255 / 148 / 59	없음

22 [삽입] 탭-[일러스트레이션] 그룹-[도형]-[화살표]를 선택하여 2016년 수치 위에 감소를 나타내는 하향 화살표를 삽입하고 서식을 지정한다.

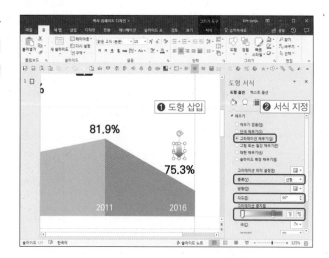

종류	각도	그라데이션 중지점 1, 위치	그라데이션 중지점 2, 위치	윤곽선
선형	90°	흰색, 0%	255 / 116 / 1, 80%	없음

23 [텍스트 상자]를 이용해 페이지 상단에 출처, 하단에 페이지 수와 파트명을 입력하고 서식을 지정한다. [삽입] 탭-[일러스트레이션] 그룹-[도형]-[선]을 선택하여 제목 아래, 페이지 수와 파트명 사이에 표시선을 삽입한 후 마무리한다.

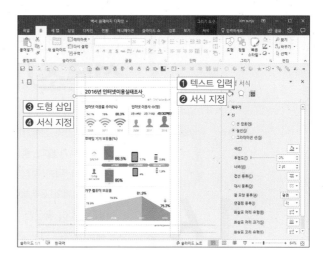

텍스트	글꼴/글꼴 크기	글꼴 색(RGB)
출처	KoPub돋움체 Light/9	166/166/166
페이지 수	KoPub돋움체 Bold/7	127/127/127
파트명	KoPub돋움체 Light/7	127/127/127

구분	선 색(RGB)	너비	대시 종류
제목 표시선	255/116/1	2pt	실선
페이지 수와 파트명 사이 표시선	166/166/166	0.5pt	실선

24 완성된 작업물을 [파일]-[내보내기]-[PDF/XPS 문서 만들기]를 선택한 후 'pdf' 파일로 저장한다.

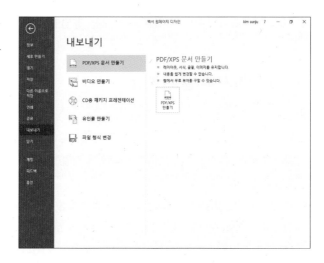

단위가 다른 통계를 활용한
설문조사 분석자료 만들기

정부 및 기업의 전략, 마케팅 부서에서는 설문조사 결과를 근거로 예측 자료를 만드는 경우가 많다. 종종 하나의 질문에 다수의 응답 통계가 나오는 경우가 있는데 이때 단위가 각각 다르게 측정되면 그래프로 표현하기가 쉽지 않다. 이번 장에서는 6개의 소주제로 이루어진 설문 결과 자료를 한 페이지에 어떤 도해로 나타내는 것이 좋은지 '데이터 요약부터 최종 레이아웃'까지 단계별로 소개한다. 해당 사례는 연구, 전략, 마케팅, 영업 등 모든 부서에서 가장 많이 사용하는 표현 방법이기도 하다.

SECTION 1 | 원인-결과형 정보 형태의 설문조사 자료 분석하기

설문 데이터는 대부분 원인-결과로 이루어진 정보 형태이다. 어떤 이유(원인)가 궁금해서 그에 대한 결론(결과)을 설문을 통해 조사한 것이다. 따라서 문장 앞부분에 조사 방법에 대해서 언급하는 경우가 대부분이다. 특히 설문 데이터에서 '%, 몇 배' 등과 같이 단위가 다른 경우 그래프로 나타내기 어려우므로 하나하나 수치로 나타내는 방법을 선택하자.

01 보건복지부 설문 자료

WHO는 "여성은 남성 파트너의 폭력으로 인해 건강에 어떤 영향을 받고 있는가"에 대한 조사결과를 발표했다. 물리적 폭력, 성적인 폭력, 언어적인 폭력 등 다양한 유형의 폭력이 있으며 이를 통해 여성들이 겪는 고통도 다양하게 나타나고 있다.

첫 번째는 정신건강이다. 파트너의 폭력으로 우울증 증상이 전보다 2배 이상 증가했으며, 두 번째는 알콜중독 위험이다. 폭력 전보다 거의 2배 증가한 수치를 보인다. 이밖에 임신에 영향을 미치는 위험 16%, 상해 및 죽음으로 이어지는 위험 역시 42% 증가한 것으로 나타났다. AIDS, 유방암 등 중대한 위험 질병을 얻는 경우도 1.5배 이상 증가했다. 죽임을 당한 여성의 38%는 남자 파트너가 가해자라는 조사결과는 충격적이다.

(1) 데이터 분석 및 요약

① 전체 분석

- 조사결과 자료 앞부분에 나오는 기관명칭은 출처가 된다. WHO를 출처로 표시한다.
- 조사 발표 자료 앞부분의 문장은 대부분 조사의 핵심이 되는 질문과 그에 따른 결과 내용을 일부 요약한다. 따라서 '제목'으로 간주할 수 있다. 이후 '첫 번째, 두 번째, 이밖에' 등의 문장은 넘버링을 하면서 총 개수를 표시한다. 만일 6번까지 넘버링이 됐다면 6개의 소주제로 구성된 통계 자료다.
- 마지막으로 소주제마다 언급한 통계 단위 값이 하나의 단위로 이루어졌는지 아니면 복수 이상의 단위로 구성되어 있는지 확인한다. 해당 데이터의 경우 '비율', '배수' 등 2가지 단위로 이루어진 것을 알 수 있다.

② 데이터 요약

- 1단계 : 문장을 정독하고 불필요한 문장은 제거한다. 세부 통계 자료는 넘버링하며 개수를 확인한다(=소주제 개수).

WHO(출처)는 **"여성은 남성 파트너의 폭력으로 인해 건강에 어떤 영향을 받고 있는가"**(주제)에 대한 조사결과를 발표했다. 물리적 폭력, 성적인 폭력, 언어적인 폭력 등 다양한 유형의 폭력이 있으며 이를 통해 여성들이 겪는 고통도 다양하게 나타나고 있다. **(다시 뒤에서 자세히 언급하므로 제거한다)**
① 첫 번째는 정신건강이다. 파트너의 폭력으로 우울증 증상이 전보다 2배**(배수)** 이상 증가했으며, ② 두 번째는 알콜중독 위험이다. 폭력 전보다 거의 2배**(배수)** 증가한 수치를 보인다. ③ 이밖에 임신에 영향을 미치는 위험 16%**(비율)**, ④ 상해 및 죽음으로 이어지는 위험 역시 42%**(비율)** 증가한 것으로 나타났다. ⑤ AIDS, 유방암 등 중대한 위험 질병을 얻는 경우도 1.5배 이상**(배수)** 증가했다. ⑥ 죽임을 당한 여성의 38%**(비율)**는 남자 파트너가 가해자라는 조사결과는 충격적이다.

- 2단계 : 선택한 데이터만 다시 요약한다.
- 1원인+6결과로 이루어진 조사 분석 내용이다.
- 6개의 소주제를 홈페이지나 한 장의 발표자료 등에 넣으려면 별도의 도해 방법을 생각해야 한다. 파워포인트 슬라이드 4:3 사이즈에 4개 이상 소주제를 수평 배열하기엔 공간이 협소하기 때문이다.

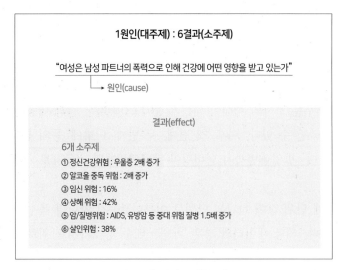

▲ 정보를 한 장에 요약한 모습
(설문 자료는 대부분 원인&결과 내용으로 구성된다.)

(2) 시각화 방법

먼저 도해 방법을 몇 가지 생각한 후 디자인한다.

• 개선 전 도해 : 현실적으로 6개의 박스를 가로 또는 세로로 한 페이지에 넣기란 쉽지 않다.

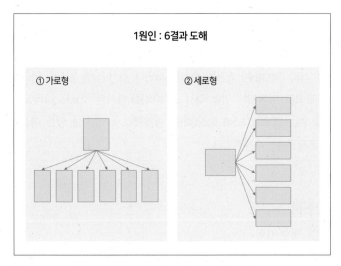

▲ 가로형과 세로형 도해가 있다.(개선 전)

- 개선 후 도해 : 매트릭스(6개 주제를 3열 2행으로 쌓기)와 육각형 도형 주변으로 배치하는 방법이 있다.

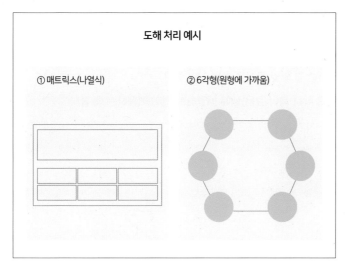

▲ 매트릭스와 6각형 도해로 정보를 배열한 모습(개선 후)

- 최종 레이아웃 예(매트릭스 형태의 레이아웃으로 선택)
- 데이터의 단위가 비율(%), 배수 등 2가지이므로, 하나의 '그래프' 표현으론 어렵다.
- 6개의 소주제 박스는 동일한 위치에 글, 그림, 수치를 나타내는 것이 가독성에 좋다.

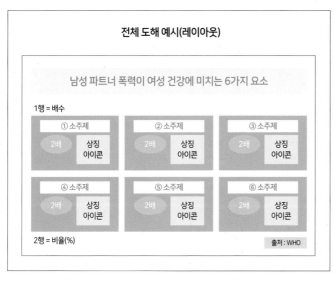

▲ 매트릭스 형태의 레이아웃으로 나타낸 모습

1 데이터 시각화 및 인포그래픽을 배우려는 사람은 먼저 데이터를 정독하고 이를 도해로 구성하는 훈련을 꾸준히 하는 것이 좋다.

2 6개의 소주제는 수평이나 수직 배열보다 매트릭스, 육각형 방식으로 표현하는 것이 좋다.

3 하나의 데이터 단위가 복수 이상으로 이뤄진 경우 그래프 표현이 어렵다.

4 소주제에 들어갈 6개의 그림은 유사한 컬러 및 특징을 갖는 것이 좋다.

5 비율(%) 소주제, 배수 소주제 단위로 각각 묶어 같은 행에 배열하는 것이 해독하는 데 좋다.

여러 가지 요소를 소개하거나 수치를 통해 각 요소를 비교하는 정보의 체감을 높일 때에는 그래프로 보여주는 것보다 직접적인 수치로 표현하는 디자인이 효과적이다. 도형을 활용한 다양한 구성의 다이어그램 형태는 전달 효과를 높이는 좋은 방법 중 하나이다. 숫자와 도형을 활용해 통계 인포그래픽을 제작해보자.

STEP 01 >> 인포그래픽 **PREVIEW**

DESIGN POINT >> **도형을 활용한 디자인**

❶ 여러 항목을 육각형을 활용하여 배열하면 정돈된 느낌의 디자인이 가능하다. 요소의 개수와 꼭짓점 개수를 맞춰 도형을 선택하고 배열하면 균형감을 높이는 디자인 구성이 가능하다.

❷ 명조체는 안정적인 느낌을 주기 때문에 진지함과 차분함을 실어 정보를 전달할 때 유용하다. 일반적으로 고딕체를 많이 활용하나 고딕체와 명조체를 적절하게 사용할 경우 가독성을 높일 수 있다.

❸ 심각성, 위험 등을 알리는 정보이므로 밝고 경쾌한 색상보다는 어둡고 차가운 색상을 선택하여 표현하는 것이 좋다. 색상은 정보의 분위기에 여러 가지 영향을 줄 수 있는 요소이다. 또한 부정적 아이콘을 활용할 경우 표현의 정도가 너무 과도한 아이콘은 삼가는 것이 좋다.

• 완성파일 : 16장\\[완성파일] 폴더

1 슬라이드에서 [마우스 오른쪽 클릭]-
[배경 서식]-[채우기]에서 배경색을 지정
한다. 안내선(Alt + F9)을 활성화하여 안
내선을 추가하고 제목과 내용이 들어갈 영
역을 표시한다.

배경 색(RGB)
■ 53/48/82

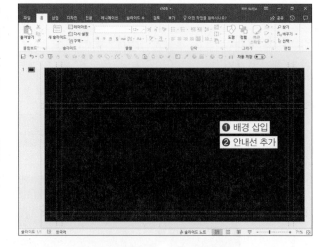

2 [삽입] 탭-[일러스트레이션] 그룹-[도
형]-[직사각형]을 선택해 상단에 제목이
들어갈 영역에 삽입한다. [마우스 오른쪽
클릭]-[도형 서식]-[채우기]-[단색 채우
기]-[색]에서 도형 색을 지정한다.

채우기 색(RGB)
■ 76/69/119

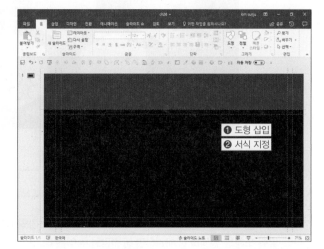

3 [텍스트 상자]를 이용해 제목을 입력한다. 6개 항목임을 강조하기 위해, '6', '가', '지' 텍스트는 각각 따로 작성한다.

텍스트	글꼴/글꼴 크기	글꼴 색(RGB)
남성 파트의 폭력	나눔명조/36	208/207/237
이 여성~	나눔명조/36	흰색
6, 가, 지	나눔명조/88, 72	208/207/237
위험 요소	나눔명조/36	208/207/237

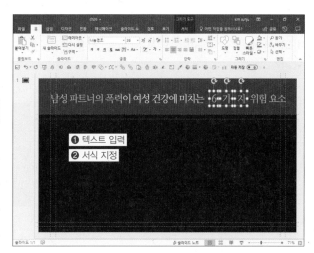

4 '6가지'를 강조하기 위해 '6', '가', '지' 텍스트는 정렬이 약간 어긋나도록 겹치게 배치한다.

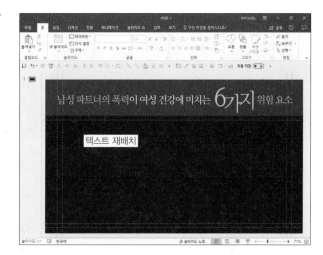

5 [삽입] 탭-[일러스트레이션] 그룹-[도형]-[육각형]을 선택하여 도형을 추가하고 회전 조절점을 드래그하여 세로 형태로 회전시킨다. [마우스 오른쪽 클릭]-[도형 서식]-[그라데이션 채우기]에서 색을 지정하고 [도형과 함께 회전] 항목을 체크를 해제한다.

각도	그라데이션 중지점 1	그라데이션 중지점 2
45˚	흰색	217/217/217

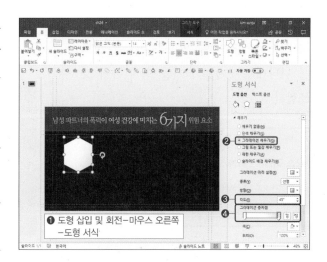

6 [도형 서식]-[효과]-[그림자]를 선택하고 서식을 지정하여 그림자 효과를 적용한다.

투명도	크기	흐리게	각도	간격
80%	102%	15pt	0°	0pt

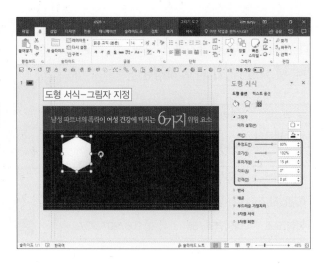

7 완성한 도형을 복제(Ctrl + D)하여 6개로 만든 후 그림처럼 배치한다.

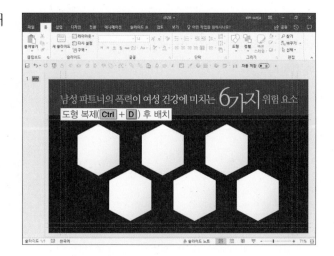

8 [텍스트 상자]를 이용해 내용을 입력하고 서식을 지정한다. 영향을 미치는 정도를 나타내는 숫자는 크기를 크게 하여 강조한다.

텍스트	글꼴/글꼴 크기	글꼴 색(RGB)
요소 이름	나눔스퀘어/18	53/48/82
숫자	나눔명조/88	53/48/82
배, %	나눔명조/28	53/48/82

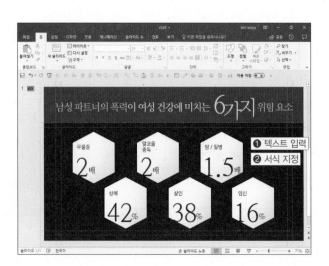

9 [홈] 탭-[글꼴] 그룹-[문자 간격]에서 [좁게] 또는 [매우 좁게]를 선택하여 글자 간격을 조절하여 불필요한 문자 사이의 공백을 줄인다.

전문가 TIP!

[기타 간격]에서 [간격]은 '좁게'를 선택하고 [값]의 수치를 높일수록 간격이 좁아진다. 반대로 [넓게]를 선택하고 수치를 높이면 글자의 간격이 벌어진다. 글자의 간격을 원하는 대로 조절할 때 유용한 기능이다.

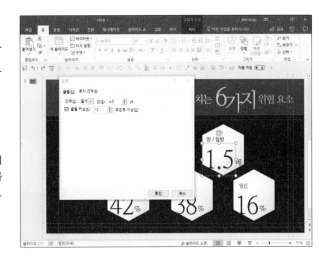

10 [텍스트 상자]를 선택하여 1~6까지 숫자를 삽입한 뒤 도형의 왼쪽 상단에 도형과 약간 겹치게 배치한다. 삽입한 숫자를 모두 선택하고 [홈] 탭-[그리기] 그룹-[정렬]-[맨 뒤로 보내기]를 눌러 도형 뒤에 배치한다.

텍스트	글꼴/글꼴 크기	글꼴 색(RGB)	
1~6	나눔명조, 36		217/217/217

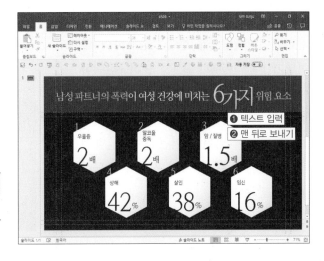

11 무료 아이콘 사이트 '플랫아이콘 (https://www.flaticon.com/)'에서 원하는 아이콘을 찾아 'svg' 형식으로 다운로드 받는다. 아이콘은 라인, 컬러, 픽토그램 등의 형태 중 하나로 통일하여 한 가지 형식으로 다운받을 것을 권장한다.

전문가 TIP!

svg(Scalable Vector Graphics, SVG) 파일은 XML 기반의 2차원 벡터 그래픽 파일 형식으로, 일러스트레이터나 벡터를 다룰 수 있는 프로그램으로 편집이 가능하다. 파워포인트에서는 형식을 변형하여 사용이 가능하다.

12 svg 파일이 아닌 다른 벡터 파일을 다운받은 경우 파일 변환 사이트 '컨버티오 (https://convertio.co/kr/)'에 접속하여 다운받은 'eps'나 'ai' 형식의 파일을 추가하고 [벡터]−[EMF] 또는 [WMF] 형식을 선택한 뒤 변환하여 다시 다운로드한다.

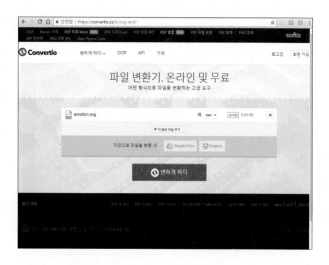

13 다운받은 아이콘을 삽입한 후 다시 잘라내기(Ctrl + X)한다. 선택하여 붙여넣기(Ctrl + Alt + V)를 눌러 [선택하여 붙여넣기] 대화상자가 나타나면 [그림(확장 메타파일)]을 선택한 후 붙여넣는다. 다시 삽입된 아이콘은 그룹 해제 (Ctrl + Shift + G)를 2번 진행하여 도형 형태로 만든다.

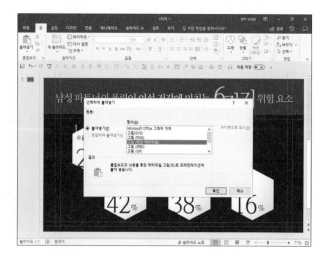

14 같은 방법으로 각 항목의 오른쪽 빈 공간에 아이콘을 배치한 후 색을 변경한다. [텍스트 상자]를 이용해 하단에 출처를 입력한 후 마무리한다.

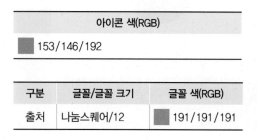

아이콘 색(RGB)	
■	153/146/192

구분	글꼴/글꼴 크기	글꼴 색(RGB)
출처	나눔스퀘어/12	■ 191/191/191

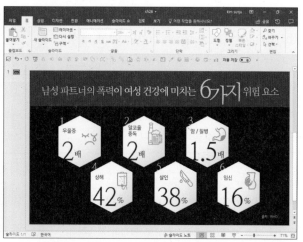

CHAPTER

00
17

27개 항목을 쉽게 표현한
건강보험 통계분석표 만들기

복수의 독립변수를 그래프로 동시에 표현하는 것은 쉬운 일이 아니다. 2개의 각각 다른 그래프로 표현하거나 동시에 그릴 경우도 마찬가지다. 이런 경우에는 표 디자인을 활용하면 훨씬 전달력을 높일 수 있다. 다만 독립변수(X축)의 각 구간은 동일한 눈금수를 가지고 있어야 한다. 표로 복수의 독립변수를 정렬하고(편집 방법), 시각화하는 방법을 배워 보자.

SECTION 1 | 복수의 독립변수 데이터 분석

데이터 시각화나 그래프를 공부하는 사람이라면 반드시 복수의 독립변수로 이루어진 다수의 데이터를 표현하는 방법을 알아두어야 한다. 따라서 표 전환부터 그래프까지 일련의 과정을 직접 만들어 보는 훈련을 평소 꾸준히 하는 것이 좋다. 특히 표에 대한 디자인 표현은 다양하므로 현장에서 자주 사용하는 제작 방법을 알아두어야만 실무에서 어려움 없이 활용할 수 있다.

01 의료비 지출 데이터

국민건강보험공단에 따르면 2006년 기준 생애의료비 분석 결과 우리나라 사람 한 명이 0세부터 80세까지 쓰는 총 의료비는 7734만 원으로 추정됐다. 여기에는 건강보험 혜택을 받아 건강보험에서 지원한 금액과 법정 본인부담금뿐 아니라 건강보험 적용을 받지 못해 전액 환자 개인이 부담한 액수까지 포함돼 있다. 건보공단은 한국인 평생의료비 가운데 건강보험 지원액은 4973만 원, 환자 부담액은 2761만 원(법정 본인부담금 1694만 원, 건보 미적용 본인부담금 1067만 원)으로 분석했다.

구체적으로 연령별 의료비 지출현황을 보면 0~10세 664만 원(누적의료비 664만 원), 11~20세 236만 원(900만 원), 21~30세 329만 원(1229만 원), 31~40세 417만 원(1646만 원), 41~50세 637만 원(2283만 원), 51~60세 1126만 원(3409만 원), 61~70세 1903만 원(5312만 원), 71~80세 2422만 원(7734만 원)이었다.

또 국민 한 사람당 요양기관(약국 포함) 방문일수는 0세부터 80세까지 2,509일(6년10개월 가량)이었으며, 80세까지 생존한다고 가정하면 57세까지의 요양기관 총 누적방문일수가 1,250일로 0~57세에 평생 중 절반의 의료를 이용하는 것으로 나타났다.

연령대별 요양기관 방문일수는 0~10세 422일(누적방문일 422일), 11~20세 116일(누적방문일 538일), 21~30세 128일(누적방문일 666일), 31~40세 161일(누적방문일 827일), 41~50세 217일(1044일), 51~60세 334일(누적방문일 1,378일), 61~70세 516일(누적방문일 1,894일), 71~80세 615일(누적방문일 2,509일) 등으로 분석됐다.

(1) 데이터 분석 및 요약

① 전체 분석

조사 데이터에서 앞에 나오는 기관명(국민건강보험공단)은 출처가 된다. 해당 자료는 크게 '연령별 의료비 지출현황'과 '연령대별 요양기관 방문일수'로 나누어 정리할 수 있다.

- **독립변수1** : 연령대(총 8구간)
- **독립변수2** : 연령대(총 8구간)
- **종속변수1** : 의료비 금액
- **종속변수2** : 요양기관 방문일수
- **출처** : 국민건강보험공단
- **사이즈** : 가로/세로 형태 2가지로 예시

② 데이터 요약

1단계

국민건강보험공단(**출처**)에 따르면 2006년 기준 생애의료비 분석 결과 우리나라 사람 한 명이 0세부터 80세까지 쓰는 총 의료비는 7734만 원으로 추정됐다.

여기에는 건강보험 혜택을 받아 건강보험에서 지원한 금액과 법정 본인부담금뿐 아니라 건강보험 적용을 받자 못해 전액 환자 개인이 부담한 액수까지 포함돼 있다.

건보공단은 한국인 평생의료비 가운데 건강보험 지원액은 4973만 원, 환자 부담액은 2761만 원(법정 본인부담금 1694만 원, 건보 미적용 본인부담금 1067만 원)으로 분석했다. (요약글)

- **데이터1**

구체적으로 연령별 의료비 지출현황을 보면 0~10세 664만 원(누적의료비 664만 원), 11~20세 236만 원(900만 원), 21~30세 329만 원(1229만 원), 31~40세 417만 원(1646만 원), 41~50세 637만 원(2283만 원), 51~60세 1126만 원(3409만 원), 61~70세 1903만 원(5312만 원), 71~80세 2422만 원(7734만 원)이었다. **(채택)**

또 국민 한 사람당 요양기관(약국 포함)방문일수는 0세부터 80세까지 2509일(6년10개월 가량)이었으며, ~~80세까지 생존한다고 가정하면 57세까지의 요양기관 총 누적방문일수가 1250일로 0~57세에 평생 중 절반의 의료를 이용하는 것으로 나타났다.~~ **(요약글)**

- **데이터2**

연령대별 요양기관 방문일수는 0~10세 422일(누적방문일 422일), 11~20세 116일(누적방문일 538일), 21~30세 128일(누적방문일 666일), 31~40세 161일(누적방문일 827일), 41~50세 217일(1,044일), 51~60세 334일(누적방문일 1,378일), 61~70세 516일(누적방문일 1,894일), 71~80세 615일(누적방문일 2509일) 등으로 분석됐다.**(채택)**

2단계

- **데이터1**

구체적으로 연령별 의료비 지출현황을 보면 0~10세 664만 원(누적의료비 664만 원), 11~20세 236만 원(누적의료비 900만 원), 21~30세 329만 원(누적의료비 1229만 원), 41~50세 637만 원(누적의료비 2283만 원), 51~60세 1126만 원(누적의료비 3409만 원), 61~70세 1903만 원(누적의료비 5312만 원), 71~80세 2422만 원(누적의료비 7734만 원)이었다.

(단위 : 만 원, 세, 일)

연령별	0~10	11~20	21~30	31~40	41~50	51~60	61~70	71~80	합계
의료비	664	236	329	417	637	1,126	1,903	2,422	7,734

- **데이터2**

연령대별 요양기관 방문일수는 0~10세 422일(누적방문일 422일), 11~20세 116일(누적방문일 538일), 21~30세 128일(누적방문일 666일), 31~40세 161일(누적방문일 827일), 41~50세 217일(1,044일), 51~60세 334일(누적방문일 1,378일), 61~70세 516일(누적방문일 1,894일), 71~80세 615일(누적방문일 2509일) 등으로 분석됐다.

(단위 : 세, 일)

연령별	0~10	11~20	21~30	31~40	41~50	51~60	61~70	71~80	합계
방문 일수	422	116	128	161	217	334	516	615	2,509

표는 대부분 독립변수는 열, 종속변수는 행에 위치한다.

(단위 : 만 원, 세, 일)

연령별	0~10	11~20	21~30	31~40	41~50	51~60	61~70	71~80	합계
의료비	664	236	329	417	637	1,126	1,903	2,422	7,734
방문일수	422	116	128	161	217	334	516	615	2,509

(2) 시각화 방법

공통 항목인 독립변수(연령대별)를 중앙에 위치하도록 표를 그릴 수 있다. 표 디자인은 각 항목을 대표하는 그림을 표 주변에 연관 그림으로 처리할 수 있다(그림은 구간이 많아 임의로 '20대 이하, 20~50대, 60대 이상' 등 3구간으로 구분하여 3구간에 맞는 그림으로 디자인이 가능하다). 또한 표는 가로형과 세로형 2가지로 나타낼 수 있다.

(단위 : 만 원, 세, 일)

의료비	664	236	329	417	637	1,126	1,903	2,422	7,734
연령별	0~10	11~20	21~30	31~40	41~50	51~60	61~70	71~80	합계
방문일수	422	116	128	161	217	334	516	615	2,509

▲ 가로 사이즈 표로 나타낸 모습

평생 총 의료비 7,734만 원, 요양기관 방문일수 6년 10개월

연령별 (0-80세)	의료비 (만 원)	요양기관 방문일수(일)
10대	664	422
20대	236	116
30대	329	128
40대	417	161
50대	637	217
60대	1,126	334
70대	1,903	516
80대	2,422	615
합계	7,734만 원	2,509일

최댓값
강조

*출처 : ***
요양기관(약국 포함)방문일수

▲ 세로 사이즈 표로 나타낸 모습

KEY NOTE

1 표 디자인은 선 굵기, 표 배경색, 폰트 크기, 아이콘, 표 주변(예 병원) 등으로 표현할 수 있다.

2 8개 구간으로 이루어져 있어 복잡할 수 있으므로 연령대를 '10대, 20대, 30대, 40대, 50대, 60대 이상'으로(6구간) 묶어서 나타낼 수 있다. 이 경우 수치를 다시 계산한다.

3 표는 1열이 가장 중요한 항목임을 명심하자. 그래프의 X축과 동일한 의미라고 생각하면 된다.

4 표의 제목과 표의 해당 항목이 일치하도록 디자인한다.

복수의 데이터를 하나의 독립변수로 함께 다뤄야 하거나 데이터를 숫자 그대로 보여줘야 해독이 쉬운 정보는 그래프보다 표의 활용이 더 유용하다. 굳이 그래프를 사용하지 않고 표를 사용하여 수치를 파악하기 쉽도록 표현하는 것이다. 표를 배열하는 방식과 강조하는 부분에 집중하여 제작해보자.

STEP 01 >> 인포그래픽 PREVIEW

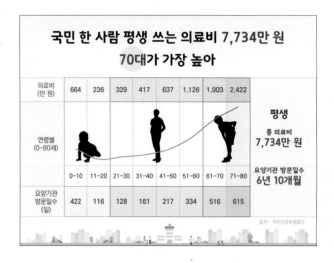

● 다른 색상 및 표 디자인 케이스 비교

▲ 한색 계열 / 표를 위쪽으로 나열한 경우

▲ 난색 계열 / 상하 분할,
공통 영역에 컬러가 들어간 경우

❶ 공통 항목이 어디에 위치하느냐에 따라 표가 읽히는 것이 달라질 수 있다. 표는 상단에 위치할 수도 있고 하단에 위치할 수도 있다. 다만, 두 개의 데이터 중 좀 더 강조할 데이터가 있다면 공통 항목을 중간에 배치하고 강조 항목을 상위에 입력하여 표현할 수 있다.

❷ 공통 항목은 데이터를 파악하는 기준이 되는 독립변수이므로 값과 구분하여 표현하는 것이 좋다. 영역의 색을 비워두거나 달리하면 표의 주목성을 높일 수 있다.

❸ 최고 수치를 나타내는 부분은 텍스트로 강조했어도 표 내에서 한 번 더 강조해주는 것이 좋다. 표의 같은 영역에서도 색을 달리한다거나 테두리, 폰트 크기에 차이를 두어 시선이 집중되도록 표현해주면 강조 효과를 높일 수 있다.

• **완성파일** : 17장\[완성파일] 폴더   • **실습자료** : 17장\[실습파일] 폴더

1 [디자인] 탭–[사용자 지정] 그룹–[슬라이드 크기]–[사용자 지정 슬라이드 크기]–[표준(4:3)]을 선택하고 안내선(Alt + F9) 기능을 활성화한 후 안내선을 추가하여 제목과 내용이 들어갈 영역을 나눈다. [텍스트 상자]를 이용해 제목과 출처를 입력하고 서식을 지정한다.

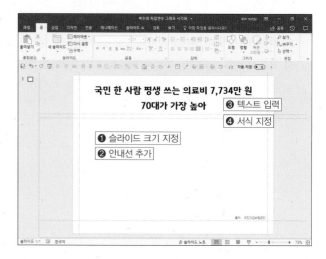

텍스트	글꼴/글꼴 크기	글꼴 색(RGB)
제목	고도 B/32	■ 38/38/38
출처	KoPub돋움체 Light/11	■ 127/127/127

2 [삽입] 탭–[표] 그룹–[표]–[표 삽입]을 선택하고 [표 삽입] 대화상자가 나타나면 열을 '12'로, 행을 '4'로 지정하여 표를 삽입한 뒤 내용을 입력한다. 첫째 열과 가장 끝 열은 양쪽 여백에 맞춰 너비를 조절하고 비워둔다.

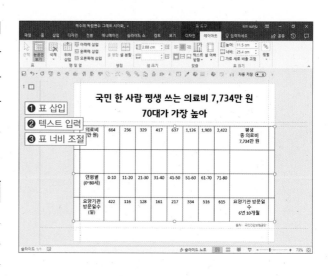

구분	내용
1행	의료비
2행	비워둠(아이콘 삽입 예정)
3행	연령별(0~80세)
4행	요양기관 방문일수(일)

3 '연령별' 셀을 비워둔 2행 셀과 함께 선택한 후 [표 도구]-[레이아웃] 탭-[병합] 그룹-[셀 병합]을 선택해 셀을 병합한다. 마찬가지로 '평생~' 내용의 셀은 1~4행을 모두 선택하고 병합한다.

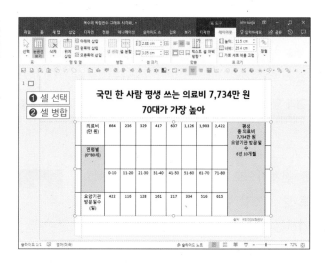

4 [표 도구]-[레이아웃] 탭-[셀 크기] 그룹에서 각 행의 높이를 그림과 같이 조정한다. 표를 전체 선택한 뒤 [맞춤] 그룹-[가운데 맞춤], [세로 가운데 맞춤]을 차례로 선택하여 텍스트를 정렬한다.

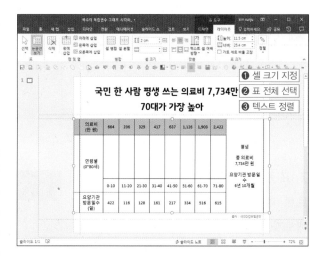

구분	행 높이
1행	2cm
2행	5.3cm
3행	1.7cm
4행	2.5cm

5 표를 전체 선택하고 [표 도구]-[디자인] 탭-[테두리 그리기] 그룹에서 [펜 색]과 [두께]를 조절한 뒤 [표 스타일] 그룹-[테두리]-[모든 테두리]를 클릭하여 표의 테두리 색을 변경한다. 표 안의 텍스트도 서식에 맞게 변경한다.

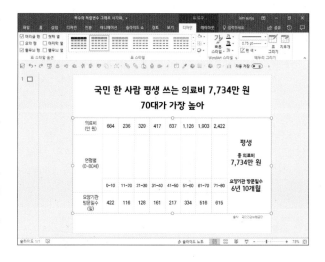

테두리 색(RGB)	두께
217/217/217	0.75pt

텍스트	글꼴/글꼴 크기/속성	글꼴 색(농도)
항목	KoPub돋움체 Medium / 16 / 가운데 정렬	■ 64/64/64
값	KoPub돋움체 Bold / 14, 16 / 가운데 정렬	■ 64/64/64
결과 '평생~'	고도 B / 16~24 / 가운데 정렬	■ 64/64/64

6 전체적으로 들어간 제목 및 표의 텍스트 중 강조할 부분의 색상을 변경한다. 여기서는 총 금액 및 기간, 연령대를 나타내는 텍스트를 강조한다.

강조 글꼴 색(RGB)
■ 0 / 47 / 142

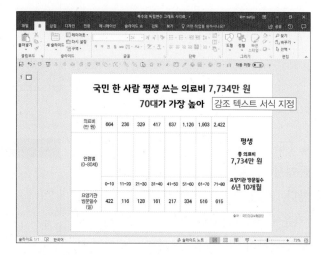

7 표 중간의 아이콘이 들어갈 위치에 의료비 추이를 나타내는 선그래프를 삽입해보자. [삽입] 탭 – [일러스트레이션] 그룹 – [차트] – [꺾은선형]을 선택하고 차트를 추가한 후 의료비 데이터를 입력한다.

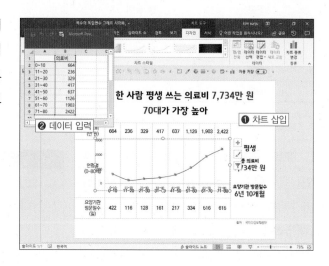

8 그래프의 y축을 선택하고 [마우스 오른쪽 클릭]-[축 서식]-[축 옵션]에서 최솟값을 '0', 최댓값을 '2500'으로 지정한다. 차트 오른쪽 [차트 요소] 아이콘을 클릭하여 모든 항목을 비활성화한다.

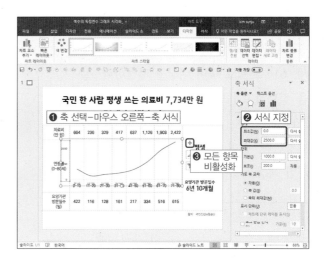

9 그래프의 크기를 표의 셀에 맞추어 조절한다. 차트 선을 선택하고 [마우스 오른쪽 클릭]-[데이터 계열 서식]-[채우기 및 선]-[그라데이션 선]에서 중지점을 나눠진 연령에 맞춰 3개로 만들고 색상 및 서식을 지정한다. 설정 하단의 '완만한 선'을 클릭하여 부드러운 선으로 바꾼다.

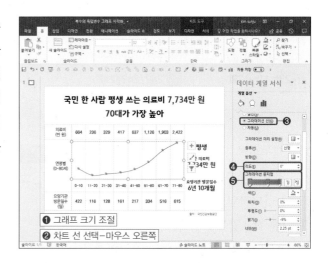

종류	각도	너비	그라데이션 중지점 1, 위치	그라데이션 중지점 2, 위치	그라데이션 중지점 3, 위치
선형	0°	2.25pt	68/142/207, 0%	130/125/225, 60%	170/100/210, 100%

10 표 안에 색상을 삽입해보자. 의료비와 방문일수 항목의 셀을 0~20세, 21~60세, 61~80세로 묶어 색상을 지정한다. 셀을 선택하고 [표 도구]-[디자인] 탭-[표 스타일] 그룹-[음영]을 선택하여 색상을 변경한다. 값이 가장 높은 70대는 조금 더 진한 색상으로 강조한다.

구분	셀 색(RGB)
0~20세	217/241/255
21~60세	218/225/254
61~70세	240/217/255
71~80세	235/205/255
	247/235/255
1~2열, 11~12열	242/242/242

11 테두리로 명확하게 영역을 분할해보자. 연령별로 나눠진 셀을 선택하고 [표 도구]-[디자인] 탭-[테두리 그리기] 그룹-[펜 색] 및 [두께]에서 서식을 지정한 후 [표 스타일] 그룹-[테두리]-[바깥쪽 테두리]를 선택해 표의 테두리 색을 변경한다.

구분	두께	테두리 색(RGB)
0~20세	1.5pt	70/130/230
21~60세	1.5pt	115/120/235
61~80세	1.5pt	195/90/230

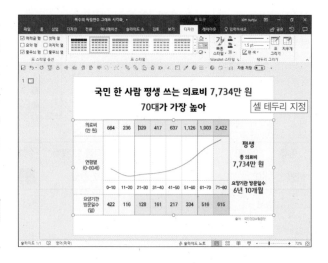

12 [삽입]-[이미지] 그룹-[그림]을 선택해 [실습파일] 폴더의 '남자.jpg' 이미지를 불러온다. 이미지를 선택하고 [그림 도구]-[서식] 탭-[조정] 그룹-[배경 제거]를 선택하면 분홍색 영역이 나타나는데 이 부분이 제거되는 영역이다. [보관할 영역 표시]를 클릭하고 분홍색 영역 중 제거하지 않을 영역을 마우스로 드래그하여 변경한 뒤 [변경 내용 유지]를 선택한다.

13 이미지를 선택하고 [마우스 오른쪽 클릭]-[그림 서식]-[그림]-[그림 보정]-[밝기]를 '-100%'로 지정하여 픽토그램 형태로 만든다.

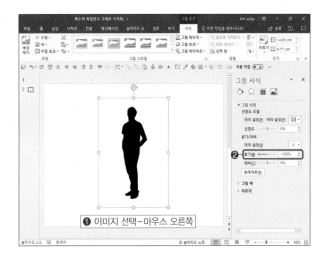

14 사용할 다른 이미지들을 불러와 같은 방법으로 픽토그램 아이콘 형태로 만든다.

15 아이콘 이미지를 표에 맞게 크기를 조절하여 배치한다. 아이콘에 선그래프가 가려지지 않도록 선그래프를 선택하고 [홈] 탭-[그리기] 그룹-[정렬]-[맨 앞으로 가져오기]를 선택한다.

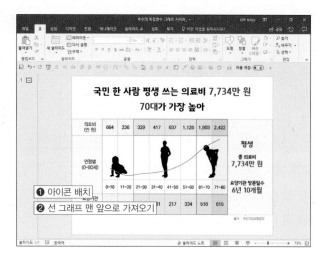

16 제목 영역의 '70대'를 강조하기 위해 [삽입] 탭-[일러스트레이션] 그룹-[도형]-[타원]을 선택해 70대 글자 위에 그리고 서식을 지정한다. 다시 도형을 선택하고 [홈] 탭-[그리기] 그룹-[정렬]-[맨 뒤로 보내기]를 선택한다. 슬라이드에서 [마우스 오른쪽 클릭]-[배경 서식]-[그라데이션 채우기]에서 중지점을 2개로 만든 뒤 배경 서식을 지정한다.

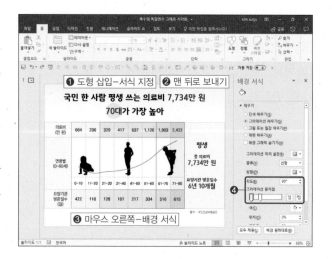

구분	도형 색(RGB)	윤곽선
타원	196/227/252	없음

종류	각도	그라데이션 중지점 1, 위치	그라데이션 중지점 2, 위치
선형	90°	217/241/255, 0%	흰색, 30%

17 하단의 빈 영역에 병원 또는 의료기관 등과 관련된 아이콘을 삽입하여 정보의 느낌을 살려준 뒤 마무리한다.

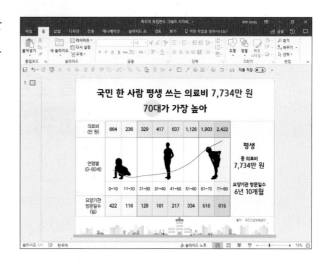

차이를 분명히 하는
그래프 제작 스킬 3가지

보고서에 들어가는 그래프는 크기가 작은 그래프인 경우가 많다. 작은 그래프라 하더라도 영향력은 커야 하기 때문에 주제, 그래프 유형, 핵심 메시지, 디자인 등 종합적인 면을 동시에 고려하여 제작하는 다양한 스킬을 익히는 것이 필요하다. 그래프 고수들이 자주 사용하는 몇 가지 표현 방법을 소개한다.

01 제작 스킬 ① '당월 매출액 1위를 강조'하고 싶은 경우

3사 매출액 자료(4월~당월)

(단위 : 억 원)

항목	A사	B사	C사
4월	3	2.4	1
5월	4.5	2.8	1.5
6월	5.1	3	2
당월	5	4	3

Don't

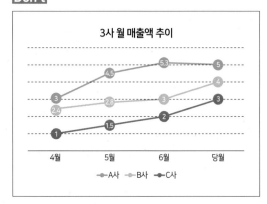

▲ 3개사 월별 매출액 추이를 비교한 그래프

Do

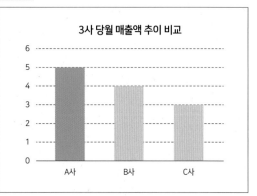

▲ 당월 데이터만 추출해서 3개사를
　세로 막대그래프로 표현한 모습

02 제작 스킬 ② '당월 시장 점유율(비율) 1위를 강조'하고 싶은 경우

5개사 시장 점유율 비교(당월)

(단위 : %)

항목	A사	B사	C사	D사	E사
당월	70	15	10	3	2

Don't

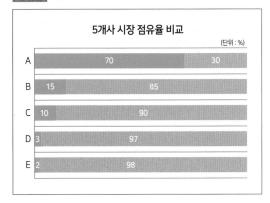

▲ 가로 막대그래프로 5개사 시장 점유율을 나타낸 모습

Do

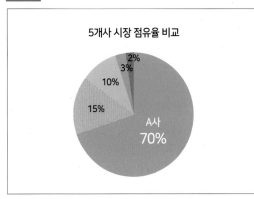

▲ 원그래프로 5개사 시장 점유율을 나타낸 모습

03 제작 스킬 ③ 예상 실적을 그래프로 표현하는 경우

연도별 A사 매출액 추이

(단위 : 억 원)

항목	A사
2016	30억
2017	45억
2018	51억
2019(예상)	60억

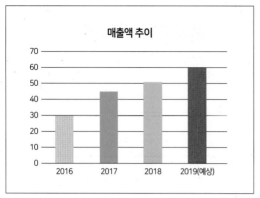

Don't

▲ 2016년~2019년(예상) 연도별 매출액 추이를
세로 막대그래프로 나타낸 모습

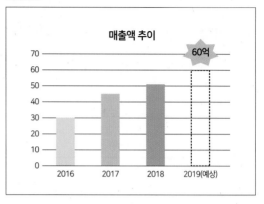

Do

▲ 2019년(예상) 매출액 부분을 강조한 모습

KEY NOTE

1 1위를 하더라도 흐름이 하락세를 보이는 경우 선택적으로 최근 시점 자료만 사용해 표현한다.

2 파이그래프는 면적의 비를 보는 것이므로 1위와 2위 간 데이터 차가 크면 파이그래프 부채꼴 크기로 대비 시킨다.

3 예상실적 데이터 강조 시 그래프 테두리 점선, 명도 낮은 컬러, 그래프 주위를 선 도형으로 감싸는 방법을 사용한다.

경기 흐름을 예측하는
지역별 통계 인포그래픽 만들기

CHAPTER

00
18

거래량을 나타내는 데이터 표현 방법은 매우 다양하다. 단순하게 막대그래프로 시각화하는 방법도 있고, 거래량의 면적을 나타내는 '영역형 그래프'로 제작하는 방법도 있다. 또 지도를 활용한 '인포그래픽'으로도 표현이 가능하다. 이번 장에서는 중요한 정책에 자주 반영하는 '거래량' 자료를 시각화하는 방법을 배워보자.

SECTION 1 | 주택 거래건수 데이터 분석

서울시나 국토교통부 등에서는 정기적으로 주택 매매 거래건수를(신고건수 기준) 발표한다. 거래건수는 거래량을 의미하기도 하는데 이는 부동산 경기 흐름을 예측하는 데 중요한 바로미터가 되는 지표다.

01 서울 아파트 매매 건수 데이터

'서울부동산정보광장(http://land.seoul.go.kr)'에 따르면 서울 지역 아파트 매매거래량(신고건수 기준)은 2017년 10월18일 기준 1591건을 기록 중이다. 하루 평균 88.4건이 거래됐으며, 이는 8월 대비 거의 반 토막 났던 9월 거래량에 비해 일평균 기준 68.4% 더 줄어든 것이다. 월별 거래건수를 살펴보면 다음과 같다.

구분	16년 10월	11월	12월	17년 1월	2월	3월	4월	5월	6월	7월	8월	9월	10월
서울시	12,878	10,914	9,358	4,481	4,660	6,659	7,738	10,202	14,323	14,577	14,800	8,388	1,976
강남구	736	622	494	242	252	418	480	628	1,030	1,021	1,058	483	109
강동구	858	606	1,164	205	239	374	539	680	1,019	844	925	355	102
강북구	216	228	118	84	100	107	119	140	176	281	296	182	34
강서구	698	590	388	229	214	328	407	568	806	890	908	466	101
관악구	320	320	246	141	183	246	292	332	421	444	425	288	63
광진구	275	241	179	103	96	112	176	223	375	329	285	222	53
구로구	665	524	815	223	255	343	382	495	694	656	601	436	106
금천구	212	176	129	81	97	116	146	173	202	203	189	134	30
노원구	1,265	1,083	791	484	421	627	778	946	1,520	1,597	1,667	783	155
도봉구	556	497	319	208	215	279	333	405	539	637	635	333	87
동대문구	448	463	260	168	194	263	289	361	434	501	616	334	92
동작구	580	466	280	171	174	258	327	399	566	524	577	332	61
마포구	509	439	621	202	188	283	346	404	583	511	498	331	63
서대문구	406	310	205	161	151	203	212	235	330	531	455	282	80
서초구	584	429	283	205	224	322	352	646	694	653	749	391	81
성동구	482	408	280	173	179	271	266	476	678	656	639	293	47
성북구	624	562	373	245	215	309	284	362	557	719	793	446	124
송파구	946	763	534	288	323	480	569	848	1,073	1,069	1,016	605	128
양천구	631	531	544	182	197	276	314	369	658	609	605	356	84
영등포구	526	427	287	193	181	304	361	421	584	527	512	420	76
용산구	283	251	159	73	103	163	192	313	407	361	320	201	41
은평구	426	355	200	156	171	195	230	265	332	346	361	254	85
종로구	82	180	76	51	62	71	61	61	92	113	96	66	31
중구	191	128	99	70	46	79	68	116	162	179	183	96	44
중랑구	359	315	514	143	180	232	215	336	391	376	391	299	99

(단위 : 거래건수)

(1) 데이터 분석 및 요약

① 전체 분석

2016년 10월부터 2017년 10월까지 12개월의 데이터 흐름을 비교했다. 맨 상단 행은 서울시 전체, 아래 행들은 서울시 각 구별 거래건수를 월별로 나타낸 것이다. 전달 목적에 따라 필요한 열과 행만 남기고 나머지는 참고 자료로 활용하는 것을 우선적으로 검토해야 한다. 서울시 전체 지도를 활용해 표현한다면 각 구별 데이터가 필요하지만 서울시 전체의 데이터만 사용할 경우에는 각 구별 데이터는 필요치 않다.

정리하면 (1) 서울시 지도를 활용한 데이터 시각화의 경우=모든 데이터 필요(단. 9월과 10월 데이터만 사용하고, 비율로 나타내려면 거래건수 차이를 비율 데이터로 변환한다.), (2) 서울시 전체 데이터를 흐름 시각화하는 경우=서울시 전체 데이터만 사용(막대그래프, 영역형 그래프 등 다양한 방법으로 표현이 가능하다.)하면 된다.

② 데이터 요약

● 방법 1

서울시 전체 지도를 활용하려면 각 구의 데이터가 포함되지만 12개월 전체 월별 데이터를 넣을 수는 없다. 여기서는 가장 최근 데이터인 9월과 10월의 변동 차이(건수 차이 또는 비율 데이터로 계산)를 시각화한다. 만일 거래건수를 비교하는 그래프로 나타내려면 9월, 10월 데이터의 최솟값, 최댓값이 어느 정도인지 미리 알아야 차이를 그리기 편하다.

- 종로구 : 9월 66건, 금천구 10월 30건(최소)
- 노원구 : 9월 783건, 노원구 10월 155건(최대)
- Y축 구간은 30건~783건이다. 눈금 구간을 어느 정도로 나누어야 하는지 가늠할 수 있다.
- Y축간 눈금을 50건 또는 100건으로 생각해 볼 수 있다(그래프로 그리는 경우).
- 본 사례는 비율 데이터만 채택하여 그려 본다.

구 분	9월	10월	감소비율(%)
서울시	8,388	1,976	76.4
강남구	483	109	77.5
강동구	355	102	71.3
강북구	182	34	81.4
강서구	466	101	75.2
관악구	288	63	78.2
광진구	222	53	76.2
구로구	436	106	75.7
금천구	134	30	77.7
노원구	783	155	80.3
도봉구	333	87	73.9
동대문구	334	92	72.5
동작구	332	61	81.7
마포구	331	63	81.0
서대문구	282	80	71.7
서초구	391	81	79.3
성동구	293	47	84.0
성북구	446	124	72.2
송파구	605	128	78.9
양천구	356	84	76.5
영등포구	420	76	82.0
용산구	201	41	79.7
은평구	254	85	66.6
종로구	66	31	53.1
중구	96	44	54.1
중랑구	299	99	66.8

▲ 서울시 지도 위에 넣을 데이터를 전체 표에서 추출한 모습

• 방법 2

서울시 전체 거래건수로만 주택 흐름을 살펴본다면 각 구의 세부 데이터는 모두 제거가 가능하다.

> – X축 독립변수 : 2016년 10월~2017년 10월
> – Y축 종속변수 : 거래건수(최솟값 : 4,481건, 최댓값 : 14,800건)

(단위 : 거래건수)

구분	16년 10월	11월	12월	17년 1월	2월	3월	4월	5월	6월	7월	8월	9월	10월
서울시	12,878	10,914	9,358	4,481	4,660	6,659	7,738	10,202	14,323	14,577	14,800	8,388	1,976

▲ 2016년 10월부터 2017년 10월(10월18일)까지의 월별 거래건수를 정리한 표

(2) 시각화 방법

• 먼저 서울시 각 구별 아파트 거래건수(9월:10월) 및 감소율 데이터를 지도 위에 나타낼 수 있다.

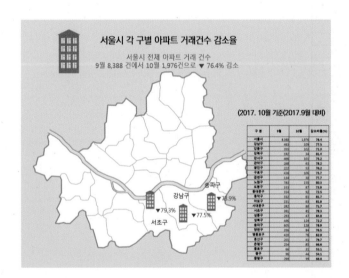

• 거래건수를 '영역형 그래프'로 나타낼 수 있다.

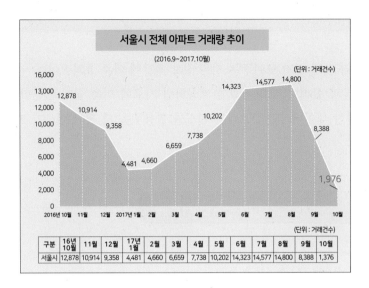

구분	16년 10월	11월	12월	17년 1월	2월	3월	4월	5월	6월	7월	8월	9월	10월
서울시	12,878	10,914	9,358	4,481	4,660	6,659	7,738	10,202	14,323	14,577	14,800	8,388	1,376

KEY NOTE

1 지도 위에 너무 많은 데이터를 표현하지 않는다.

2 거래량과 같은 양의 크기를 나타낼 때는 막대그래프 대신 '영역형 그래프'를 사용한다.

3 최솟값과 최댓값을 사전에 파악하여 그래프 Y축 눈금 구간을 결정한다.

내용에 대한 요약 시각화를 원 데이터 전에 먼저 보여주는 것은 정보 전달에 아주 효과적이다. 홈페이지에 통계자료를 공개할 경우 원본과 함께 시각화 자료를 제공하면 자료에 더욱 쉽게 접근할 수 있도록 도움을 준다. 특정 지역에 관한 데이터라면 글보다는 지도를 활용했을 때 훨씬 이해가 빠를 것이다.

STEP 01 >> 인포그래픽 PREVIEW

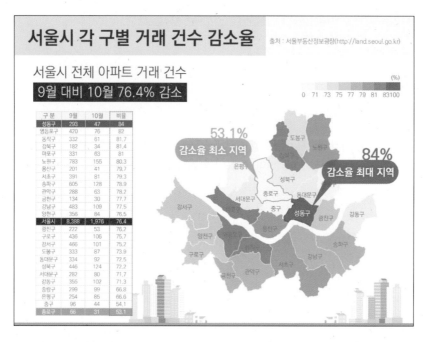

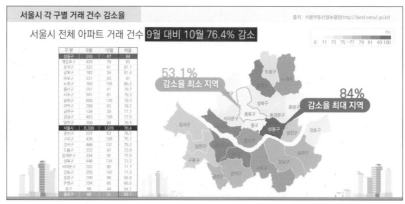

▲ 사이즈 변형 : 홈페이지 메인용 와이드형

등치지역도를 활용한 시각화

❶ 지역별 자료를 표현할 때 활용이 가능한 시각화 방법으로는 등치지역도가 가장 일반적이다. 색상의 채도를 통해 값의 높낮이를 표현한다. 값의 구간을 나누고 여러 색상이 아닌 한 가지 색을 정하여 낮은 구간은 낮은 채도로, 높은 구간은 높은 채도로 나타낸다.

❷ 등치지역도의 범례는 각 구간별 색상을 설명하는 것이 아닌 색상과 값을 시작점(0)부터 좌에서 우로 나열하여 표현한다. 데이터를 편집한 후 색상칩처럼 범례를 미리 만들어 시각화하면 편리하게 작업이 가능하다. '비율'을 기준으로 '최댓값'과 '최솟값'을 파악하고 지역 간 구분이 잘 될 수 되도록 사잇값 구간을 총 8구간으로 나누어 제작한다.

❸ 표시해야 할 데이터가 많으면 모두 기입하는 것은 한계가 있다. 이럴 때 표를 활용하여 기본적인 내용은 표로 보여주고, 가장 중요한 내용은 따로 요약해 숫자나 도형을 활용해 강조 효과를 높인다.

• **완성파일** : 18장\[완성파일] 폴더　　• **실습자료** : 18장\[실습파일] 폴더

1 [디자인] 탭-[사용자 지정] 그룹-[슬라이드 크기]-[표준(4:3)]을 선택한다. [삽입] 탭-[일러스트레이션] 그룹-[도형]-[직사각형]을 선택해 제목 영역에 들어갈 사각형을 삽입하고 서식을 지정한다.

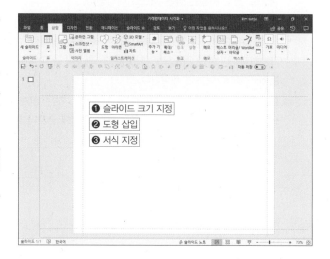

구분	도형 색(RGB)	윤곽선
제목 영역 사각형	242/242/242	없음

2 [텍스트 상자]를 이용해 제목과 출처를 입력하고 서식을 지정한다. 제목 영역 사각형을 복제(Ctrl + D)하여 제목 글자 부분에 맞춰 크기를 조절하고 색은 기존 색보다 약간 어둡게 변경한다.

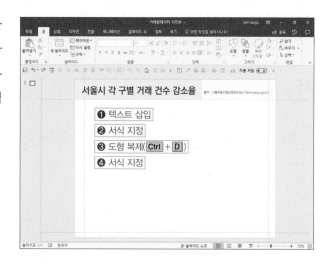

텍스트	글꼴/글꼴 크기/속성	글꼴 색(RGB)
제목	KoPub돋움체 Bold/32/왼쪽 정렬	113/48/160
출처	KoPub돋움체 Light/11/오른쪽 정렬	127/127/127

구분	도형 색(RGB)	윤곽선
복제한 사각형	222/222/222	없음

3 [텍스트 상자]를 이용해 요약 내용을 입력하고 서식을 지정한다. 강조를 위해 수치를 나타내는 부분에 [삽입] 탭-[일러스트레이션] 그룹-[도형]-[직사각형]을 삽입하고 [마우스 오른쪽 클릭]-[맨 뒤로 보내기]를 선택한다.

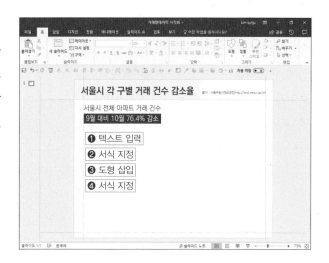

텍스트	글꼴/글꼴 크기/속성	글꼴 색(RGB)
요약 텍스트	KoPub돋움체 Light/24/가운데 정렬	■ 119/45/160
강조)감소율	KoPub돋움체 Light/24/가운데 정렬	□ 흰색

구분	도형 색(RGB)	윤곽선
텍스트 강조 사각형	■ 213/0/147	없음

4 [실습파일] 폴더의 '아이콘.pptx'를 열고 서울시 지도 아이콘을 복사(Ctrl + C)하여 붙여넣기(Ctrl + V)한다. 지도 도형 및 지도 내 글자의 서식을 지정한다.

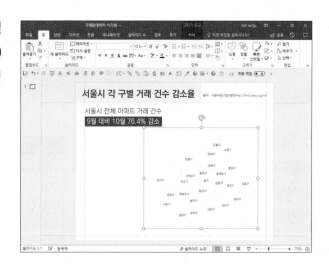

구분	도형 색(RGB)	윤곽선(RGB), 너비
지도 아이콘	▨ 242/242/242	▨ 242/242/242, 0.5pt
지도 내 글자	■ 127/127/127	없음

5 표 삽입을 위해 엑셀을 활용해보자. [실습파일] 폴더의 '엑셀 데이터.xlsx'를 열면 전체 데이터(시트1) 및 9-10월 데이터(시트2)가 있다. 시트2의 데이터를 확인한다. 맨 위에 '서울시' 데이터 아래로 지역명의 가나다 순으로 정렬되어 있다.

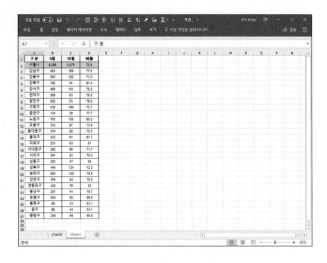

6 '비율' 데이터 셀들을 드래그하여 선택하고 위에 커서를 위치시킨 후 [마우스 오른쪽 클릭]-[정렬]-[숫자 내림차순 정렬]을 선택하여 정렬한다. 정렬 전에 경고창이 나타나면 [선택 영역 확장]을 선택한다. 감소 비율이 높은 지역부터 낮은 순으로 표가 재정렬된다.

7 엑셀에서 표를 전체 선택하여 복사(Ctrl + C)한 후 파워포인트 슬라이드에 붙여넣기(Ctrl + V)하면 엑셀 표를 그대로 가져올 수 있다.

전문가 TIP!

엑셀이나 파워포인트는 같은 마이크로소프트 오피스 제품이기 때문에 프로그램 간에 호환이 가능하다. 엑셀이 설치되어 있지 않다면, 파워포인트의 [표] 기능을 사용하여 데이터를 입력한다.

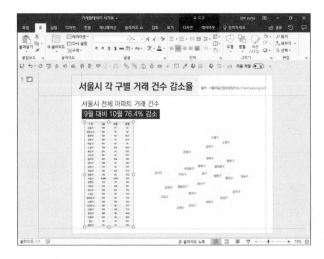

8 표를 선택하고 표 내부의 글꼴 서식을 지정한다.

텍스트	글꼴/글꼴 크기	글꼴 색(RGB)
표 텍스트	KoPub돋움체 Medium / 10	127/127/127

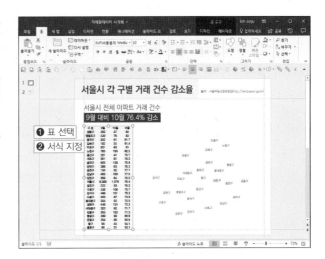

9 [표 도구]-[디자인] 탭-[테두리 그리기] 그룹에서 [펜 색]과 [두께]를 지정한 뒤, [표 스타일] 그룹-[테두리]에서 표의 테두리 색을 변경하고, [음영]을 선택하여 표 색상을 변경한다.

구분	테두리 색	두께
전체 테두리	242/242/242	0.75pt

구분	표 색(RGB)
전체 표 색	흰색
항목명	242/242/242
서울시(강조)	214/0/147

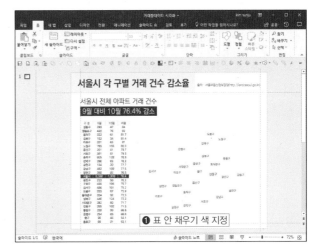

10 [삽입] 탭-[일러스트레이션] 그룹-
[도형]-[직사각형]을 선택해 도형 8개를
나란히 붙여 그린다. 첫 사각형과 끝 사각
형은 너비를 약간 길게 한다.

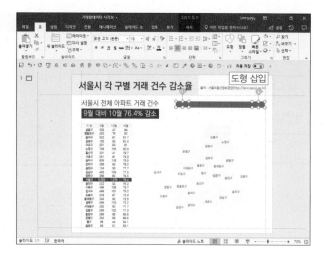

11 순서대로 색상을 지정한다. 한 가지
색상을 정한 뒤 왼쪽에서부터 오른쪽 방향
으로 점점 채도를 높여 도형의 색을 지정
한다.

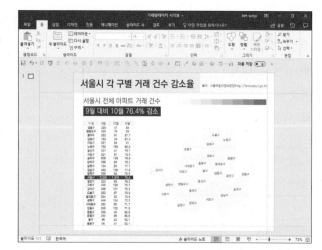

242/242/242	255/235/245	255/221/238	255/201/228	255/179/217	255/155/205	255/129/192	255/93/174

12 [텍스트 상자]를 이용해 도형에 구분 값과 단위를 입력한다. 양 끝은 '0'과 '100'이 되고, 데이터 분포가 많은 71~81 구간을 집중적으로 나눈다. 단위는 '(%)'로 표시한다.

0	71	73	75	77	79	81	83	100

구분	글꼴/글꼴 크기	글꼴 색(RGB)
숫자, %	KoPub돋움체 Light/10.5	■ 89 / 89 / 89

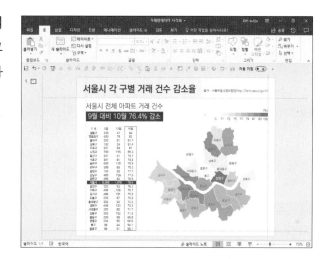

13 표의 '비율' 데이터를 기반으로 지도의 각 지역을 선택한 후 [홈] 탭-[그리기] 그룹-[도형 채우기]-[스포이트]를 활용하여 범례에 맞추어 색상을 변경한다.

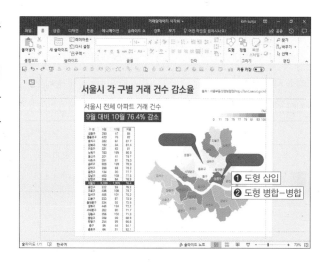

14 감소율 최대 지역인 '성동구'와 최소 지역인 '종로구'에 맞춰 말풍선 형태의 도형을 삽입해보자. [삽입] 탭-[일러스트레이션] 그룹-[도형]-[사각형:둥근 모서리]를 삽입하고 [자유형]을 선택하여 꼬리 부분을 만든다. 도형을 함께 선택하고 [그리기 도구]-[서식] 탭-[도형 삽입] 그룹-[도형 병합]-[병합]을 선택하여 합친다.

15 최대 지역과 최소 지역의 색상을 구분하여 표와 말풍선 도형의 색상을 지정한다. 지도 위의 '성동구', '종로구' 지역에도 동일 색상으로 테두리를 지정한다. 지역의 테두리 지정 후 테두리가 보이지 않는다면 [홈] 탭-[그리기] 그룹-[정렬]-[맨 앞으로 가져오기]를 선택한다.

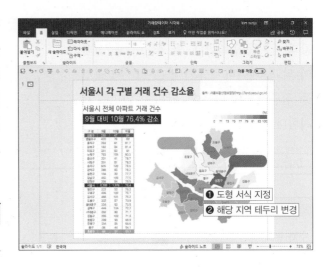

구분	색(RGB)	투명도
감소율 최대 지역	■ 131/105/197	10%
감소율 최소 지역	■ 180/164/220	10%

16 텍스트와 비율 수치를 입력하여 말풍선에 맞게 배치해보자. 말풍선 안의 텍스트를 선택하고 [그리기 도구]-[서식] 탭-[WordArt 스타일] 그룹-[텍스트 효과]-[그림자]-[그림자 옵션]을 선택하여 속성 창에서 값을 설정한다.

전문가 TIP!

도형에 그림자 효과를 지정할 경우 기본은 검정색으로 설정되어 있지만, 도형의 색상에 맞춰 같은 계열의 어두운 색으로 지정하고 그림자 효과를 주면 더 자연스러운 그림자 효과를 줄 수 있다.

텍스트	글꼴/글꼴 크기	글꼴 색(RGB)
감소율 최소/최대 지역	KoPub돋움체 Bold/18	□ 흰색
최소 지역 비율	KoPub돋움체 Bold/24	■ 187/173/223
최대 지역 비율	KoPub돋움체 Bold/28	■ 143/120/203

색(RGB)	투명도	크기	흐리게	각도	간격
■ 113/48/160	70%	100%	20pt	0°	0pt

17 [실습파일] 폴더의 '아이콘.pptx'에 있는 아파트 아이콘을 복사(Ctrl + C)하여 선택하여 붙여넣기(Ctrl + Alt + V)한 후 [선택하여 붙여넣기] 대화상자에서 '그림(확장 메타파일)'을 선택하여 아이콘을 붙여넣는다.

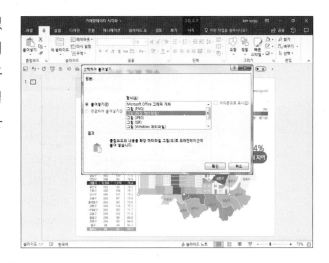

18 붙여넣은 이미지를 선택하고 [마우스 오른쪽 클릭]-[그림 서식]-[그림]-[그림 색]-[다시 칠하기]에서 '회색 계열'로 색을 변경한다. 변경한 후 [그림 보정]에서 추가로 밝기 및 대비 조절이 가능하다.

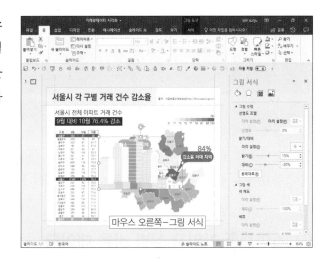

19 슬라이드의 하단에 [삽입] 탭-[일러스트레이션] 그룹-[도형]-[직사각형]을 선택해 바닥 부분을 표현할 도형을 얇게 삽입하고 서식을 지정한다. 도형 위에 변형한 아파트 아이콘을 적당한 크기로 조절하여 배치하고 마무리한다.

구분	도형 색(RGB)	윤곽선
하단 도형	■ 178/178/178	없음

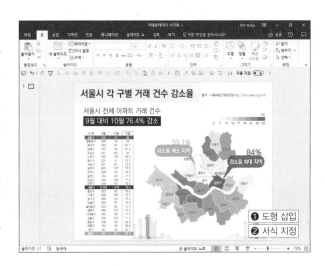

마케터에게 필요한 설득력 높이는
인포그래픽 만들기

마케팅 부서나 영업 부서의 경우 인구통계학적 기준으로 제품에 대한 조사를
실시하는 경우가 많다. 연령대별 제품 판매율, 성별 제품 판매율 등의 데이터가
그렇다. 여기에 세부적으로 남성의 연령별 판매율 데이터를 이용하여 알리고자
한다면 전달 방법에 많은 신경을 써야 한다. 이번 장에서는 한 장의 슬라이드에
상위 데이터와 연결된 하위 데이터까지 표현하는 방법을 살펴본다.

SECTION 1 | 스마트폰 가입자 스몰 데이터 분석

적은 분량의 데이터(small data:스몰 데이터)라고 시각화가 쉬운 것은 아니다. 스몰 데이터에서 유
의미한 가치를 찾아내는 것이 더 어려울 수 있다. 데이터 간 편차가 크지 않은 경우 특히 그래프 선
택이 중요하다. 실전에서 마케터에게 필요한 데이터 표현 방법을 소개한다.

01 스마트폰 가입자 성별 비율 데이터

스마트폰 성별 가입자 비율은 남성 70%, 여성 30%를 차지한다. 특히 남성 가입자의 경우 전체 30%가 30대로
가장 높고, 40대 25%, 50대 20%, 20대 15%, 60대 이상은 10%로 나타났다.

(1) 데이터 분석 및 요약

① 전체 분석

2줄의 간단한 통계 같지만 사실 녹록치 않은 복합형 데이터다. 상위 데이터는 합이 100%이기 때
문에 원그래프나 막대그래프 유형을 먼저 생각해 볼 수 있지만 남성 연령대별 세부 데이터가 연
결되어야 하므로 원그래프보다는 비율 차이를 명확하게 살펴볼 수 있는 세로형 막대그래프를 선
택하는 것이 좋다. 또한 그래프 위에 숫자를 강조해 자료 해독이 쉽도록 만들어 볼 수 있다.

② 데이터 요약

> - **대표 제목** : 스마트폰 가입자 30대 남성 가입률 가장 높아
> - **데이터 요약** : 남성 70%＋여성 30%＝합계 100%
>
>   남성 연령대별 가입 비율＝30대(30%), 40대(25%), 50대(20%), 20대(15%), 60대 이상(10%) 순

(2) 시각화 방법

세로형 막대그래프를 선택한다. 비율이 큰 남성 데이터는 아래쪽에 위치하고 명도가 낮은 색으로 강조할 수 있다. 남성 막대그래프 옆에 연령대별로 분석한 또 하나의 세로형 막대그래프를 그려 넣는다. 파워포인트 슬라이드용으로 제작 시 제목은 가운데 상단, 텍스트 본문 자료는 오른쪽, 그래프는 왼쪽 영역에 넣는다.

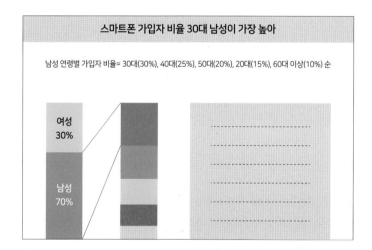

KEY NOTE

1 차이가 나지 않는 비율 데이터는 원그래프 대신 막대그래프로 표현한다(막대그래프는 차이가 적은 데이터를 비교하는 데 유용하다).

2 비율(숫자)을 막대그래프 위에 넣어 표현을 강조한다.

3 강조 부분은 명도가 낮은 배경색을 사용한다.

4 그래프와 메시지 도해의 경우 메시지는 오른쪽, 그래프는 왼쪽에 그린다. 그래프와 메시지는 자료 해독을 하는 데 상호 보완적 관계다.

02 스마트폰 연령대별 가입자 데이터

스마트폰 연령대별 여성 가입자 비율의 경우 40대가 50%로 가장 높으며, 30대 20%, 60대 15%, 50대 10%, 70대 이상 5% 순으로 나타났다.

(1) 데이터 분석 및 요약

① 전체 분석

합이 100%인 비율 데이터이다. 특히 1위를 한 40대 여성 가입자 비율이 50%로 2위를 차지한 30대(20%)와 큰 차이(30%)를 보인다. 이 경우 막대그래프 대신 원그래프에 숫자를 강조하는 방법으로 표현이 가능하다.

② 데이터 요약

- **대표 제목** : 스마트폰 여성 가입자의 절반이 40대
- **데이터 요약** : 연령대별 가입 비율=40대(50%), 30대(20%), 60대(15%), 50대(10%), 70대 이상(5%) 순

(2) 시각화 방법

가장 큰 데이터와 두 번째 데이터가 현격한 차이를 나타내는 경우 원그래프를 선택할 수 있다. 50%를 차지한 40대 비율 숫자는 슬라이스 바로 위가 아닌 옆 빈 공간에 크게 강조한다. 원그래프의 색과 숫자의 색을 일치시킨다.

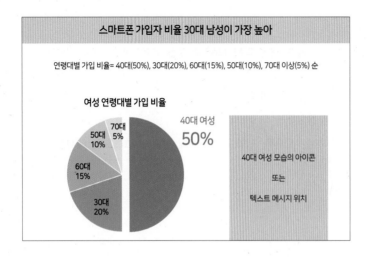

KEY NOTE

1 차이가 현격한 비율(숫자) 데이터는 원그래프로 나타내도 좋다.

2 원그래프에서 가장 큰 슬라이스(강조 하려는 데이터)의 배경색은 명도가 낮은 컬러를 사용하며, 원 조각을 중앙에서 떼어내 강조 효과를 줄 수 있다.

3 원 슬라이스 위가 아닌 빈 영역에 숫자의 크기를 키워서 강조할 수 있다.

마케터를 위한 그래프 표현의 포인트는 정보를 얼마나 눈에 띄게 표현하느냐다. 정보를 접하는 독자와 전달하는 매체에 맞게 강조 부분을 극대화시키고, 빠른 시간 내에 인지할 수 있도록 눈에 띄게 표현하며 내용에 맞는 적절한 호감형 아이콘을 선택하는 것이 콘텐츠의 주목성을 확보하는 데 가장 큰 역할을 할 것이다. 그럼 SNS에서 홍보하기 적합한 콘텐츠를 제작해보자.

STEP 01 » 인포그래픽 PREVIEW

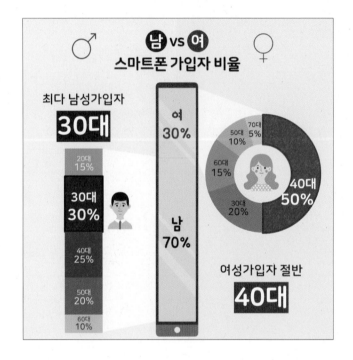

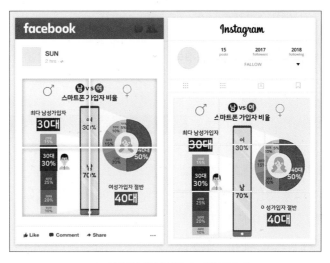

▲ SNS(페이스북 및 인스타그램) 적용 예

DESIGN POINT >> **정사각형 한 장에 요약한 SNS 홍보용 디자인**

❶ 한 장 안에 비교되는 두 개의 정보를 표현할 경우, 두 정보를 확실하게 구분할 수 있도록 상반되는 색상을 사용하는 것이 좋다. 이렇게 해야 짧은 시간동안 정보를 접하더라도 쉽게 인지할 수 있기 때문이다. 가장 많은 부분을 차지하는 항목을 강하게 표현하고, 그 외 부분은 비중을 낮춰 색상을 사용한다. 강조할 부분만 눈에 들어오도록 디자인을 해 보는 것도 좋다.

❷ 시선이 머무는 시간을 끌 수 있는 요소를 활용하자. 귀여운 모양의 깔끔한 아이콘과 포인트 폰트를 조금만 사용하면 전체적인 디자인 분위기를 유연하게 만들 수 있다.

❸ (응용 방법) SNS에서 타임라인이나 프레임에 게시된 형태를 통해 다양하게 홍보하는 방식이 사용된다. 여러 개의 썸네일로 나누어 독특하게 게시하거나 한 장 안에 여러 개의 정보를 배열했을 때 이미지를 분할하여 업로드하는 방식을 활용해 볼 수 있다.

• **완성파일** : 19장\[완성파일] 폴더   • **실습자료** : 19장\[실습파일] 폴더

1 [디자인] 탭-[사용자 지정] 그룹-[슬라이드 크기]-[사용자 지정 슬라이드 크기]를 선택하고 [슬라이드 크기] 대화상자가 나타나면 너비와 높이를 '31.75cm'로 지정한다. Alt + F9 를 눌러 안내선을 활성화하고 그림처럼 안내선으로 레이아웃을 만들어본다. [텍스트 상자]를 선택하여 제목을 입력하고 서식을 지정한다.

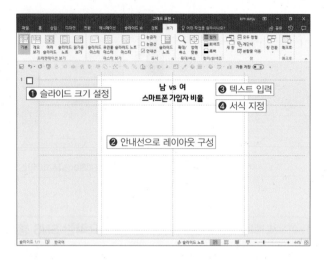

텍스트	글꼴/글꼴 크기/속성	글꼴 색(RGB)
제목	나눔스퀘어라운드 ExtraBold/44/가운데 정렬	■ 64/64/64

2 [실습파일] 폴더에서 '아이콘.pptx' 파일을 열고 스마트폰 아이콘을 복사(Ctrl + C)하여 붙여넣기(Ctrl + V)한 다음 슬라이드 중앙에 배치한 뒤 그룹 해제(Ctrl + Shift + G)하여 분리한다.

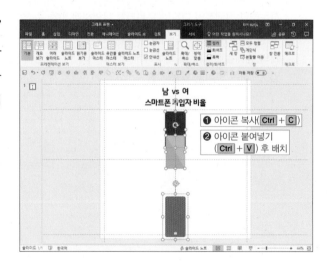

3 긴 스마트폰 형태를 만들기 위해 몸체 부분을 위와 아래로 배치한 뒤, [삽입] 탭-[일러스트레이션] 그룹-[도형]-[직사각형]을 스마트폰 가운데의 빈 공간에 몸체 크기로 삽입한다. [그리기 도구]-[서식] 탭-[도형 스타일] 그룹-[도형 윤곽선]-[스포이트]를 선택해 몸체와 같은 색으로 지정한다.

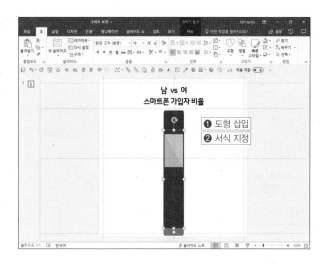

4 성별 비율 누적 막대그래프를 나타낼 스마트폰 액정 부분 도형을 몸체만큼 길이를 늘인 다음 색을 지정한다. 액정 도형을 복제(Ctrl + D)하여 나란히 옆으로 정렬한 상태에서 [마우스 오른쪽 클릭]-[크기 및 위치]-[크기]-[높이 조절]을 '30%'로 조절한다. 2개의 액정 도형에 서식을 지정한다.

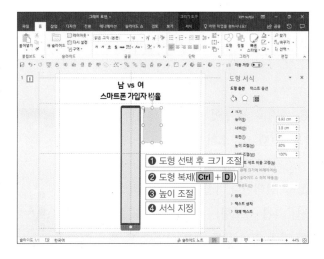

도형	도형 색(RGB)	윤곽선
액정-남자	189/215/238	없음
액정-여자	252/208/217	없음

5 액정에 빛이 반사된 것과 같은 효과를 주기 위해 [삽입] 탭-[일러스트레이션] 그룹-[도형]-[자유형] 도형을 삽입한 후 서식을 지정한다. 스마트폰 액정에 [텍스트 상자]를 이용해 텍스트를 입력하고 서식을 지정한다.

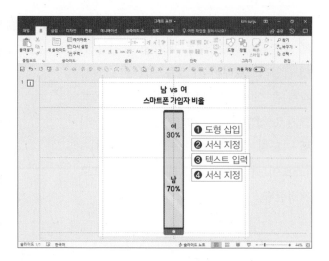

구분	도형 색(RGB)	투명도	윤곽선
액정 반사 도형	흰색	80%	없음

텍스트	글꼴/글꼴 크기/속성	글꼴 색(RGB)
여 30%	야놀자 야체 B/54/가운데 정렬	191/13/68
남 70%	야놀자 야체 B/54/가운데 정렬	0/32/96

6 반으로 나누어 배경을 삽입하기 위해 [보기] 탭-[마스터 보기] 그룹-[슬라이드 마스터]를 선택하고 첫 번째 마스터 슬라이드를 선택한다. [삽입] 탭-[일러스트레이션] 그룹-[도형]-[직사각형]을 슬라이드의 반쪽 크기로 두 개를 삽입한 뒤 색을 지정하고 다시 [슬라이드 마스터] 탭-[닫기] 그룹-[마스터 보기 닫기]를 선택한다.

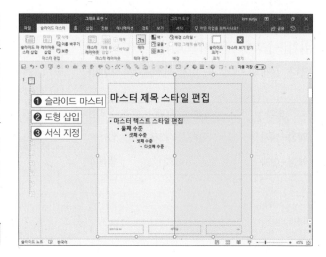

도형	색(RGB)	윤곽선
왼쪽 배경	222/235/247	없음
오른쪽 배경	255/231/240	없음

전문가 **TIP!**

[슬라이드 마스터] 기능은 여러 슬라이드에 같은 서식이나 효과 등을 적용할 때 유용한 기능이지만, 예제에서처럼 슬라이드에 배경 서식이 아닌 도형이나 개체로 배경을 삽입할 경우, 작업 과정에서 다른 개체를 선택할 때 배경 도형이 함께 선택되는 불편함을 해소하기 위한 기능으로도 사용할 수 있다.

7 남성 연령별 비율 누적 막대그래프를 제작해보자. [삽입] 탭-[일러스트레이션] 그룹-[도형]-[직사각형]을 선택해 그림처럼 삽입한다. ④번 방법과 동일하게 도형을 복제(Ctrl + D)하여 나란히 옆으로 배치한 뒤 [마우스 오른쪽 클릭]-[크기 및 위치]-[크기]-[높이 조절]을 각 비율에 맞게 조절하여 아래로 나란히 붙여넣는다.

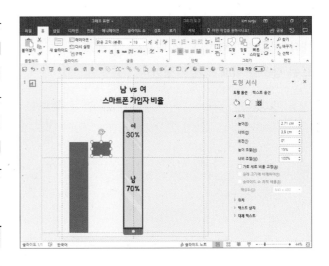

20대	30대	40대	50대	60대
15%	30%	25%	20%	10%

도형의 크기를 비율 조절로 변경하면 변경 후 도형의 높이/너비는 100%가 된다. 수정이 필요할 경우, 이전의 크기로 되돌린 후 다시 비율을 조절한다.

8 막대의 값이 큰 항목부터 어두운 색에서 점점 밝아지도록 색을 지정한다. 30대 항목은 강조를 위해 도형 윤곽선을 추가한다.

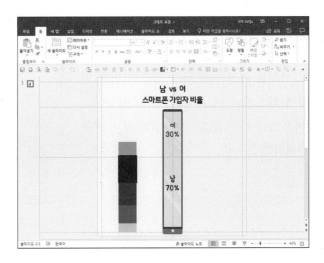

도형	색(RGB)	윤곽선 색(RGB), 너비
20대	107/159/223	없음
30대	40/26/146	27/17/101, 5pt
40대	50/62/172	없음
50대	69/101/203	없음
60대	166/196/244	없음

9 막대 안에 [텍스트 상자]를 이용해 연령대와 비율을 입력한다. 30대 항목의 텍스트는 강조를 위해 크게 지정한다.

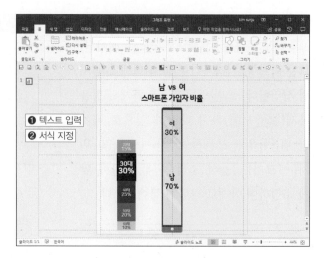

텍스트	글꼴/글꼴 크기	글꼴 색(RGB)
연령대	나눔스퀘어라운드 Bold/20	231/230/230, ■ 89/89/89
비율	나눔스퀘어라운드 Bold/28	231/230/230, ■ 89/89/89
30대(강조)	나눔스퀘어라운드 ExtraBold/36, 44	□ 흰색

10 그래프 위 공간에 핵심 내용을 입력하고 서식을 지정한다. 글자 강조를 위해 연령대 텍스트 뒤에 [직사각형]을 삽입하고 [마우스 오른쪽 클릭]-[맨 뒤로 보내기]를 선택한다.

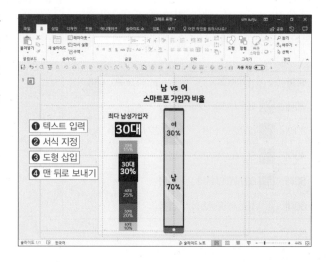

텍스트	글꼴/글꼴 크기/속성	글꼴 색(RGB)
최다 남성가입자	나눔스퀘어라운드 Bold/36/가운데 정렬	■ 64/64/64
30대	나눔스퀘어라운드 ExtraBold/72/가운데 정렬	□ 흰색

구분	도형 색(RGB)	윤곽선
텍스트 강조 도형	■ 33/21/125	없음

11 [삽입] 탭-[일러스트레이션] 그룹-
[차트]-[원형]-[도넛형]을 선택하여 차
트를 추가하고 데이터 시트에 여성 연령별
비율을 순서대로 입력한다.

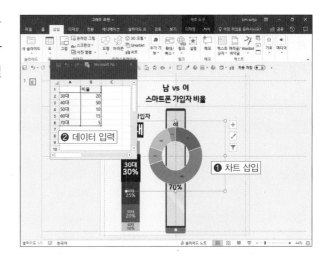

12 데이터 시트에서 비율 항목을 선택한
뒤 [마우스 오른쪽 클릭]-[정렬]-[숫자
내림차순 정렬]을 선택하여 그래프 값을
높은 순서대로 정렬한다.

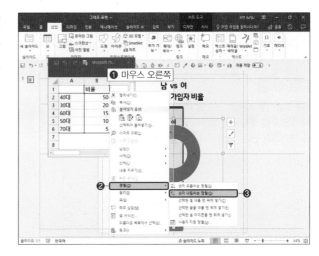

13 도넛 그래프를 선택하고 차트 오른쪽
버튼에서 [차트 요소]-[데이터 레이블]을
활성화한다. 그래프에 표시된 레이블을 선
택한 뒤 [마우스 오른쪽 클릭]-[데이터 레
이블 서식]-[레이블 옵션]에서 [백분율]
항목에 체크한다.

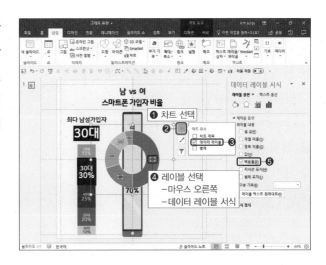

14 그래프 계열 조각 부분을 선택하고 [데이터 계열 서식]-[계열 옵션]-[도넛 구멍 크기]를 '50%'로 조절하여 면적을 넓힌다.

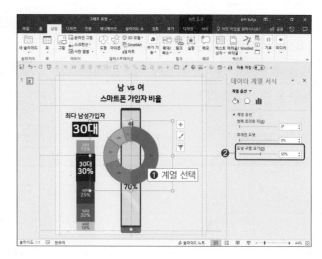

15 [데이터 계열 서식]-[채우기 및 선]-[테두리]를 '선 없음'으로 선택한다.

전문가 TIP!

추후 확장 메타파일로 변환할 때 그래프의 '테두리 없음'을 하지 않으면 불필요한 테두리 면적이 발생하므로 그래프를 변환하기 전에 꼭 해줘야 할 과정이다.

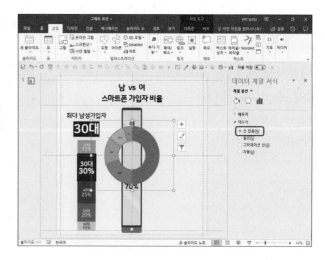

16 완성된 그래프를 잘라내기(Ctrl + X)한 뒤, 선택하여 붙여넣기(Ctrl + Alt + V)를 눌러 [선택하여 붙여넣기] 대화상자에서 '그림(확장 메타파일)'을 선택해 붙여넣는다. 적당히 크기를 조절해 배치한 다음 그룹 해제(Ctrl + Shift + G)를 2번하여 그룹을 해제한다.

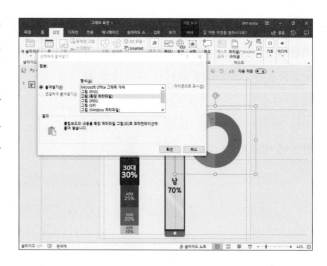

17 ⑧번 과정과 동일하게 그래프의 색을 지정하고 [텍스트 상자]를 이용해 텍스트를 입력하고 서식을 지정한다. 40대 항목은 강조를 위해 윤곽선을 추가한다.

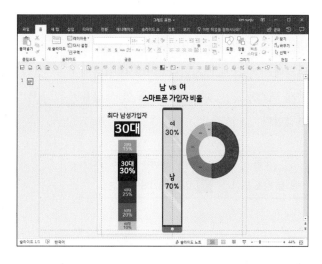

도형	색(RGB)	윤곽선 색(RGB), 너비
40대	227/29/90	191/13/68, 5pt
30대	238/96/137	없음
60대	249/127/153	없음
50대	250/160/179	없음
70대	251/187/201	없음

18 그래프 안에 [텍스트 상자]를 선택하여 연령대를 입력한 뒤 텍스트 서식을 지정한다. 40대 항목의 텍스트는 강조를 위해 크게 지정한다.

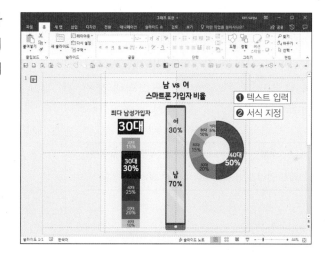

텍스트	글꼴/글꼴 크기	글꼴 색(RGB)
연령대	나눔스퀘어라운드 Bold/18	64/64/64
비율	나눔스퀘어라운드 Bold/24	64/64/64
40대(강조)	나눔스퀘어라운드 ExtraBold/36, 44	흰색

전문가 TIP!

연령순으로 구성되어 있지 않으므로 주의하여 수정해야 한다.

19 왼쪽의 남성 부분에 입력한 핵심 내용 텍스트를 복제(Ctrl+D)하여 오른쪽 도넛그래프 하단에 배치한다. 여성 데이터에 맞게 텍스트를 수정하고 강조 도형 색상을 변경한다.

구분	도형 색(RGB)	윤곽선
텍스트 강조 도형	■ 191/13/68	없음

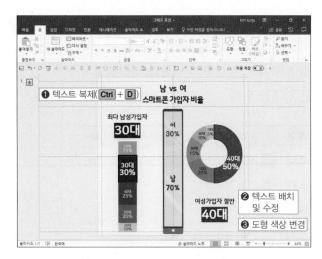

20 [삽입] 탭-[일러스트레이션] 그룹-[도형]-[자유형]을 선택하여 해당 액정도형과 관련 그래프 사이를 연결하는 도형을 삽입하고 서식을 지정한다. [마우스 오른쪽 클릭]-[맨 뒤로 보내기]를 클릭해 자유형 도형을 가장 뒤로 배치한다.

구분	도형 색(RGB)	투명도	윤곽선
그래프 연결 도형	□ 흰색	50%	없음

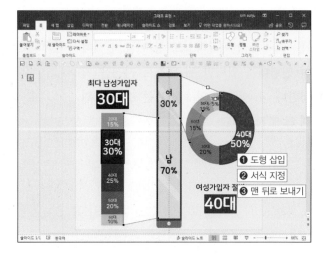

21 [실습파일] 폴더의 '아이콘.pptx' 파일을 열어 아이콘을 복사(Ctrl+C)한 후 적당한 위치에 붙여넣는다(Ctrl+V). 상단 제목의 '남'과 '여' 글자 뒷부분에 [삽입] 탭-[일러스트레이션] 그룹-[도형]-[타원]을 선택하고 텍스트를 강조하는 도형을 삽입해 글자의 가시성을 높인다.

구분	도형 색(RGB)	윤곽선
'남'텍스트 강조 도형	■ 33/21/125	없음
'여'텍스트 강조 도형	■ 191/13/68	없음

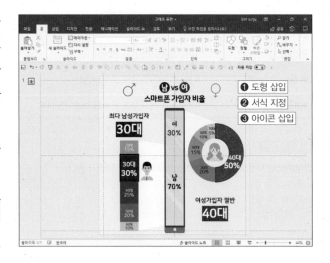

22 디자인이 완성되면 [파일]-[다른 이름으로 저장]을 누른 뒤 [다른 이름으로 저장] 대화상자에서 파일 형식을 이미지 파일 형식(jpg/png/bmp 등)을 선택하여 저장한다.

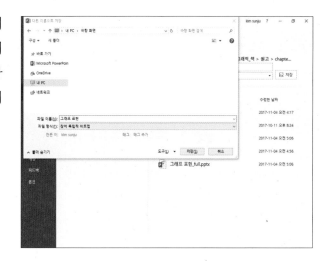

23 이미지를 1/4로 나누어 저장하기 위해 슬라이드를 추가(Ctrl + Enter)하고 저장한 이미지를 불러온다. 이미지를 선택하고 [그림 도구]-[서식] 탭-[크기] 그룹-[자르기]-[가로 세로 비율]-[1:1]을 선택한다. 조절점을 드래그하여 안내선에 맞춰 조절한다.

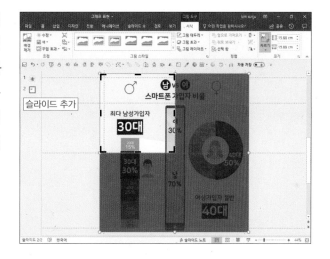

24 잘린 이미지를 선택하고 [마우스 오른쪽 클릭]-[그림으로 저장]을 누른 뒤, [다른 이름으로 저장] 대화상자에서 파일 형식을 'png'로 선택하여 저장한다.

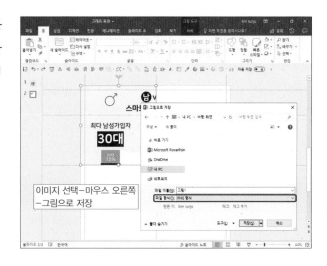

25 [자르기] 버튼을 다시 누르면 자르는 영역을 재설정할 수 있다. 위치를 이동하며 나머지 부분도 잘라 같은 방법으로 저장한다.

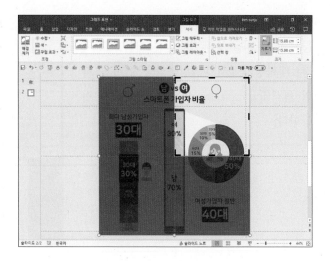

방대한 양의 정책분석 데이터로
미디어 보도자료 만들기

정부 부처에서 발표하는 정책분석 동향 자료는 몇 가지 특징이 있다. 첫째는 국가 산업 정책을 수립하는 데 기초가 된다. 둘째는 데이터 1차 수요자는 언론이다. 셋째는 해당 분야 종사자에겐 미래를 예측하는 데 중요한 기초 자료가 된다. 이 세 가지 특징을 고려하여 정책분석 자료의 요약과 대표성을 띠는 시각적 표현 방법을 익히는 것은 매우 중요하다. 이번 장에서는 방대한 양의 정책분석 데이터를 시각화하는 방법에 대해 알아보자.

SECTION 1 | 대외 발표 데이터 자료 분석

주요 정부 부처의 홍보 자료는 1차로 미디어에서 자료를 가공하여 국민에게 알리는 프로세스를 갖는다. 뿐만 아니라 각 부처에서는 직접적인 홍보를 위해 자체적으로 자료를 시각화해 부처 홈페이지, SNS, 블로그 등을 통해 소개하기도 한다. 이때 대부분은 자료의 양이 많아 '나열식 배열방법'을 사용한다. 이번 챕터에서는 정부 부처에서 주로 사용하는 '나열식 정보차트' 제작 과정 노하우를 배워본다.

01 신설 법인 관련 데이터 분석 및 요약

■ **2017년 7월 신설법인은 8,316개로 전년 동월대비 소폭(0.8%, 63개) 상승하였다.**
 – 신설법인(개) : ('14.7) 8,129 → ('15.7) 8,936 → ('16.7) 8,253 → ('17.7) 8,316

■ **중소벤처기업부가 발표한 신설법인 동향에 따르면,**
● '17년 7월 신설법인은 8,316개로, 수출증가세 등으로 제조업(11.1%, 181개) 법인 창업이 증가하였고, 신재생에너지 산업 확대 기대 등에 따른 전기가스 및 공기조절공급업(192.1%, 244개), 재건축 물량 증가 등으로 건설업(10.2%, 86개) 설립이 증가하였다.
 – 제조업(전년대비, %) : (16.12) 2.4 → (17.2) 30.6 → (17.4) 12.5 → (17.6) 12.7 → ('17.7) 11.1
 – 전기가스공급업(전년대비, %) : (16.12) 266.7 → (17.2) 242.6 → (17.4) 167.6 → (17.6) 357 → (17.7) 192.1
 – 건설업(전년대비, %) : (16.12) △6.9 → (17.2) 14.5 → (17.4) △7.6 → (17.6) 4.3 → ('17.7) 10.2

● 한편, 최근 서비스 업종의 법인설립 감소추세에 따라 도소매업(△13.7%, △271개), 정보통신업(△9.7%, △64개) 등이 감소하여, 서비스 업종이 전년대비 감소(△9.1%, △502개)한 것으로 나타났다.
 – 서비스 업종(전년대비, %) : (16.12) △4.4 → (17.2) 14.6 → (17.4) △6.2 → (17.6) △6.3 → (17.7) △9.1
 – 도소매업(전년대비, %) : (16.12) △13.6 → (17.2) 4.1 → '17.4) △13.8 → '17.6) △15.7 → ('17.7) △13.7
 – 정보통신업(전년대비, %) : (16.12) 10.9 → (17.2) 5.9 → (17.4) △7.4 → (17.6) △6.7 → (17.7) △9.7

■ **2017년 7월 신설법인의 주요 특징은 다음과 같다.**
● (업종별 비중) 제조업(1,810개, 21.8%), 도소매업(1,708개, 20.5%), 건설업(928개, 11.2%), 부동산업(761개, 9.2%) 등의 순으로 설립되었고,
 – 전년 동월 대비 증가 규모가 큰 업종은 전기·가스·공기조절공급업(244개, 192.1%), 제조업(181개, 11.1%) 순으로 나타났고, 도소매업(△271개), 부동산업(△70개) 등이 감소하였다.
● (연령별 분포) 대표자 연령을 기준으로 40대(2,952개, 35.5%), 50대(2,270개, 27.3%), 30대(1,696개, 20.4%) 순으로 법인이 설립되었고
 – 전년 동월 대비 50대(105개, 4.8%)를 중심으로 증가하였으며, 그중 50대의 전기·가스·공기조절공급업(95개)이 가장 크게 증가하였다.
● (성별 동향) 여성법인(2,061개, 24.8%)은 전년 동월 대비 증가(126개, 6.5%)하였고, 남성법인(6,255개, 75.2%)은 소폭 감소(△63개, △1.0%)하였다.

[출처] www.mss.go.kr

(1) 데이터 분석 및 요약

① 전체 분석

통계 데이터가 5개 이상 들어간 장문의 통계 자료다. 이런 자료의 특징은 대표적으로 강조하려는 문항을 앞부분에 배치한다. 데이터의 핵심은 2017년 7월 기준으로 신설법인이 얼마나 증가했는지 추이를 나타낸 것이다. 이후 신설법인 비율을 업종별, 연령별, 성별 등으로 다시 조사한 내용이다.

② 데이터 요약

- **대표 제목** : 2017년 7월 신설법인 8천316개로 전년 동월 대비 소폭(0.8%, 63개) 증가
- **소주제 요약** : 소주제로 볼 수 있는 통계는 모두 5개로 이루어져 있다. 각 통계를 다시 요약하고, 대표 소주제 3개만(소주제1,2,3) 추출해 시각화한다. 나머지 2개(소주제4,5)와 소주제를 설명하는 근거 데이터는 텍스트 처리한다(주요 단위는 %, 개로 나타냈지만 증감률이 중요하므로 '%'를 대표 단위로 선택한다).

- **중소벤처기업부가 발표한 신설법인 동향(전년 동월 대비)에 의하면**
  - '17년 7월 신설법인은 8천316개로 소폭(0.8%) 상승**(전체 대표 제목)**
  - 증가 업종 : 전기가스 및 공기조절 공급업(192.1%), 제조업(11.1%), 건설업(10.2%) 순**(소주제1)**
  - 감소 업종 : 도소매업(△13.7%), 정보통신업(△9.7%), 서비스업(△9.1%) 순**(소주제2)**
  - 업종별 비율 : 제조업(21.8%), 도소매업(20.5%), 건설업(11.2%), 부동산업(9.2%) 순**(소주제3)**
  - 연령별 비율 : 40대(35.5%), 50대(27.3%), 30대(20.4%) 순**(소주제4)**
  - 성별 비율 : 여성법인(전체 24.8%)(6.5%), 남성법인(전체 75.2%)(△1.0%)**(소주제5)**

- **소주제를 설명하는 근거 데이터 요약**
  - 신설법인(개) : (14.7) 8천129 → (15.7) 8천936 → (16.7) 8천253 → (17.7) 8천316
  - 전기가스공급업(전년대비,%) : (16.12) 266.7 → (17.2) 242.6 → (17.4) 167.6 → (17.6) 357 → (17.7) 192.1

    제조업(전년대비,%) : (16.12) 2.4 → (17.2) 30.6 → (17.4) 12.5 → (17.6) 12.7 → ('17.7) 11.1

    건설업(전년대비,%) : (16.12) △6.9 → (17.2) 14.5 → (17.4) △7.6 → (17.6) 4.3 → ('17.7) 10.2
  - 도소매업(전년대비,%) : (16.12) △13.6 → (17.2) 4.1 → ('17.4) △13.8 → ('17.6) △15.7 → ('17.7) △13.7

    정보통신업(전년대비,%) : (16.12) 10.9 → (17.2) 5.9 → (17.4) △7.4 → (17.6) △6.7 → (17.7) △9.7

    서비스업종(전년대비,%) : (16.12) △4.4 → (17.2) 14.6 → (17.4) △6.2 → (17.6) △6.3 → (17.7) △9.1

(2) 시각화(디자인) 방법

제목+5개의 소주제를 1장에 레이아웃하는 방법은 다양하지만 일반적으로 보도용은 나열식 방법으로 데이터를 배열(도해 처리)한다. 상단은 제목과 요약된 내용을 넣고 그 아래에 채택한 소주제 3개+나머지 2개 소주제+근거 자료를 차례로 쌓는 방식을 사용할 수 있다. 나열식의 장점은 향후 각 소주제를 분절해 사용하기 용이하다는 것이다. (1) 그래프+그림, (2) 숫자+그림의 시각화 방법으로 디자인을 생각해 볼 수 있다.

중소벤처기업부가 발표한 신설법인 동향(전년 동월 대비)에 의하면

'17년 7월 신설법인 8천316개로 소폭(0.8%) 상승
- 증가 업종: 전기가스 및 공기조절 공급업(192.1%),제조업(11.1%), 건설업(10.2%) 순
- 감소 업종: 도소매업(⊿13.7%), 정보통신업(⊿9.7%), 서비스업(⊿9.1%)
- 업종별 비율: 제조업(21.8%), 도소매업(20.5%), 건설업(11.2%), 부동산업(9.2%) 순

① 증가 업종: 전기가스 및 공기조절 공급업(192.1%),제조업
(11.1%), 건설업(10.2%) 순

② 감소 업종: 도소매업(Δ13.7%), 정보통신업(Δ9.7%), 서비스업(Δ9.1%)

③ 업종별 비율: 제조업(21.8%), 도소매업(20.5%), 건설업(11.2%),
부동산업(9.2%)

나머지 소주제 3개+ 소주제 근거자료는 텍스트로 나열
④ 연령별 비율: 40대(35.5%), 50대(27.3%), 30대(20.4%) 순
⑤ 성별 비율: 여성법인(전체 24.8%)(6.5%), 남성법인(전체 75.2%)(Δ1.0%)

① 신설법인(개):('14.7)8천129 →('15.7)8천936 → ('16.7)8천253→('17.7)**8천316**
② 전기가스공급업(전년대비,%):(16.12)266.7→(17.2)242.6→(17.4)167.6→(17.6)357→
(17.7)**192.1**
제조업(전년대비,%):(16.12) 2.4→(17.2)30.6→(17.4)12.5 →(17.6)12.7 →('17.7)11.1
건설업(전년대비,%):(16.12)Δ6.9→(17.2)14.5→(17.4)Δ7.6→(17.6)4.3→('17.7)10.2
③ 도소매업(전년대비,%):(16.12)Δ13.6→(17.2)4.1→('17.4)Δ13.8→('17.6)15.7→('17.7)
Δ13.7
정보통신업(전년대비,%):(16.12)10.9→(17.2)5.9→(17.4)Δ7.4→(17.6)Δ6.7→(17.7)Δ9.7
서비스업종(전년대비,%): (16.12)Δ4.4→(17.2)14.6→(17.4)Δ6.2→(17.6)Δ6.3→(17.7)Δ9.1

KEY NOTE

1 전체를 대표하는 1개의 제목이 핵심이다. 5개의 소주제 중 대표하는 3개 정도의 소주제를 시각화한다. 나머지 2개의 소주제와 근거가 되는 데이터는 텍스트로 정리한다.

2 비율(%), 개(수량)의 데이터를 동시에 해석하기 어려우니 비율(%) 데이터를 1순위로 하여 전체 데이터를 다시 요약한다.

3 모든 미디어가 전체 데이터를 모두 소개하기 어렵다. 따라서 일부만 잘라서 사용이 가능하도록 전체 내용을 담은 부분을 상단에 두괄식 방법으로 정리한다.(1차 상단 회색 부분까지 사용, 2차 녹색 부분까지 사용)

많은 내용을 다룰 때에는 페이지가 길어질 수밖에 없다. 슬라이드 사이즈를 세로로 길게 설정하여 작업하는 경우, 작업 화면이 축소되어 확대 및 축소, 이동을 계속 해야 하는 번거로움이 있다. 따라서 다수의 데이터를 담는 긴 페이지를 제작할 때 여러 슬라이드로 분할하여 제작을 하게 되면 작업도 원활하게 진행할 수 있고, 제작 후에도 필요한 주요 부분만 추출하여 사용할 수 있다.

STEP 01 >> 인포그래픽 PREVIEW

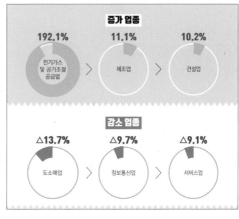

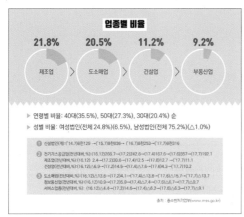

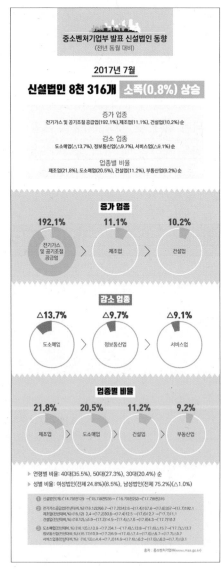

▲ 전체 연결 페이지

DESIGN POINT >> **긴 페이지 제작하기**

❶ 파워포인트 슬라이드는 공통으로 사이즈 조절을 해야 하기 때문에 작업 전에 레이아웃을 구성한 뒤 페이지를 나누어 작업하면 편리하다. 대략적인 구성을 한 뒤에 슬라이드 사이즈를 정한다.

❷ 안내선 기능을 최대한 활용하여 일정한 여백과 간격을 맞춘다. 좌우 여백을 동일하게 맞추고 각 페이지가 연결되는 이미지를 제작하는 것이므로 연결 부분의 간격도 고려하여 제작한다. 내용물은 슬라이드의 가운데로 정렬하여 좌우 대칭이 맞도록 한다(제작에 앞서 [실습파일] 폴더의 '레이아웃.pptx' 파일의 레이아웃 구성 및 안내선 간격 등을 확인하고 사전 작업된 파일을 기반으로 제작해본다).

❸ 슬라이드의 사이즈는 웹 페이지에 사용할 수 있도록 900px(31.75cm)로 제작되었다.

1 [실습파일] 폴더의 '레이아웃.pptx' 파일을 열고 〈레이아웃〉 구역의 슬라이드에서 레이아웃 구성 및 안내선으로 표시된 여백 및 간격을 살펴본다(내용 구성을 변경할 경우 내용에 맞춰 레이아웃 및 간격을 수정한다).

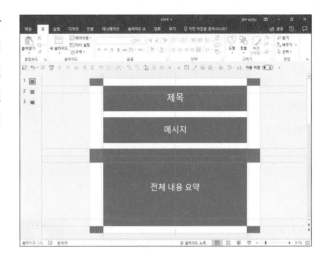

2 〈작업〉 구역의 1,2,3 슬라이드에서 작업해보자. 1번 슬라이드의 글꼴 서식을 지정한다. 텍스트의 크기 및 색상은 강약에 따라 약간씩 다르게 조절한다.

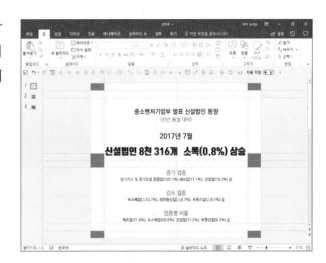

텍스트	글꼴/글꼴 크기	글꼴 색(RGB)
제목, 괄호 항목	KoPub돋움체 Bold/32, KoPub돋움체 Medium/26	■ 64/64/64, ■ 113/113/113
연도	KoPub돋움체 Bold/36	■ 64/64/64
강조 메시지	Tmon몬소리 Black/46	■ 64/64/64
전체 내용 요약	KoPub돋움체 Light/28, KoPub돋움체 Bold/20	■ 89/89/89

3 [삽입] 탭-[일러스트레이션] 그룹-[도형]-[직사각형]을 선택해 제목을 구분하기 위한 도형 및 강조 메시지 부분과 요약 영역을 표시하는 사각형을 삽입한다. 글자 뒤로 도형을 이동하기 위해 [마우스 오른쪽 클릭]-[맨 뒤로 보내기]를 선택한다.

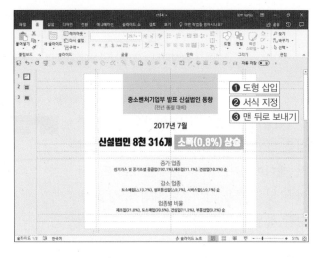

구분	도형 색(RGB)
제목	166/213/235
메시지:강조	85/188/225
요약	242/242/242

4 [삽입] 탭-[일러스트레이션] 그룹-[도형]-[선]을 선택해 제목 윗부분과 연도 아래에 선을 그리고 [마우스 오른쪽 클릭]-[도형 서식]-[선]에서 각각 서식을 지정한다. [실습파일] 폴더의 '아이콘.pptx'를 열고 빌딩 아이콘을 가져와 제목 선 위에 삽입하고 아이콘의 크기와 색상을 어울리게 변경한다.

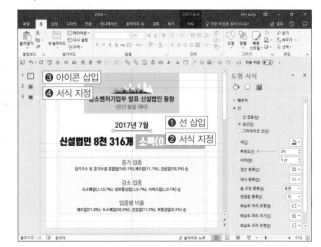

구분	색(RGB)	너비	겹선 종류
제목 윗부분	흰색	1.5pt	단순형
연도 아래	89/89/89	5pt	이중

5 [삽입] 탭 – [일러스트레이션] 그룹 – [도형] – [이등변 삼각형]을 선택하여 슬라이드 하단에 작게 그린다. 도형을 복제 (Ctrl + D)하여 약간 겹치도록 슬라이드 끝까지 복제한다.

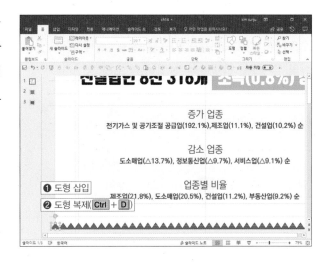

6 복제한 삼각형 도형을 모두 선택한 뒤 [그리기 도구] – [서식] 탭 – [도형 삽입] 그룹 – [도형 병합] – [병합]을 클릭하여 하나로 합친다. 도형을 선택하고 [그리기 도구] – [서식] 탭 – [도형 스타일] 그룹 – [도형 채우기] – [스포이트]를 클릭하여 제목 부분의 도형을 클릭하여 같은 색으로 지정한다.

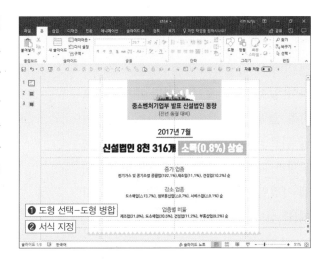

7 〈작업〉 구역의 2번 슬라이드에 글꼴 서식을 지정한다. 데이터 값의 크기순으로 나열된 정보이므로, 입력된 텍스트를 값과 이름으로 분리하여 3구간으로 나눈다. 입력된 텍스트의 서식을 지정한다.

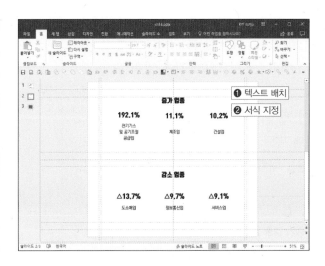

텍스트	글꼴/글꼴 크기
제목	Tmon몬소리 Black/32
비율 값	Tmon몬소리 Black/32
항목명	KoPub돋움체 Medium/22

8 텍스트 항목 사이에 [삽입] 탭-[일러
스트레이션] 그룹-[도형]-[화살표:갈매
기형 수장]을 선택하여 삽입하고 모양 조
절점을 드래그하여 두께를 얇게 조절한 후
서식을 지정한다.

구분	도형 색(RGB)	윤곽선
갈매기형 수장 도형	■ 89/89/89	없음

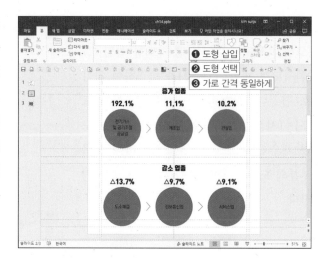

9 [삽입] 탭-[일러스트레이션] 그룹-[도
형]-[타원]을 선택해 각 항목의 그래프가
될 도형을 삽입하고 Ctrl + Shift + 드래그
하여 일정한 크기로 복사한다. [마우스 오
른쪽 클릭]-[맨 뒤로 보내기]를 선택하여
글 뒤로 배치한다. 같은 라인에 있는 원형
도형과 화살표 도형을 함께 선택하고 [홈]
탭-[정렬]-[맞춤]-[가로 간격을 동일하
게]를 선택해 일정한 간격으로 정렬한다.

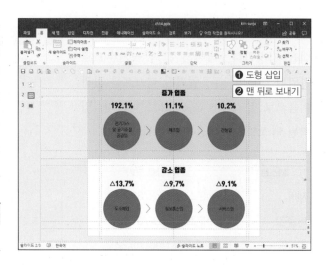

10 영역 구분을 위해 [삽입] 탭-[일러스
트레이션] 그룹-[도형]-[직사각형]을 선
택하여 슬라이드의 중간에 맞춰 위 아래
로 삽입하고 채우기 색을 변경한다. 배경
이 될 도형이므로 [마우스 오른쪽 클릭]-
[맨 뒤로 보내기]를 선택하여 가장 뒤로 도
형을 배치한다.

구분	도형 색(RGB)
증가 업종 영역 도형	▨ 166/213/235
감소 업종 영역 도형	▢ 247/247/247

11 1번 슬라이드에서 만든 삼각형 경계선 도형을 복사(Ctrl+C)해 2번 슬라이드 하단에 붙여넣기(Ctrl+V)한다. 복사된 도형을 Ctrl을 누른 상태에서 중간 경계 부분으로 드래그하여 복제한 후 감소 업종 영역의 배경 도형과 같은 색으로 지정한다.

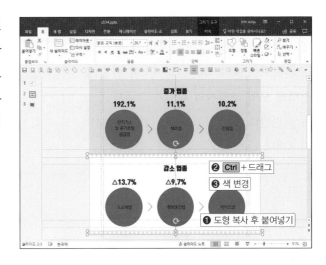

12 도형을 도넛 그래프 형태로 만들어 보자. 미리 그린 타원 도형을 선택하고 서식을 지정한다. 그래프 영역 도형을 삽입하기 위해 [삽입] 탭 - [일러스트레이션] 그룹 - [도형] - [막힌 원호]를 선택하고 Shift를 누른 상태로 원형 도형과 크기를 맞춰 삽입한 후 서식을 지정한다.

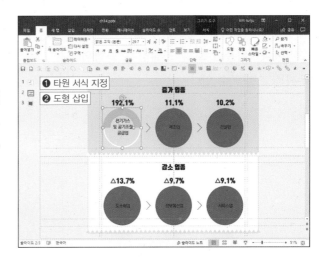

구분	도형 색(RGB)	윤곽선 색(RGB)	너비
도넛그래프 기본 도형	없음	흰색	4pt
그래프 영역 도형	85 / 188 / 225	없음	–

13 그래프 영역 도형을 선택하고 [홈] 탭-[그리기] 그룹-[정렬]-[회전]에서 ① [오른쪽으로 90도 회전], ② [상하 반전]을 선택해 모양 조절점의 위치가 그림과 같도록 회전한다. 그래프가 완료되면 다른 나머지 2개의 항목에도 복제(Ctrl + D)한다.

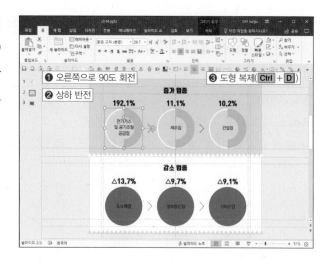

14 도형을 선택한 후 아래쪽 조절점을 드래그하여 비율에 비례하게 도형의 크기를 조절한다. 위쪽의 모양 조절점은 도형의 두께를 조절할 수 있다.

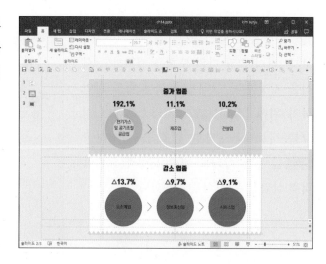

15 첫 번째 그래프는 100%가 넘는다. 100%의 영역을 표시하기 위해 그래프 기본 영역인 흰색 윤곽선 도형을 복제(Ctrl + D) 하여 크기를 조금 크게 조절한다. 복사한 윤곽선 도형을 선택하고 [마우스 오른쪽 클릭]-[도형 서식]-[선]에서 서식을 변경한 후 [그리기 도구]-[서식] 탭-[정렬] 그룹-[뒤로 보내기]로 흰 윤곽선 뒤에 위치시킨다.

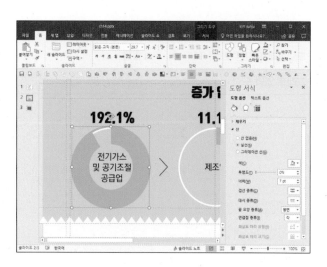

구분	윤곽선 색(RGB)	너비
100% 영역 도형	85/188/225	7pt

16 '감소 업종' 항목의 그래프도 12번과 동일하게 만든다. 기본 원형 도형과 같은 크기의 [삽입] 탭-[일러스트레이션] 그룹-[도형]-[막힌 원호] 도형을 삽입하고 서식을 지정한다. 감소 항목이므로 증가와 반대 방향으로 그래프를 그릴 예정이다. 그래프 영역 도형을 선택하고 [홈] 탭-[그리기] 그룹-[정렬]-[회전]-[왼쪽으로 90도 회전]을 선택한다. 도형을 복제(Ctrl+D)하여 나머지 두 타원에도 배치한 후 서식을 지정한다.

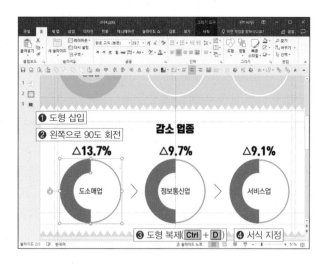

구분	도형 색(RGB)	윤곽선 색(RGB)	너비
타원 도형	없음	166 / 166 / 166	4pt
그래프 영역 도형	96 / 130 / 158	없음	–

17 그래프 영역 도형의 노란 점을 선택하여 비율에 맞게 도형 크기를 조절한다.

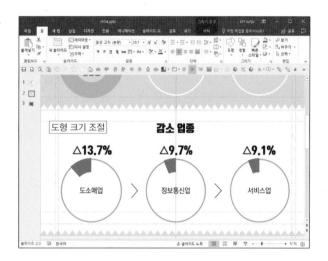

18 텍스트의 색상을 변경한다. 제목 텍스트는 [그리기 도구]-[서식] 탭-[도형 스타일] 그룹-[도형 채우기]에서 색을 지정하여 텍스트 상자의 색을 변경한다.

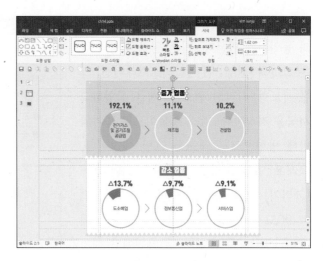

텍스트	글꼴 색(RGB)	도형 색(RGB)
증가 업종-제목	■ 64/64/64	□ 흰색
증가 업종-비율 값	■ 28/95/140	–
감소 업종-제목	□ 흰색	■ 96/130/158
감소 업종-비율 값	■ 63/86/105	–
(그래프 내) 항목명	■ 89/89/89	–

19 3번 슬라이드 역시 앞서 진행한 과정을 동일하게 반복하자. 먼저 텍스트를 비율과 항목명을 분리하여 작성하고 [삽입] 탭-[일러스트레이션] 그룹-[도형]-[타원]을 선택하여 원형 도형 4개를 삽입한다.

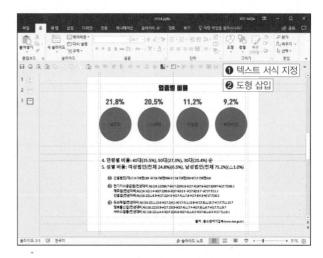

텍스트	글꼴/글꼴 크기	글꼴 색(RGB)	도형 색(RGB)
제목	Tmon몬소리 Black/32	■ 64/64/64	□ 흰색
비율 값	Tmon몬소리 Black/32	■ 28/95/140	–
항목명	KoPub돋움체 Medium/22	■ 89/89/89	–

20 2번 슬라이드에서 배경 및 중간 경계선, 화살표 도형을 복사(Ctrl + C)해 3번 슬라이드에 붙여넣기(Ctrl + V)한다. 3번 슬라이드의 상단은 그래프 영역, 하단은 기타 보조 자료이므로 하단 영역의 안내선에 맞춰 '출처' 텍스트가 끝나는 부분까지 배경 도형의 크기를 조절한다.

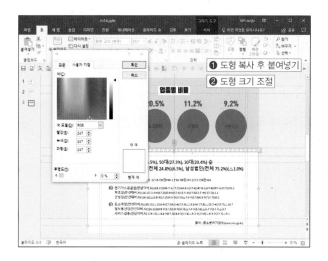

21 화살표 도형의 크기와 개수를 조절한 후 원형 도형과 화살표 도형을 선택하고 [홈] 탭-[정렬]-[맞춤]-[가로 간격을 동일하게]를 선택하여 간격을 일정하게 맞춘다.

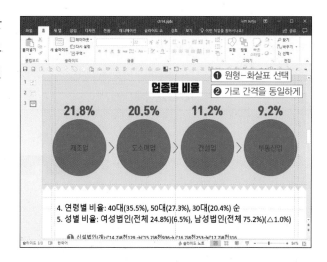

22 2번 슬라이드의 '증가 항목'과 동일한 방법으로 그래프를 만들고 서식을 지정한다. 그래프 영역 도형의 크기를 비율에 비례하게 조절하여 그래프를 완성한다.

구분	도형 색(RGB)	윤곽선 색(RGB)	너비
타원 도형	없음	☐ 흰색	4pt
그래프 영역 도형	▨ 85/188/225	없음	–

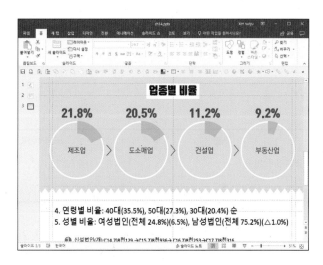

23 기타 보조 자료 영역의 텍스트 서식을 지정한다. 보조 자료 앞의 번호는 [삽입] 탭-[일러스트레이션] 그룹-[도형]-[타원]을 선택하여 삽입하고 도형 안에 글자를 삽입한 뒤 도형 색과 글자 색을 지정한다.

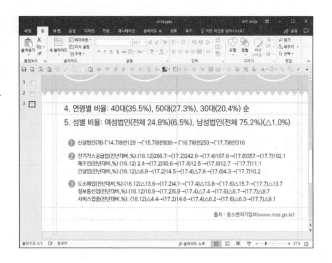

텍스트	글꼴/글꼴 크기	글꼴 색(RGB)	도형 색(RGB)
4-5항목	KoPub돋움체 Medium / 23	■ 89/89/89	–
보조 자료	KoPub돋움체 Medium / 16	■ 89/89/89	–
보조 자료 넘버링	KoPub돋움체 Medium / 18	□ 흰색	■ 166/166/166
출처	KoPub돋움체 Light / 15	■ 89/89/89	–

24 4번과 5번은 번호 대신 글머리(블릿) 형태의 도형을 넣어보자. 숫자를 삭제하고 [삽입] 탭-[일러스트레이션] 그룹-[도형]-[이등변 삼각형]을 삽입한 뒤 오른쪽으로 90도 회전하여 글자쪽으로 방향을 변경한다. 보조 자료 부분에는 영역 구분을 위해 [직사각형]을 삽입하고 도형을 글자 뒤로 보낸다.

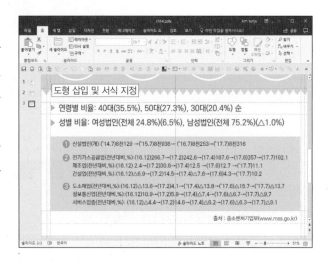

구분	도형 색(RGB)	윤곽선
글머리 삼각형	■ 85/188/225	없음
보조 자료 영역 도형	■ 217/217/217	없음

25 완성된 3개의 슬라이드는 다른 이름으로 저장(Ctrl + Shift + S)을 누르고 [다른 이름으로 저장] 대화상자에서 이미지 파일 형식(jpg, png, bmp 등)으로 파일 형식을 선택한 뒤 저장한다. 저장 알림 창에서 [모든 슬라이드]를 선택하면 지정한 경로에 폴더가 생성되고 모든 슬라이드가 이미지로 저장된다.

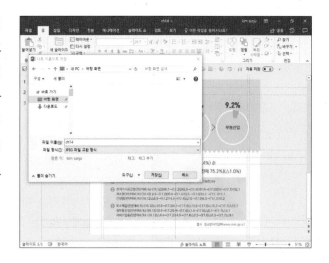

중장기 데이터에서 문제점을 강조한

분석자료 만들기

중장기 자료는 대부분 추이를 나타내는 그래프를 사용하여, 실제 해독하는 데 시간이 걸린다. 따라서 데이터 분량을 조정하고, 전달할 내용만을 재가공하는 과정이 매우 중요하다. 생략할 부분은 과감히 삭제하고, 강조할 부분은 확실하게 부각시켜야 한다. 이번 장에서는 그래프 전체 모습에서 강조하고자 하는 부분을 어떻게 처리하는 것이 좋은지 몇 가지 제작 노하우를 배워 본다.

SECTION 1 | 통계청 교육수준별 혼인 관련 자료 분석

통계청이 2000년 이후 지난 15년간, 교육수준에 따른 인구동태율(출생·사망·혼인·이혼율)의 차이 및 그 변화추이를 분석한 데이터를 시각화하는 방법을 소개한다.

01 평균초혼연령 데이터 분석 및 요약

통계청이 발표한 '교육수준별 출생·사망·혼인·이혼 분석(2000-2015년)'에 따르면 평균초혼연령은 2000년 이후 교육수준에 관계없이 모두 상승했다.

교육수준별 평균초혼연령(20세 이상), 2000-2015

(단위 : 세)

		2000	2005	2010	2015	5년간 증감 ('15-'10)	15년간 증감 ('15-'00)
남 자	전체	29.4	30.9	31.9	32.6	0.7	3.2
	중졸이하	32.5	36.5	37.0	36.5	−0.5	4.0
	고졸	29.0	31.3	32.4	32.8	0.4	3.8
	대졸이상	29.4	30.4	31.4	32.5	1.1	3.1
여 자	전체	26.7	27.9	29.1	30.1	1.0	3.4
	중졸이하	29.4	28.8	28.6	29.9	1.3	0.5
	고졸	26.3	27.6	28.8	29.7	0.9	3.4
	대졸이상	27.0	28.1	29.3	30.2	0.9	3.2

(1) 데이터 분석 및 요약

① 전체 분석

총 15년간의 데이터를 5년 단위로 분석한 데이터이다. 독립변수(X축)는 연도, 종속변수는 나이(세)다. 그러나 남자, 여자라는 성별 구분 아래에 다시 중졸이하, 고졸, 대졸이상, 전체까지 포함하면 상당히 많은 양의 변수가 포함되어 있다. 이러한 데이터는 전달하려는 메시지에 따라 해당 데이터만 부분 추출해 사용하는 것이 가장 좋고, 한 번에 전체 데이터를 보여주고자 한다면 '표'로 나타내는 것이 좋다. 또한 증가 추이가 바뀌는(연도 부분) 변곡점 부분은 수치를 표시하는 것이 무엇보다 중요하다. 통계에서는 항상 최근 연도의 중요도가 높으므로 해당 영역은 강조한다.

② 데이터 요약

- 강조 메시지 : '20세 이상 남자의 교육수준별 평균초혼연령 추이'를 나타내고자 하는 경우
- 표 편집 : 남자 부분만 잘라서 표를 다시 재편집한다.

교육수준별 평균초혼연령(20세 이상), 2000-2015

(단위 : 세)

		2000	2005	2010	2015	5년간 증감 ('15-'10)	15년간 증감 ('15-'00)
	전체	29.4	30.9	31.9	32.6	0.7	3.2
남 자	중졸 이하	32.5	36.5	37.0	36.5	−0.5	4.0
	고 졸	29.0	31.3	32.4	32.8	0.4	3.8
	대졸 이상	29.4	30.4	31.4	32.5	1.1	3.1

(2) 시각화 방법 1

시간 순으로 추이를 나타내는 선그래프를 사용한다. 선그래프에서 그려야 할 선의 개수는 총 3 개(중졸이하, 고졸, 대졸이상)다(전체 제외). 우선 일반적으로 그리는 선그래프를 만들어본다. 세로축 눈금, 연도별 변곡점 표시, 변수간 색 차이, 범례 표시 등 한눈에 봐도 그럴듯한 그래프다. 하지만 연속해서 이어지는 수치의 나열이란 사실 이외에 핵심 메시지가 무엇인지 알 수 없다.

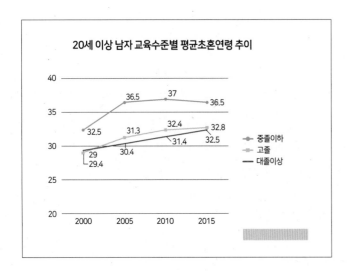

(3) 시각화 방법 2

전형적인 그래프의 패턴에서 실제 강조하려는 메시지만 부각한다. 예를 들어 전체 데이터에서 가장 중요한 부분은 2015년 데이터지만 5년 전(2010년)과 데이터를 비교하면 좀 더 의미 있는 내용을 찾아낼 수 있다.

5년간 증감 수치 (2015-2010)
전체 0.7(세) 증가
중졸이하 -0.5(세) 감소
고졸 0.4(세) 증가
대졸이상 1.1(세) 증가

▲ 2010년과 2015년 데이터 흐름 비교

- 강조 메시지
- 고졸, 대졸 이상 2015년 초혼연령 증가
- 2015년 남자 평균초혼연령, 대졸 이상이 32.5세로 가장 낮아

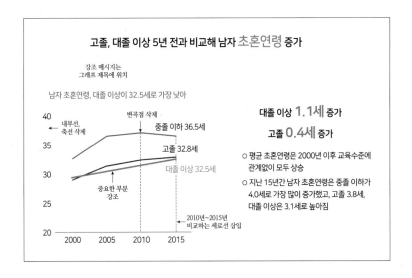

한 장의 파워포인트 슬라이드에 다시 표현한 그래프로 자료를 설명할 때는 자세한 수치(변곡점)는 삭제하고, 강조할 수치만 강약을 조절해 표시한다. 라인선 굵기, 비교할 연도 구분 표시, 내부 눈금선은 삭제 가능하다. 다만 0에서 얼마나 떨어져 있는지를 봐야 하는 라인(선) 위치를 파악할 수 없기 때문에 X축(Base line : 기축선)은 삭제하지 않는다.

KEY NOTE

1 데이터는 전달하려는 메시지에 따라 해당 데이터만 추출해 사용한다.

2 전체 데이터에서 특정 수치를 강조하려면 '표'를 사용한다.

3 선그래프에서 변곡점은 통계학적으로 중요한 의미를 갖는다.

4 시계열 그래프에서는 최근 연도가 가장 중요한 의미를 갖는다.

5 한 장의 발표 자료에서는 자세한 숫자는 빼고 강조 숫자만 표시한다.

6 선그래프에서는 강조하는 선만 다른 색을 적용하거나 선 두께를 다르게 할 수 있다.

선그래프를 통해 데이터를 나타낼 때 보여주는 구간, 강조하는 구간에 따라 의미가 달라질 수 있다. 간단하면서도 적용 전후가 크게 차이 나는 선그래프를 표현하는 방법과 구간을 강조하는 방법을 소개한다.

STEP 01 >> 인포그래픽 PREVIEW

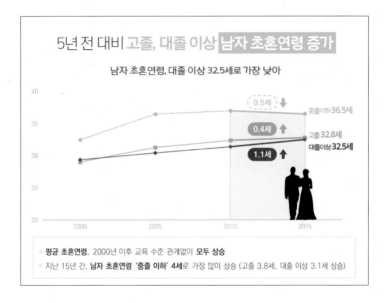

DESIGN POINT >> **선그래프 표현하기**

❶ 선그래프는 전체 흐름을 한눈에 볼 수 있는 역할을 하기 때문에 표 위에 값을 모두 표시하면 혼란스러워 질 수 있다. 필요한 부분만 표시하고 나머지 데이터는 따로 표를 추가해 삽입하거나 다른 방식으로 보여주도록 한다.

❷ 선그래프에서는 그래프를 읽을 때 시선의 흐름이 끊기지 않도록 범례를 따로 빼지 않고 그래프의 끝 지점에 표기해주는 것이 좋으며, 라인의 색상과 동일한 색으로 입력한다.

❸ 핵심 내용을 전달하는 구간은 선 굵기를 약간 다르게 하여 강조할 수 있다.

• **완성파일** : 21장\[완성파일] 폴더　　　• **실습자료** : 21장\[실습파일] 폴더

1　[디자인] 탭-[사용자 지정] 그룹-[슬
라이드 크기]-[표준(4:3)]을 선택한다. 안
내선(Alt + F9) 기능을 활성화시키고 안
내선을 그림처럼 추가하여 제목과 내용이
들어갈 영역을 나눈다. [마우스 오른쪽 클
릭]-[배경 서식]-[단색 채우기]에서 배경
색을 지정한다.

배경색(RGB)
250/246/235

2　[삽입] 탭-[일러스트레이션] 그룹-[차
트]-[꺾은선형]을 선택하여 차트를 추가
하고 데이터 시트에 데이터를 입력한다.

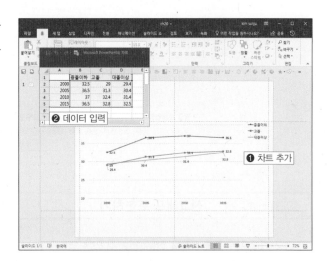

3 [차트 요소]에서 '축' 항목만 남겨두고 다른 항목은 비활성화한다. x축을 선택한 뒤 [마우스 오른쪽 클릭]-[축 서식]-[채우기 및 선]에서 '채우기 없음', 선 색은 '■ 127/127/127', 너비 '1pt'로 변경한다.

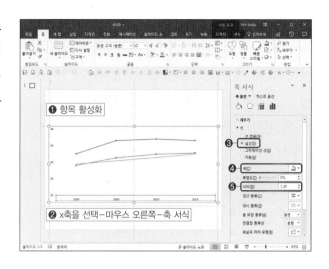

4 차트의 계열 선을 선택하고 [데이터 계열 서식]-[채우기 및 선]-[실선]에서 각 계열의 선에 대한 서식을 지정한다.

구분	선 색(RGB)	너비
중졸 이하	213/179/129	1.8pt
고졸	240/146/49	1.8pt
대졸 이상	154/78/28	1.8pt

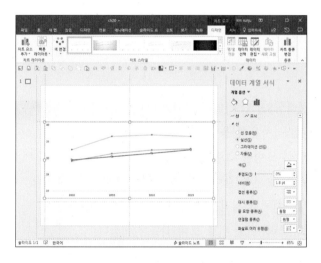

5 그래프에서 '2010년~2015년' 구간의 데이터를 강조하기 위해 강조 구간의 선을 두 번 클릭하면 선에서 가장 오른쪽의 표식 하나만 선택된다. [데이터 요소 서식]-[채우기 및 선]-[너비]를 '3pt'로 변경하여 선의 두께를 두껍게 한다. 같은 방법으로 모든 항목의 2010년~2015년 구간을 강조한다.

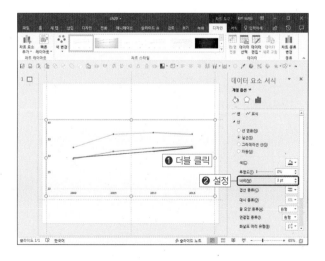

6 5번 과정이 완료되면 각 선을 다시 선택하고 [데이터 계열 서식]-[채우기 및 선]-[표식] 탭을 선택한다. [표식 옵션]에서 '기본 제공'을 선택하고 각 선의 표식 모양 및 크기, [채우기]에서 표식 색상을 지정한다.

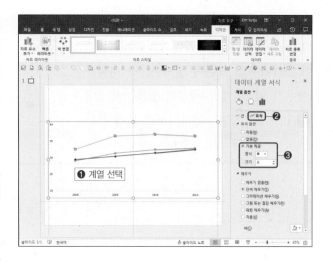

구분	형식	크기	표식 색(RGB)
중졸 이하	●	8	선 색과 동일
고졸	■	8	선 색과 동일
대졸 이상	◆	10	선 색과 동일

전문가 TIP!

표식의 형식은 지정 도형 외에 자유롭게 변경해도 좋으며, 크기 값이 같아도 도형별로 표시되는 크기가 다를 수 있으니 균일하게 맞춰 지정한다.

7 [삽입] 탭-[일러스트레이션] 그룹-[도형]-[자유형]을 선택하고 강조할 구간에 맞춰 도형을 그린다. 도형을 선택하고 [마우스 오른쪽 클릭]-[도형 서식]-[채우기 및 선]에서 서식을 지정하고 [마우스 오른쪽 클릭]-[맨 뒤로 보내기]를 선택한다.

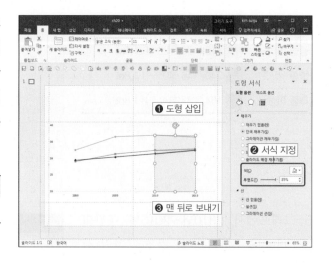

도형 색(RGB)	투명도	선
255/172/24	85%	없음

8 [삽입] 탭-[일러스트레이션] 그룹-[도형]-[선]을 선택하고 자유형 도형의 좌우변에 맞춰 선을 그린다. 선을 선택하고 서식을 지정한다.

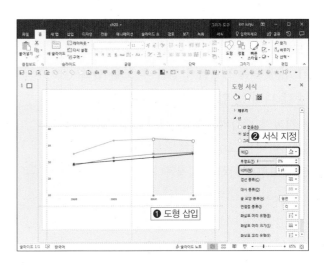

선 색(RGB)	너비
■ 213/179/129	1pt

선 삽입 전 도형 주변에 마우스를 가져가면 회색 점이 나타나는데, 이 점에 맞춰 선을 그리면 선의 양 끝 색이 초록색이 된다. 도형에 붙어있다는 표시이며, 도형을 움직일 때 선은 자동으로 함께 움직인다.

9 그래프를 선택한 상태에서 [텍스트 상자]를 클릭하고 선의 끝 지점에 항목 이름 및 데이터를 입력한다. 그래프의 텍스트에 서식을 지정한다.

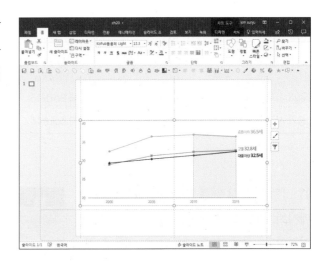

텍스트	글꼴/글꼴 크기	글꼴 색(RGB)
그래프 축	KoPub돋움체 Light/12	■ 127/127/127
항목 이름	아리따-돋움-SemiBold/14	선 색과 동일
데이터 값	아리따-돋움-Bold/18	선 색과 동일

10 [삽입] 탭−[일러스트레이션] 그룹−
[도형]−[사각형 : 둥근 모서리]를 선택하고
각 선에 맞춰 도형을 삽입한 후 도형 안에
'증감 나이'를 입력한다. [화살표] 도형을
추가하여 증가와 감소를 나타낸다. '감소'
를 나타내는 도형은 '증가' 도형과 약간 다
르게 도형의 서식을 지정한다.

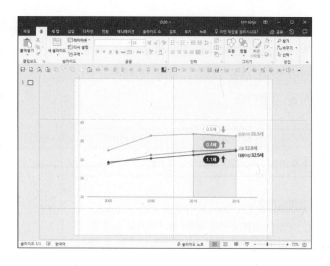

구분	도형 색(RGB)	선 색(RGB)	너비	대시 종류
감소 사각형	☐ 흰색	항목 색과 동일	1.5pt	파선
증가 사각형	항목 색과 동일	–	–	–
화살표	항목 색과 동일	–	–	–

구분	글꼴/글꼴 크기	글꼴 색(RGB)
감소 사각형 텍스트	KoPub돋움체 Bold/16	항목 색과 동일
증가 사각형 텍스트	KoPub돋움체 Bold/16	☐ 흰색

11 [텍스트 상자]를 이용해 제목과 핵심
메시지, 하단 요약 내용을 입력하고 서식을
지정한다. 글에서 중요한 단어, 내용은 부
분적으로 굵게 지정하여 강약 조절을 한다.

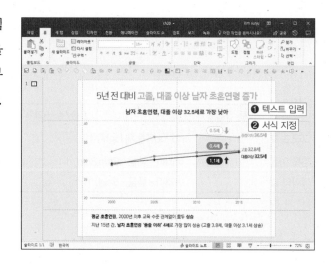

텍스트	글꼴/글꼴 크기	글꼴 색(RGB)	
제목	아리따-돋움 Light, Bold/32	■ 77/69/56,	■ 255/191/10
핵심 메시지	아리따-돋움 SemiBold/20	■ 89/89/89	
요약 내용	KoPub돋움체 Light, Bold/16	■ 64/64/64	

12 '핵심 메시지' 텍스트의 자간을 조절해보자. 텍스트 상자를 선택하고 [홈] 탭-[글꼴] 그룹-[문자 간격]-[기타 간격]을 선택하고 [간격]은 '좁게', [값]은 '0.8pt'로 지정한다. 문자의 간격이 좁아진 것을 확인한다.

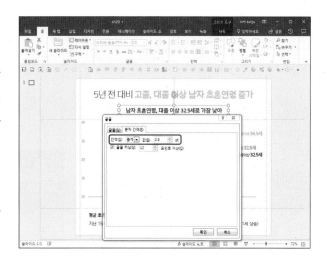

전문가 TIP!

글꼴의 종류와 글자 크기, 색에 따라 가독성이 달라질 수 있다. 문자의 간격, 행의 간격 등을 조절하면 가독성이 좋다. 간격이 너무 벌어지거나 너무 좁지 않도록 파워포인트 내 지정된 서식 외에 직접 값을 조절하여 차이를 비교하고 적당한 간격을 맞추는 것이 중요하다.

13 [삽입] 탭-[일러스트레이션] 그룹-[도형]-[직사각형]을 선택하여 제목 영역의 강조 부분과 하단의 요약 내용 영역에 도형을 삽입하고 서식을 지정한다. 제목 영역을 강조할 도형을 삽입한 후 텍스트는 '□ 흰색'으로 변경한다.

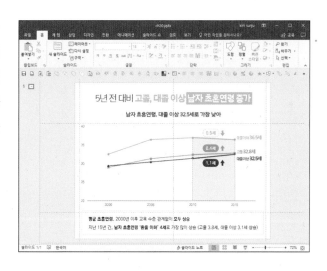

구분	도형 색(RGB)	선 색(RGB)	너비
제목:강조	■ 255/192/0	–	–
요약 영역	□ 흰색	■ 225/215/200	1.5pt

14 하단 요약 내용의 글머리(블릿)를 도형으로 직접 삽입해보자. [삽입] 탭-[일러스트레이션] 그룹-[도형]-[직사각형]을 선택하여 글자 앞에 작은 크기로 삽입하고 도형 서식을 지정한다.

구분	도형 색(RGB)	윤곽선
글머리	225/215/200	없음

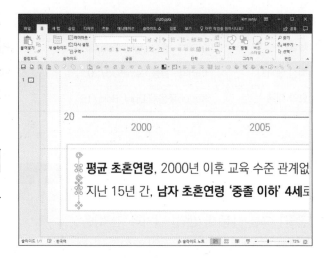

15 [실습파일] 폴더의 '아이콘.pptx'를 열고 내용과 관련된 아이콘을 복사해 삽입한다. 다른 마음에 드는 관련 아이콘을 다운받아 활용해도 좋다. 아이콘은 너무 화려하거나 크게 삽입하지 않도록 주의하며 삽입한 뒤 마무리한다.

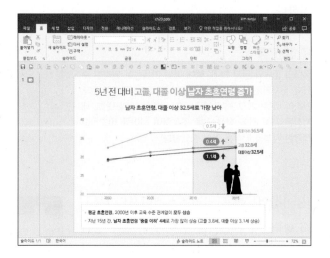

상품 판매 비율을 자세히 표현하는
프레젠테이션 발표자료 만들기

다중 분할 막대그래프는 두 개 이상의 독립변수(X축)의 차이 흐름을 살펴볼 때 사용한다. 다중 분할 막대그래프에서 높이가 같아야 하는 그래프를 '100% 누적 수직 막대그래프'라 하고 단위는 비율(%)이며, 비율, 판매비율 흐름 등을 파악할 때 사용한다. 특히 막대그래프 간 항목 비율을 정확하게 비교하여 시장 분석을 할 때 적합한 그래프이다. 이번 장에서는 비율로 보는 다중 분할 막대그래프의 사용법을 포함해 도넛그래프, 중첩 막대그래프 등 그래프 고수가 되기 위해 알아두면 유용한 제작 노하우를 소개한다.

SECTION 1 | 금융감독원 보험상품 데이터 분석

금융사는 경쟁사, 판매채널 등 다양한 항목을 동시에 비교하여 고객을 설득하는 자료를 자주 만들어야 한다. 이때 등장하는 것이 다중분할 그래프로 동시에 그래프 간 차이를 명확하게 부각시키고자 할 때 사용하면 유용하다. 다중분할 그래프는 '① 강조 데이터의 위치, ② 도넛그래프는 호의 컬러, ③ 중첩 막대그래프는 최근 연도 강조' 등이 핵심이다.

01 보험사별 불완전판매 데이터

금융감독원으로부터 받은 보험상품 불완전판매 현황 자료를 보면 지난 3년간 비대면채널에서 발생한 불완전판매가 12만4,206건에 달했다.

연도별 불완전판매 건수는 2012년 4만8,508건, 2013년 3만8187건, 2014년 3만7,511건으로 1년 평균 4만 건의 불완전판매가 발생하고 있었다. 생명보험사 불완전판매 비율은 텔레마케팅 판매가 전체 판매 건수 중 1.42%를 차지해 1위를, 홈쇼핑(1.27%)과 다이렉트(1.11%)는 각각 2위와 3위를 차지했다. 손해보험사 불완전판매 비율은 다이렉트가 1.45%로 가장 높고 텔레마케팅(0.81%)과 홈쇼핑(0.79%)이 그 뒤를 이었다. 불완전판매는 가입자에게 상품 내용을 제대로 설명하지 않거나 본인 서명을 받지 않은 채 거래되는 것을 말한다.

	채널	2012년	2013년	2014년	계
생명보험	텔레마케팅	6,912	4,897	4,311	16,120
	홈쇼핑	8,087	4,769	7,639	20,495
	다이렉트	20,573	12,647	10,268	43,488
손해보험	텔레마케팅	8,560	11,432	7,905	27,897
	홈쇼핑	3,138	2,380	4,883	10,401
	다이렉트	1,238	2,062	2,505	5,805
계		48,508	38,187	37,511	124,206

▲ 3년간 비대면채널 불완전판매 현황

[출처] 민병두 의원실

(1) 데이터 분석 및 요약

① 전체 분석

복수 이상의 독립변수를 3년간 흐름으로 기록한 데이터로, 내용을 자세히 읽어보면 우선 데이터의 분석 방법이 여러 가지인 것을 알 수 있다. 우선 (1) 제작 건수의 흐름을 그래프로 표시하는 방법 (2) 생명보험이나 손해보험의 '건 수' 단위를 '비율'로 다시 보여주는 방법(전체 건수가 나오므로 계산 가능) (3) 마지막으로 전체 표+2014년 데이터만 추출해서 그래프로 병합하는 방법이 있다.

② 데이터 요약

먼저 (1), (2), (3) 방법 모두 제작할 수 있다는 가능성을 염두에 두고 표를 재편집한다. 재편집 시 비율 데이터를 계산해서 넣는다. 합계는 생명보험과 손해보험으로 나누어 다시 계산한다. 1열 항목, 1행 항목, 계 등은 폰트를 다르게 디자인할 수 있다.

(단위 : 건 수, (%))

	채널	2012년	2013년	2014년	계
생명보험	텔레마케팅	6,912(19.4)	4,897(22.0)	4,311(19.2)	16,120(20.1)
	홈쇼핑	8,087(22.8)	4,769(21.4)	7,639(34.8)	20,495(25.7)
	다이렉트	20,573(57.8)	12,647(56.6)	10,268(46.0)	43,488(54.2)
계		35,572	22,313	22,218	80,103

손해보험	텔레마케팅	8,560(66.1)	11,432(72.0)	7,905(51.7)	27,897(63.4)
	홈쇼핑	3,138(24.3)	2,380(15.1)	4,883(31.9)	10,401(23.5)
	다이렉트	1,238(9.6)	2,062(12.9)	2,505(16.4)	5,805(13.1)
계		12,936	15,874	15,293	44,103
총계		48,508	38,187	37,511	124,206

(2) 시각화 방법 1 : 다중 분할 막대 그래프 표현 방법

생명보험 부분과 손해보험 부분은 구분해야 하며 책에서는 생명보험 부분만 표현한다.

Before 다중분할 막대그래프(100%누적 세로막대그래프)로 구간 크기순으로 위에서 아래로 배치한 모습이다.

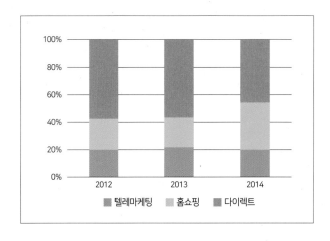

After 변화율이 가장 적은 부분은 가장 하단에 위치하도록 한다.

변화를 쉽게 비교할 수 있도록 위(변화가 큰 데이터, 즉 홈쇼핑 위치)에서부터 변화차이 순으로 표현한다(홈쇼핑–다이렉트–텔레마케팅 순). 사람들은 시각적으로 항목 비교가 어려울 때 조각의 크기를 가장 오른쪽 그래프(최근 연도) 특정 항목 크기에서 직전 연도의 항목을 수평으로 보면서 빼 보거나, 맨 위 항목에서 맨 아래 항목 차이를 비교하는 경향이 있다. 따라서 불완전 판매 비율이 가장 큰 폭으로 증가한 홈쇼핑을 강조하고 변화의 크기가 가장 작은 텔레마케팅 판매 채널을 맨 아래에 놓는다.

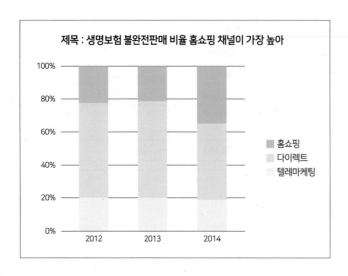

(3) 시각화 방법 2 : 도넛그래프 표현 방법

표(전체 데이터)+도넛그래프(2014년 데이터만 강조)로 나타낼 수도 있다. 도넛 그래프를 그릴 때는 비율 대신 전체 건 수(합계)에서 부분 항목의 수치를(비율로 산정하여) 호의 길이에 맞춰 사용한다. (예 10,268건＝46.0%)

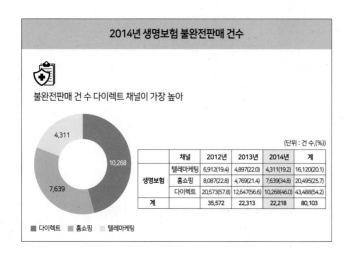

	채널	2012년	2013년	2014년	계
생명보험	텔레마케팅	6,912(19.4)	4,897(22.0)	4,311(19.2)	16,120(20.1)
	홈쇼핑	8,087(22.8)	4,769(21.4)	7,639(34.8)	20,495(25.7)
	다이렉트	20,573(57.8)	12,647(56.6)	10,268(46.0)	43,488(54.2)
계		35,572	22,313	22,218	80,103

(4) 시각화 방법 3 : 중첩 막대그래프 표현 방법

제작 건수를 항목별 '중첩 막대그래프'로 표현하는 것도 한 가지 방법이다. 중첩(묶음) 막대그래프의 특징은 3개 이상의 독립변수의 막대 크기를 동일한 기준에서 빠르게 비교가 가능하다는 장점이 있다.

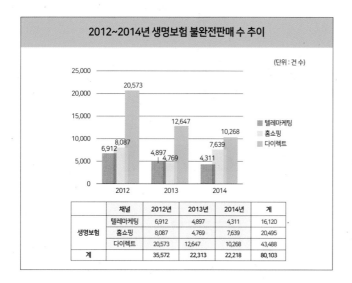

	채널	2012년	2013년	2014년	계
생명보험	텔레마케팅	6,912	4,897	4,311	16,120
	홈쇼핑	8,087	4,769	7,639	20,495
	다이렉트	20,573	12,647	10,268	43,488
계		35,572	22,313	22,218	80,103

KEY NOTE

1 다중 분할 막대그래프는 비율의 변화 크기에 따라 쌓는 위치를 조정한다.

2 도넛그래프는 비율의 총합 100%를 기준으로 하여 수치를 호의 길이로 나타낸다.

3 표에서 일부 강조하려는 내용은 그래프로 자세히 나타낼 수 있다.

4 중첩 막대그래프는 연도별 항목을 동시에 비교할 수 있다는 장점이 있다.

파워포인트를 잘 다루고 싶은 이유 중 하나는 프레젠테이션을 잘 하기 위함이다. 같은 발표 자료라 하더라도 어떤 효과를 주느냐에 따라 주목도가 달라질 수 있다. 파워포인트의 흥미로운 기능을 활용하여 앞서 기획한 자료를 PT 자료로 만들어 제작하여 보자.

STEP 01 >> 인포그래픽 PREVIEW

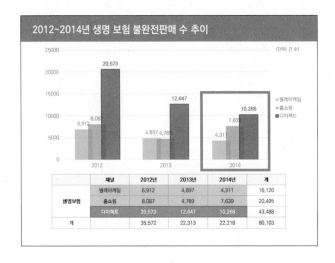

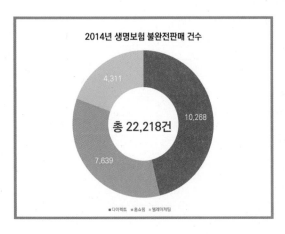

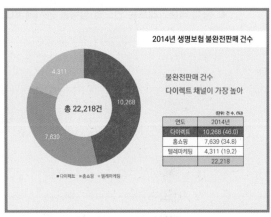

❶ 파워포인트로 발표할 때 애니메이션 효과를 사용하여 부드러운 화면 표현을 한다면 청중의 시선을 충분히 끌 수 있다. '모핑' 전환 효과를 사용하여 영상자료 못지않은 결과물을 만들 수 있다(파워포인트의 '전환' 기능은 최신 버전의 Office 365 또는 Insider 제품에만 제공되는 기능이므로 버전이 다른 프로그램이나 2013 이하 버전에서는 사용이 제한된다).

❷ 강조하고자 하는 항목은 색이나 테두리, 투명도 등에 차이를 두어 다른 항목에 비해 눈에 띄도록 표현해준다.

❸ 중첩 스타일의 그래프를 그릴 때에는 막대에 약간의 투명도를 주어 표현하면 항목 간 값의 차이를 구분하기에 용이하며, 동일 항목은 페이지가 전환되어도 동일한 색으로 지정해주는 것이 자료를 이해하는데 좋다.

• **완성 파일** : 22장\[완성파일] 폴더

1 [디자인] 탭−[사용자 지정] 그룹−[슬라이드 크기]−[표준(4:3)]을 선택한다. 안내선(Alt + F9) 기능을 활성화시키고 제목과 내용이 들어갈 영역을 나눈다. [삽입] 탭−[일러스트레이션] 그룹−[차트]−[세로 막대형]을 선택하고 데이터시트에 데이터를 입력한다.

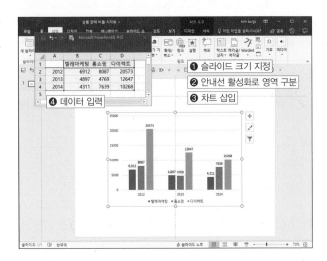

2 그래프의 막대를 선택하고 [마우스 오른쪽 클릭]−[데이터 계열 서식]−[계열 옵션]에서 그래프 서식을 지정한다.

서식	값
계열 겹치기	25%
간격 너비	130%

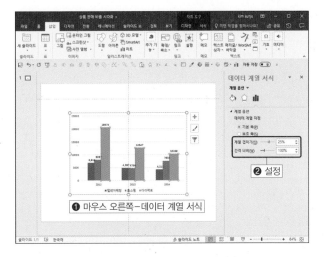

전문가 TIP!

다중 막대그래프는 한 항목에 포함된 다수의 데이터를 비교할 수 있는 그래프이다. 다중 막대그래프의 표현 방법에는 여러 개의 막대를 약간씩 겹치는 방법과 간격을 아예 없애 막대를 붙여서 항목 내 데이터를 한눈에 비교할 수 있도록 하는 방법이 있다. 항목 내 막대의 간격은 좁게, 항목 간 간격은 항목이 확실하게 구분되도록 넓게 지정해줘야 한다. 다중막대그래프에서 항목 간 간격이 좁으면 데이터 혼동을 유발할 수 있으므로, 그래프 작성 시 간격 조절에 유의해야 한다.

• 계열 겹치기 : 0%를 기준으로 항목 내 막대(다중 막대일 경우) 간의 간격을 조절
• 간격 너비 : 항목 간의 간격을 조절

3 각 항목의 막대를 2번 클릭한 후 [계열 옵션]-[채우기]-[단색 채우기]에서 색상과 투명도를 지정한다. 테두리는 '선 없음'으로 지정한다.

구분	채우기 색(RGB)	투명도
텔레마케팅	255/175/0	30%
홈쇼핑	244/143/42	30%
다이렉트	255/80/0	20%

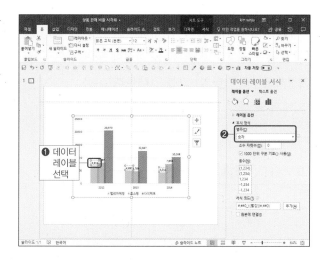

4 데이터 레이블을 선택하고 [오른쪽 마우스 클릭]-[데이터 레이블 서식]-[레이블 옵션]에서 '값' 항목에만 체크한 뒤, [표시 형식]-[범주]에서 '숫자'를 선택한다. 모든 데이터 레이블에 동일하게 적용한다.

5 그래프에서 '범례'가 그래프 하단에 위치해 있다. '범례'의 위치를 오른쪽으로 이동해 하단에 들어갈 표의 공간을 확보한다. '범례'를 선택하고 [마우스 오른쪽 클릭]-[범례 서식]-[범례 옵션]-[위치]를 '오른쪽'으로 선택한다. 그래프를 전체 선택하고 글꼴 서식을 변경한다.

텍스트	글꼴/글꼴 크기	글꼴 색(RGB)
그래프 텍스트	KoPub돋움체 Light / 12	89/89/89
단위	KoPub돋움체 Medium / 11	118/113/113

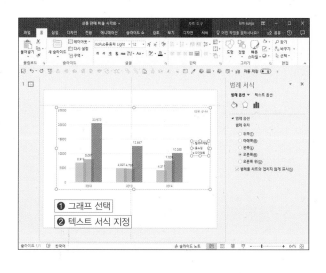

6 [삽입] 탭-[표] 그룹-[표]에서 [5행 6열]로 된 표를 삽입하고 데이터를 입력한다. 표를 선택한 뒤 [표 도구]-[레이아웃] 탭-[맞춤] 그룹-[가운데 맞춤], [세로 가운데 맞춤]을 지정한다. 세 개의 보험 항목을 포함하도록 '생명보험' 셀 포함 3칸의 블록을 지정한 뒤 [표 도구]-[레이아웃] 탭-[병합] 그룹-[셀 병합]을 선택하여 하나로 합쳐준다.

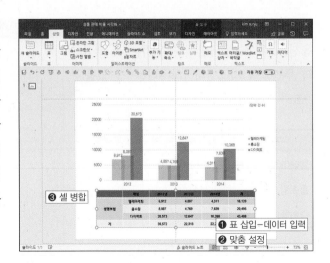

7 [표 도구]-[디자인] 탭-[테두리 그리기] 그룹-[펜 색] 및 [두께]를 서식에 맞게 지정하고 [표 스타일] 그룹-[테두리], [음영]에서 표 셀의 서식을 지정한다.

구분	테두리 색(RGB)	너비
표 테두리	191/191/191	0.5pt

구분	셀 색(RGB)
분류 행 셀	242/242/242
내용 셀	흰색
보험 항목(3열) 셀	255/205/130

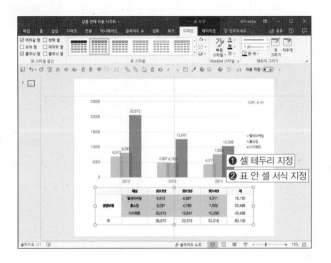

8 그래프와 표에서 수치가 가장 높은 '다이렉트' 항목을 강조해보자. 먼저 그래프 막대를 선택하고 [마우스 오른쪽 클릭]– [데이터 요소 서식]–[채우기 및 선]–[테두리]–[실선]을 선택한 후 서식을 지정한다. 표의 '다이렉트' 항목 셀을 선택하고 음영 및 테두리를 지정한다. 해당 데이터 값의 글자 색도 같이 변경한다.

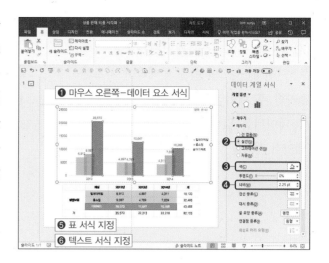

구분	채우기 색(RGB)	선 너비	선 색(RGB)
그래프:다이렉트막대	변경사항 없음	2.25pt	■ 255/70/50
표:다이렉트셀	■ 255/140/60	1.5pt	■ 255/70/50

텍스트	글꼴/글꼴 크기	글꼴 색(RGB)
그래프 값	KoPub돋움체 Bold/12	■ 255/70/50
표 값	KoPub돋움체 Bold/12	□ 흰색

9 [삽입] 탭–[일러스트레이션] 그룹–[도형]–[직사각형]을 선택해 상단 제목 영역에 삽입하고 서식을 지정한다. [텍스트 상자]로 제목 텍스트를 입력하고 첫 번째 슬라이드를 마무리한다.

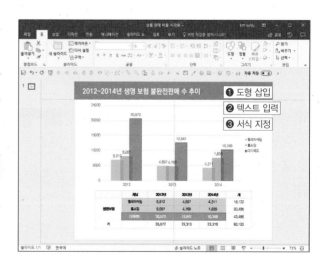

구분	도형 색(RGB)	윤곽선
제목 영역 도형	■ 235/125/50	없음

텍스트	글꼴/글꼴 크기	글꼴 색(RGB)
제목	KoPub돋움체 Bold/24	□ 흰색

10 슬라이드를 추가(Alt + Enter)하고 [삽입] 탭-[일러스트레이션] 그룹-[차트]-[원형]-[도넛형]을 선택하여 차트를 추가한 후 데이터시트에 2014년 보험 항목 데이터를 입력한다. [차트 요소]에서 '데이터 레이블', '범례' 항목을 활성화한다.

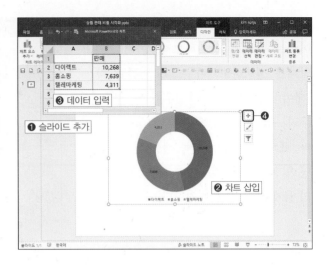

11 그래프를 선택한 상태에서 [텍스트 상자]를 선택하여 도형 가운데에 '총 22,218건' 텍스트를 추가한 뒤 가운데 정렬(Ctrl + E)한다. [마우스 오른쪽 클릭]-[데이터 계열 서식]-[계열 옵션]-[도넛 구멍 크기]를 '50%'로 지정한다.

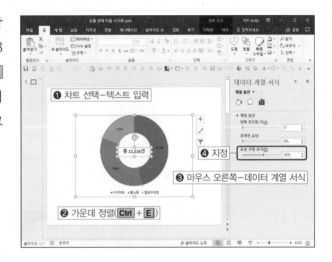

12 그래프 항목 영역을 선택한 뒤 [마우스 오른쪽 클릭]-[데이터 요소 서식]-[계열 옵션]-[채우기 및 선]에서 색상을 지정한다. 그래프 내의 텍스트에도 서식을 지정한다.

구분	채우기 색(RGB)	윤곽선
텔레마케팅	255/175/0	없음
홈쇼핑	244/143/42	없음
다이렉트	255/80/0	없음

텍스트	글꼴/글꼴 크기	글꼴 색(RGB)
계열 값	KoPub돋움체 Medium/16	☐ 흰색
총 22,218건	KoPub돋움체 Bold/24	■ 89/89/89
범례	KoPub돋움체 Medium/12	■ 89/89/89

13 [텍스트 상자]를 이용해 핵심 메시지를 입력하고 서식을 지정한다. 강조 텍스트는 블록을 지정한 뒤 [글꼴 색]-[스포이트]로 그래프의 '다이렉트' 항목과 동일하게 색을 지정한다.

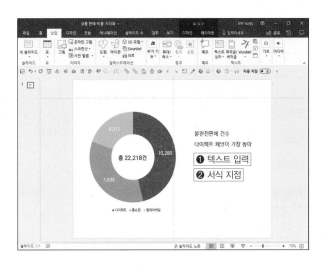

텍스트	글꼴/글꼴 크기	글꼴 색(RGB)
메시지	KoPub돋움체 Medium/20	■ 89/89/89
메시지 강조 부분	KoPub돋움체 Bold/20	■ 255/80/0

14 [삽입] 탭-[표]-[4행 2열]의 표를 삽입하여 데이터를 입력하고 서식을 지정한다. [텍스트 상자]를 이용해 표 상단에 단위도 표기한다.

텍스트	글꼴/글꼴 크기	글꼴 색(RGB)
표 텍스트	KoPub돋움체 Medium/16	■ 89/89/89
단위	KoPub돋움체 Medium/11	■ 118/113/113

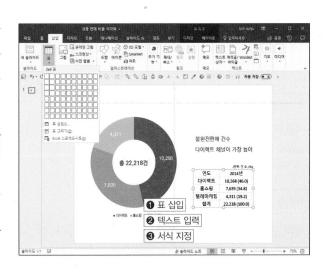

15 표를 선택하고 [표 도구]-[디자인]
탭-[테두리 그리기] 그룹과 [표 스타일]
효과 그룹에서 표의 서식을 지정한다. 강
조할 '다이렉트' 항목은 [스포이트]를 이용
해 그래프와 같은 색으로 지정한다.

구분	선 색(RGB)	너비
전체 테두리	■ 191/191/191	0.5pt

구분	셀 색(RGB)
분류 행	217/217/217
내용	□ 흰색
다이렉트 행	255/80/0
합계 행	255/205/130

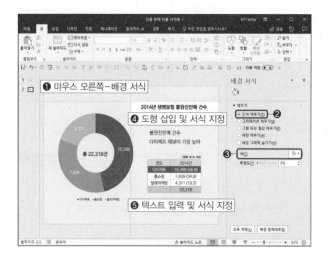

16 배경에서 [마우스 오른쪽 클릭]-[배
경 서식]-[단색 채우기]에서 배경색을 지
정한다(표에 사용한 색보다 밝은 색으로
선택한다). [삽입] 탭-[일러스트레이션]
그룹-[도형]-[직사각형]을 선택하고 제
목이 들어갈 위치에 도형을 삽입한다. 서
식을 지정한 후 [텍스트 상자]를 이용해 제
목을 입력한다.

구분	색(RGB)	윤곽선
배경 색	235/235/235	–
제목 도형	□ 흰색	없음

텍스트	글꼴/글꼴 크기	글꼴 색(RGB)
제목	KoPub돋움체 Bold/20	■ 64/64/64

17 슬라이드 크기와 동일하게 [직사각형]을 삽입하고 [마우스 오른쪽 클릭]-[도형 서식]을 선택해 속성 창에서 서식을 지정한다.

구분	도형 색(RGB)	윤곽선 색(RGB)	너비
테두리 도형	없음	235/125/50	14pt

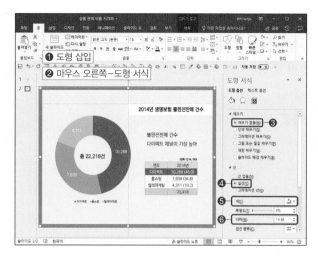

18 2번 슬라이드에서 만든 테두리 도형을 복사(Ctrl + C)하여 1번 슬라이드에 붙여넣기(Ctrl + V)한다. 2014년 그래프 부분에 맞춰 도형 크기를 조절하고 [마우스 오른쪽 클릭]-[도형 서식]-[선]에서 테두리 너비를 '6pt'로 변경한다.

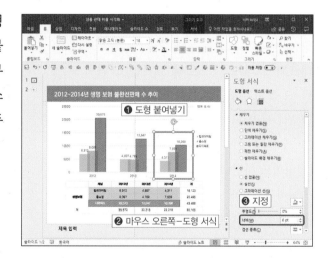

19 이제 완성된 슬라이드에 모핑 효과를 설정해 보자. 1번 슬라이드의 테두리 도형을 선택하고 [애니메이션] 탭-[애니메이션] 그룹-[밝기 변화] 효과를 선택한다. [타이밍] 그룹의 [시작]은 '클릭할 때'로 지정하고 [재생 시간]은 '0.2'초로 변경한다. 애니메이션 효과 및 시간은 원하는 대로 변경이 가능하다.

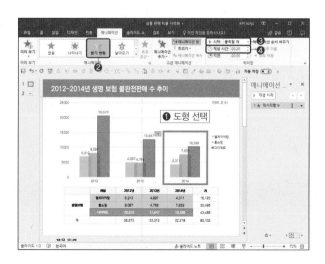

20 2번 슬라이드를 선택하고 복제(Ctrl +D)한다. 슬라이드를 총 3개로 만든 뒤, 2번 슬라이드를 선택하고 [마우스 오른쪽 클릭]-[배경 서식]-[채우기]에서 색을 '자동' 또는 '흰색'으로 변경한다.

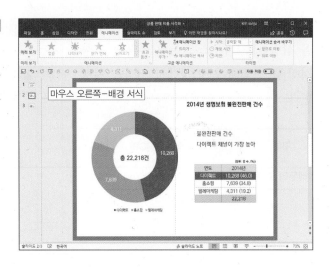

21 제목 및 그래프, 슬라이드 테두리 도형을 제외하고 모두 삭제한다. 제목, 그래프와 그래프 텍스트의 크기를 그림처럼 크게 만든다. [홈] 탭-[그리기] 도구-[정렬]-[맞춤]-[가운데 맞춤]으로 개체를 화면 중앙에 정렬한 뒤, [전환] 탭-[슬라이드 화면 전환] 그룹-[모핑] 효과를 선택하고 [효과 옵션]은 '개체', [기간]은 '1.0'초로 지정한다.

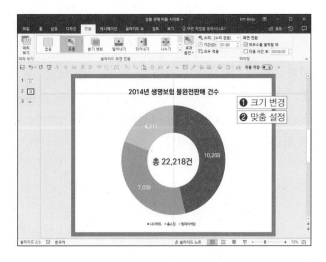

22 마지막 슬라이드 역시 [모핑] 효과를 선택하고 [효과 옵션]은 '개체', [기간]은 '1.5'초로 지정하고 마무리한다.

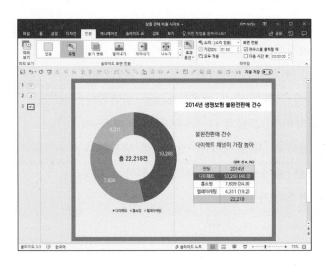

23 완성된 모핑효과는 슬라이드 간의 공통적인 개체를 연결요소로 활용하여 부드럽게 넘어간다. 예제에서는 '그래프 강조 사각 박스 → 슬라이드 테두리 → 제목 상자'로 연결되면서 자연스럽게 넘어간다.

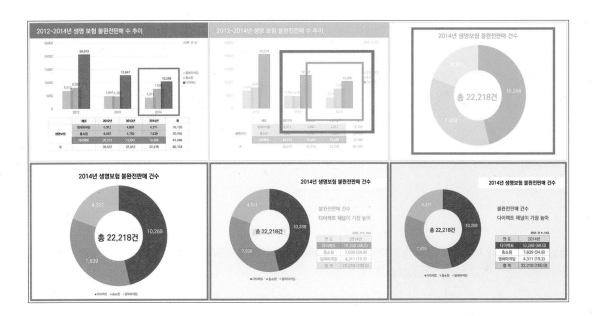

주요 품목 수출 추이 데이터로
증감률 인포그래픽 만들기

통계 데이터에서 증감률 데이터를 표현할 때에는 그래프를 주로 사용하지만 한 눈에 여러 항목을 동시에 소개할 때에는 표를 사용하는 것이 훨씬 유리하다. 산업통상자원부가 발표하는 우리나라 주요 품목 수출 추이 데이터는 인포그래픽 제작 시 좋은 사례가 될 수 있다. 또한 증감률 데이터에서 마이너스와 플러스 데이터를 그래프로 표현하는 방법 또한 좋은 예시가 될 것이다. 이번 장에서는 산업통상자원부 공식 발표 자료를 바탕으로 증감률 표현 방법을 알아본다.

SECTION 1 | 산업통상자원부 수출 증감률 데이터 분석

증감률 데이터의 핵심은 데이터 크기가 불규칙적으로 나열된 것을 (−)부터 (+) 순으로 재정리하는 것이다. 표와 그래프에서는 가독성을 높일 뿐만 아니라 수치가 주는 의미를 발견하는 데에도 매우 중요한 과정임을 잊지 말아야 한다.

01 2016년, 2017년 13대 품목별 수출 실적 및 수출 증감률 자료

(백만달러, 전년 동기 대비%, 비율%)

품목	'16년 전체	'16년			'17년									
		10월	11월	12월	1월	2월	3월	4월	5월	6월	7월	8월	9월	10월
선박류	34,268	2,554	3,516	2,216	2,188	1,898	2,890	7,123	2,442	7,372	6,090	2,422	3,105	3,475
	(△14.6)	(48.7)	(△37.6)	(△14.6)	(△18.0)	(△29.4)	(11.5)	(102.7)	(27.6)	(43.2)	(208.1)	(△25.3)	(38.7)	(36.0)
무선 통신 기기	29,664	2,859	2,746	2,537	1,798	1,782	2,086	2,183	1,626	1,522	1,472	1,805	2,020	2,030
	(△9.0)	(△28.1)	(△17.9)	(△1.0)	(△17.0)	(△21.1)	(△26.4)	(△12.8)	(△37.1)	(△36.3)	(△27.4)	(△23.3)	(△15.9)	(△29.0)
휴대폰	8,157	705	639	338	556	489	641	827	394	392	457	609	647	753
	(△21.4)	(△48.8)	(△29.2)	(△33.8)	(△17.8)	(△34.2)	(△35.0)	(△16.6)	(△56.9)	(△37.0)	(11.1)	(△9.7)	(41.8)	(6.9)
휴대폰 부품	18,569	1,906	1,819	1,821	965	1,006	1,028	986	958	865	808	1,036	1,185	1,132
	(△5.5)	(△15.0)	(△18.1)	(△1.1)	(△27.9)	(△21.3)	(△28.9)	(△21.5)	(△35.0)	(△44.3)	(△43.7)	(△31.0)	(△31.9)	(△40.6)
일반 기계	44,156	3,550	3,886	4,076	3,479	3,822	4,459	4,232	3,904	4,294	3,981	3,687	4,370	3,305
	(△3.0)	(△4.2)	(20.0)	(4.1)	(6.0)	(7.9)	(16.3)	(14.8)	(3.4)	(12.7)	(0.9)	(13.3)	(24.2)	(△6.9)

품목	'16년 전체	'16년			'17년									
		10월	11월	12월	1월	2월	3월	4월	5월	6월	7월	8월	9월	10월
석유화학	36,164	2,959	3,282	3,366	3,548	3,823	4,056	3,688	3,411	3,531	3,452	3,713	4,330	3,140
	(△4.3)	(0.1)	(20.1)	(8.6)	(35.8)	(43.1)	(35.4)	(25.3)	(13.3)	(15.1)	(13.6)	(17.7)	(41.5)	(6.1)
철강제품	28,535	2,187	2,473	2,391	2,317	2,943	2,611	3,117	2,984	2,903	2,613	2,636	4,667	2,285
	(△5.5)	(△0.9)	(10.7)	(0.4)	(8.1)	(42.3)	(△10.4)	(32.7)	(35.8)	(1.1)	(10.6)	(13.4)	(107.2)	(4.5)
반도체	62,228	5,592	5,794	5,862	6,315	6,397	7,494	7,138	7,508	8,027	7,892	8,757	9,694	9,483
	(△1.1)	(1.7)	(11.6)	(22.3)	(39.4)	(54.1)	(41.7)	(56.8)	(53.6)	(52.0)	(57.7)	(56.7)	(70.0)	(69.6)
자동차	40,155	3,315	3,933	4,522	2,859	3,282	4,118	3,884	3,509	3,837	3,646	2,837	3,821	2,892
	(△11.2)	(△12.4)	(1.1)	(6.0)	(△3.6)	(11.5)	(5.2)	(12.7)	(4.5)	(2.3)	(8.5)	(25.4)	(60.0)	(△12.8)
석유제품	26,472	2,292	2,375	2,569	2,779	2,910	3,006	2,499	2,781	2,415	2,722	2,846	3,563	2,529
	(△17.3)	(△1.4)	(1.0)	(16.6)	(68.1)	(73.3)	(59.3)	(3.8)	(28.3)	(4.8)	(1.8)	(36.8)	(49.5)	(10.3)
디스플레이	25,106	2,387	2,256	2,280	2,193	2,118	2,342	2,151	2,284	2,122	2,199	2,561	2,591	2,490
	(△15.5)	(△4.8)	(2.4)	(14.5)	(20.6)	(20.1)	(19.5)	(10.2)	(13.0)	(10.1)	(6.2)	(10.6)	(10.1)	(4.3)
LCD	18,245	1,781	1,712	1,671	1,597	1,504	1,624	1,492	1,567	1,513	1,541	1,705	1,580	1,362
	(△24.6)	(△11.8)	(△2.3)	(0.7)	(15.6)	(15.0)	(13.9)	(8.4)	(9.4)	(7.9)	(3.9)	(3.3)	(△7.4)	(△21.4)
섬유류	13,807	1,139	1,224	1,240	984	1,038	1,225	1,183	1,162	1,247	1,151	1,089	1,275	926
	(△4.7)	(△8.8)	(4.6)	(△2.2)	(△1.7)	(7.7)	(1.6)	(△3.8)	(△3.1)	(3.4)	(△8.2)	(5.3)	(14.7)	(△18.7)
가전	11,343	1,074	905	772	703	738	848	793	733	713	712	749	904	627
	(△11.6)	(△2.0)	(2.1)	(△13.5)	(△16.4)	(△14.5)	(△17.0)	(△12.1)	(△21.1)	(△25.8)	(△29.6)	(△24.7)	(△15.6)	(△41.6)
자동차부품	25,565	2,215	2,205	2,168	1,957	2,054	2,185	1,906	1,845	1,961	1,888	1,865	2,150	1,585
	(△4.6)	(△7.2)	(2.5)	(△5.6)	(△0.0)	(7.2)	(△3.9)	(△10.5)	(△12.6)	(△12.7)	(△13.4)	(△0.20)	(△6.4)	(△28.4)
컴퓨터	8,406	787	728	789	641	663	651	674	703	769	802	837	909	806
	(8.5)	(7.1)	(13.1)	(21.3)	(1.1)	(14.0)	(△3.4)	(10.1)	(8.3)	(1.9)	(11.2)	(16.0)	(20.5)	(2.3)

(1) 데이터 분석 및 요약

① 전체 분석

2016년과 2017년을 비교한 13대 주요 품목 수출 증감률 데이터이다. 13개의 품목명, 수출실적, 증감률 등이 핵심 항목이다. 모두 사용하기 보다는 사용하려는 열과 행의 데이터만 추출하는 것이 중요하다.

② 데이터 요약

13개 주요 품목 수출 증감률이 중요한 전달 변수이므로 전체 표 수치가 모두 필요하지는 않다. 따라서 품목과 증감률 데이터만 다시 사용하여 표로 나타낸다. 13개 품목 번호 표기 데이터를 크기 순서대로 나열하는 것을 잊지 말자(+ → - 순서대로 나열).

제목 : 2017년 10월 주요 13개 품목 수출 증감률 데이터

13개 품목	'17.10월 증감률(%)
(1) 반도체	69.6
(2) 선박	36.0
(3) 석유제품	10.3
(4) 석유화학	6.1
(5) 철강	4.5
(6) 디스플레이	4.3
(7) 컴퓨터	2.3
(8) 일반기계	−6.9
(9) 자동차	−12.8
(10) 섬유	−18.7
(11) 자동차부품	−28.4
(12) 무선통신기기	−29.0
(13) 가전	−41.6

(2) 시각화 방법 1

13개 품목을 (−)부터 (+) 순서대로 나타내기 위해서는 연속하는 세로 막대그래프가 유용하다. SNS 또는 신문에 사용 가능하도록 정사각형 사이즈로 제작해 볼 수 있다.

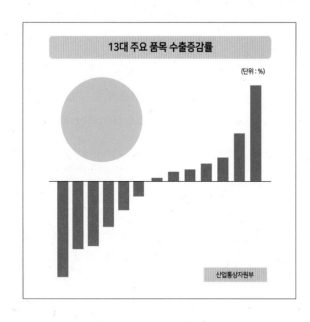

02 주요 지역별 수출 증가 및 감소 품목을 나타낸 표

국가	'17.10.1~10.20 증감율	증가 품목	감소 품목
중국	10.8	반도체 97.5%, 석유제품 88.2%, 컴퓨터 15.3%	석유화학 △4.5%, 디스플레이 △31.1%, 일반기계 △24.7%, 무선통신기기 △6.9%,
미국	△21.9	반도체 20.9%, 컴퓨터 4.5%	자동차 △34.4%, 무선통신기기 △7.8%, 일반기계 △12.0%, 가전 △40.2%
일본	△18.1	선박류 4.8%, 디스플레이 36.0%	철강 △10.8%, 일반기계 △22.4%, 석유제품 △32.2%, 반도체 △24.5%
EU	13.9	자동차 12.5%, 석유화학 11.7%, 반도체 22.6%, 디스플레이 7.9%	일반기계 △7.2%, 자동차부품 △35.3%, 철강제품 △2.5%, 섬유류 △18.6%
아세안	11.3	반도체 52.5%, 디스플레이 221.9%, 석유제품 19.9%, 자동차 35.4%	일반기계 △7.2%, 무선통신기기 △48.1%, 섬유류 △24.5%, 선박 △83.3%
중동	△37.7	석유화학 3.1%, 무선통신기기 105.1%, 디스플레이 231.2%, 컴퓨터 234.0%	자동차 △26.0%, 일반기계 △23.3%, 선박류 △69.6%, 철강 △34.7%
중남미	△7.7	선박류 301.6%, 철강 10.8%, 반도체 144.5%, 디스플레이 53.2%	자동차부품 △29.0%, 일반기계 △50.5%, 자동차 △37.0%, 무선통신기기 △41.3%

(1) 데이터 분석 및 요약

① 전체 분석

주요 7개국 수출 증가 및 감소 품목 비교가 핵심인 정보이다. 독립변수는 7개 국가, 종속변수는 증감률, 증감 품목명이다.

② 데이터 요약

국가명, 증가 및 감소 품목 부분만 사용하며, 세부 품목은 상위 2개만 추려본다.

제목 : 주요 7개국 수출 증가, 감소 항목 비교

국가	증가 품목	감소 품목
중국	반도체 97.5% 석유제품 88.2%	석유화학 −4.5% 디스플레이 −31.1%
미국	반도체 20.9% 컴퓨터 4.5%	가전 −40.2% 자동차 −34.4%
일본	디스플레이 36.0% 선박류 4.8%	석유제품 −32.2% 반도체 −24.5%
EU	반도체 22.6% 석유화학 11.7%,	자동차부품 −35.3%, 섬유류 −18.6%
아세안	디스플레이 221.9%, 반도체 52.5%	선박 −83.3% 무선통신기기 −48.1%,
중동	컴퓨터 234.0% 디스플레이 231.2%	선박류 −69.6% 철강 −34.7%
중남미	선박류 301.6% 반도체 144.5%	일반기계 −50.5%, 무선통신기기 −41.3%

▲ 주요 7개국 증가 품목, 감소 품목으로 비교한 모습

(2) 시각화 방법

수출 증가 및 감소 품목을 세계지도는 dot map(도트맵), 국기는 flag.map을 활용해 나타낼 수 있다.

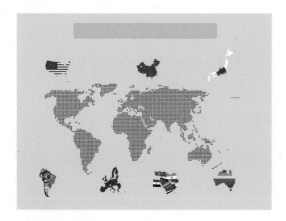

KEY NOTE

1 플러스와 마이너스 데이터가 섞여 있는 경우 '−, 0, +' 순으로 정리한다.

2 증감 데이터에서는 컬러도 증감의 차이를 구분하는 데 중요한 표현 방법이다.

3 국가명은 국기를 병용한다. 국기 유형은 round flag, flag map 등이 자주 사용된다.

4 세로 막대그래프는 가로 막대그래프보다 대소 차이를 더 잘 표현할 수 있다.

(−)부터 (+) 순으로 재정리한 그래프를 시각화하는 방법은 수출품 항목으로 구성된 그래프에 간단한 아이콘이나 픽토그램 이미지를 삽입하여 글을 읽기 전에 그림을 먼저 읽을 수 있도록 하는 것이다. 자연스럽게 그림으로 해석한 후 글을 받아들이면 내용을 더 쉽게 이해할 수 있다. 그래프와 아이콘으로 먼저 내용을 파악할 수 있도록 구성하여 전달 효과를 상승시킬 수 있다.

STEP 01 » 인포그래픽 PREVIEW

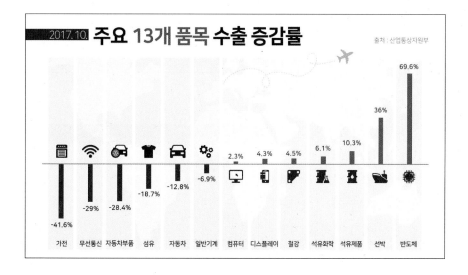

DESIGN POINT » | 적절한 아이콘 만들기 training

❶ 여러 개의 항목이 있는 그래프에서는 관련된 아이콘을 그래프와 함께 삽입하는 것이 훨씬 보기 쉽고 이해하는 데 효과적이다. 하지만 정확하게 단어를 표현하는 아이콘을 찾는 것은 쉽지 않을 뿐더러 100% 정확한 아이콘이란 없다. 꼭 정확한 아이콘이 아니어도 단어를 표현할 수 있는 연관된 아이콘을 찾아 활용하면 된다. 텍스트를 아이콘으로 변환하는 연습은 평소에도 꾸준히 해보자! 연상되는 아이콘을 결합/분해하며 적절한 아이콘을 만드는 훈련은 표현력을 상승시키며, 문서 작성이나 디자인 작업을 대처하는 순발력을 기를 수 있다.

❷ 증가 항목과 감소 항목을 함께 나타내는 그래프에서는 확실하게 구분할 수 있도록 상반된 색을 사용하여 표현하는 것이 좋다. 보색은 데이터를 명확하게 구분할 수 있어 효과적이다.

• **완성파일** : 23장\[완성파일] 폴더   • **실습자료** : 23장\[실습파일] 폴더

1 [삽입] 탭-[일러스트레이션] 그룹-[차트]-[세로 막대형]을 선택하고 그래프를 삽입한다. 데이터 시트에 총 13개 항목을 값이 큰 항목부터 순서대로 입력하고 감소 항목은 '-'를 함께 입력한다.

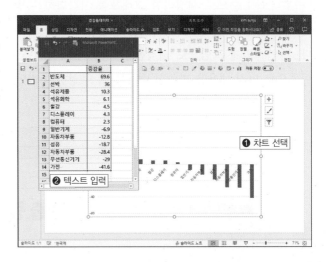

2 상단의 제목 영역과 하단의 항목 텍스트 영역을 고려하여 크기를 조절해 그래프를 가로로 길게 배치한다. 그래프 막대를 선택하고 [마우스 오른쪽 클릭]-[데이터 계열 서식]-[계열 옵션]에서 서식을 지정한다.

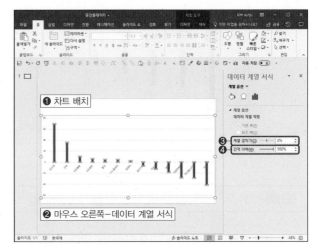

구분	값
계열 겹치기	0%
간격 너비	500%

전문가 TIP!

그래프 막대 간의 간격을 조절하는 것은 그래프의 가독성을 높이기 위한 중요한 표현 방법이다. 막대의 두께와 간격이 1:1.5~2 정도가 가장 적당하다. 막대 간의 간격이 너무 넓거나 좁을 경우 데이터 비교에 방해 요소가 될 수 있다. 그러나 비교할 항목이 많은 경우에는 막대의 두께보다 간격을 더 넓게 지정하여 복잡하지 않게 그래프를 표현하는 것이 좋다.

3 [데이터 계열 서식]−[채우기 및 선]−
[단색 채우기]에서 '음수이면 반전' 항목에
체크한다. 먼저 증가 막대 색을 지정하고
나면 색 항목이 하나 더 생긴다. 후에 감소
막대의 색을 지정한다. 테두리는 '없음'으
로 한다.

구분	색(RGB)
증가 막대	69/86/169
감소 막대	138/0/0

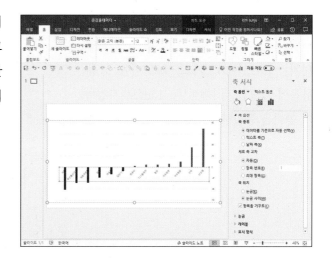

4 그래프의 X축 항목을 선택하고 [축 서
식]−[축 옵션]에서 '항목을 거꾸로'에 체크
하여 증가 막대와 감소 막대의 배열을 반
전시킨다. [차트 요소]에서 모든 항목을 비
활성화하여 계열 막대만 남긴다.

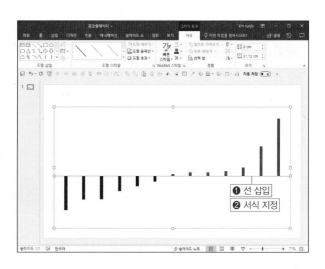

5 그래프를 선택한 상태에서 [삽입] 탭−
[일러스트레이션] 그룹−[도형]−[선]을 선
택하고 그래프의 기준선을 삽입한다.

선 색(RGB)	두께
127/127/127	1.25pt

전문가 TIP!

그래프 영역 내부에 도형이나 개체를 삽입하면 그래프를
이동하거나 크기를 조절할 때 함께 조절된다.

6 아이콘 및 픽토그램 무료 다운로드 사이트(http://www.flaticon.com/)에 접속한 후 항목을 나타낼 픽토그램을 검색해보자 (다른 다양한 사이트를 활용해도 좋으며 검색을 하지 못했을 경우, [실습파일] 폴더의 '아이콘.pptx'의 아이콘을 활용한다).

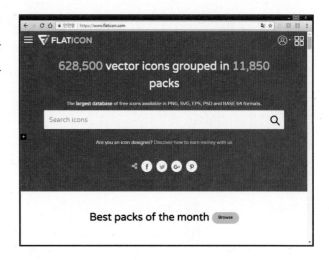

7 다운받은 픽토그램을 불러온 후 모두 선택하고 [마우스 오른쪽 클릭]-[크기 및 위치]-[크기]에서 '가로 세로 비율 고정' 항목에 체크한 뒤 [높이]를 '1cm'로 지정하여 높이를 동일하게 맞춘다.

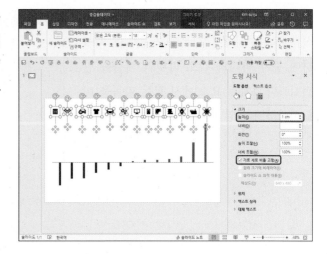

8 감소 항목은 기준선 위에, 증가 항목은 기준선 아래에 픽토그램을 배치하고 색을 지정한다.

구분	색(RGB)
증가 항목 아이콘	■ 19/38/93
감소 항목 아이콘	■ 82/14/14

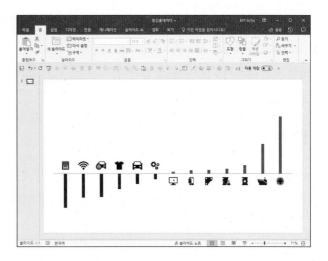

9 [텍스트 상자]를 선택하여 사각형 도형 하단에 각 항목의 이름을 입력한다. 입력한 항목 이름을 모두 선택하고 한 번 더 복제(Ctrl + D)하여 그래프의 상단(그래프가 끝나는 지점)에 배치한 뒤 데이터 값을 입력한다. 데이터 값 텍스트를 선택하고 [스포이트]를 이용해 해당 아이콘을 클릭하여 동일한 색으로 지정한다.

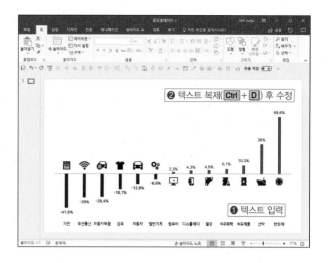

텍스트	글꼴/글꼴 크기	글꼴 색(RGB)
항목 이름	나눔스퀘어 Bold/14	■ 64/64/64
감소 데이터 값	나눔스퀘어 Bold/14	감소 아이콘 스포이트
증가 데이터 값	나눔스퀘어 Bold/14	증가 아이콘 스포이트

10 [삽입] 탭 – [일러스트레이션] 그룹 – [도형] – [직사각형]을 선택하여 항목에 맞게 세로로 긴 사각형을 그리고 서식을 지정한다.

도형 색(RGB)	투명도	윤곽선
245/195/195	75%	없음

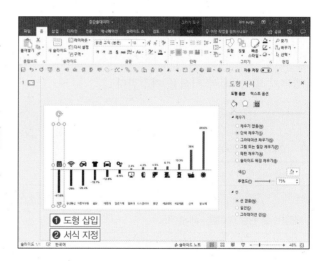

11 항목의 개수만큼 도형을 복제(Ctrl +D)하고 [홈] 탭-[그리기] 그룹-[정렬]-[맞춤]-[가로 간격을 동일하게]를 선택하여 일정한 간격으로 정렬하고 [정렬]-[맨 뒤로 보내기]로 그래프 뒤에 배치한 뒤 증가 항목의 도형 색을 변경한다.

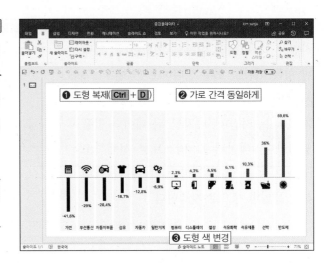

구분	도형 색(RGB)
증가 항목 도형	180/199/231

12 슬라이드에서 [마우스 오른쪽 클릭]-[배경 서식]-[단색 채우기]에서 배경 색을 지정한다. 배경에 수출과 관련된 아이콘 및 이미지를 연상해보고 검색하여 삽입한다('아이콘.pptx'의 아이콘을 활용해도 좋다). 아이콘을 적당한 크기로 삽입한 후 [마우스 오른쪽 클릭]-[도형 서식]-[채우기 및 선]에서 서식을 지정한다.

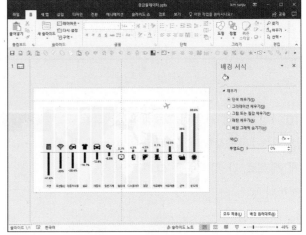

배경색(RGB)
245/247/250

구분	아이콘 색(RGB)	윤곽선
배경:수출 관련 아이콘-세계 지도	흰색	없음
배경:수출 관련 아이콘-비행기	178/178/178	없음

전문가 TIP!

배경으로 들어갈 아이콘은 흰색이나 채도가 낮은 색을 사용하여 내용에 영향을 주지 않도록 한다.

13 [텍스트 상자]를 이용해 제목 및 출처를 입력하고 서식을 지정한다. 제목에 들어가는 폰트는 가독성이 높은 볼드체를 선택하여 지정한다. 제목의 '13개 품목' 부분은 강조하기 위해 부분적으로 색상을 변경한다.

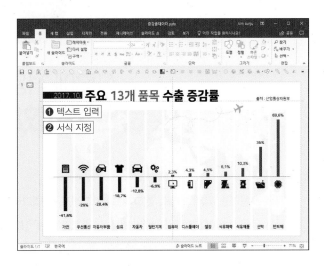

텍스트	글꼴/글꼴 크기/속성	글꼴 색(RGB)
날짜(년/월)	나눔스퀘어 Light/24/오른쪽 정렬	☐ 흰색
제목	나눔스퀘어 ExtraBold/44/왼쪽 정렬	■ 38/38/38
제목 강조	나눔스퀘어 ExtraBold/44/왼쪽 정렬	■ 16/82/188
출처	나눔스퀘어/14/오른쪽 정렬	▦ 127/127/127

구분	도형 색(RGB)	윤곽선
날짜 뒤 사각형 도형	■ 64/64/64	없음

14 제목과 날짜 텍스트를 선택하고 [홈] 탭-[글꼴] 그룹-[문자 간격]-[좁게]를 선택하여 자간을 조절한다.

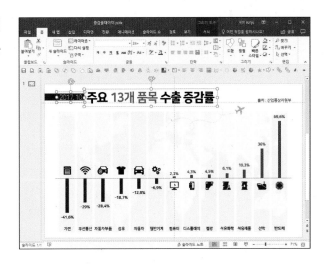

실무에 적용 가능한
공감을 유도하는 재미있는 그래프 유형 3가지

자주 사용하는 막대그래프, 원그래프, 선그래프, 영역그래프, 콤보그래프뿐 아니라 실무에 적용하면 좋을 그래프 응용 방법에 대해서도 배워보자. 그래프가 갖는 장점을 최대한 활용하고 보는 재미까지 있다면 더할 나위가 없을 것이다. 연차보고서, 대국민 홍보자료, 한글문서, 제안서, 백서 등 각종 문서에 사용 가능한 '재미있는 그래프 3가지'를 소개한다.

01 재미있는 그래프 1

월별	1월	2월	3월	4월	5월	6월	7월	8월	9월	10월	11월	12월
모바일 결제 이용 건수	50	60	65	**70**	75	80	85	90	100	105	110	120

■ 월별 모바일 결제 이용 건수

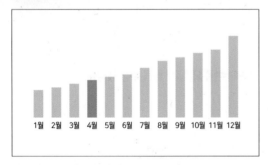

▲ 수직 막대그래프로 나타낸 모습

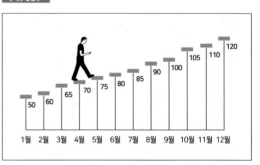

▲ 계단그래프에 사람을 올려 나타낸 모습
(4월을 강조한 경우)

02 재미있는 그래프 2

연령대	20대	30대	40대	50대	60대	70대
월 평균 임금	150	200	400	350	200	100

■ 연령대별 월평균 임금(30대～50대 구간 강조)

Before

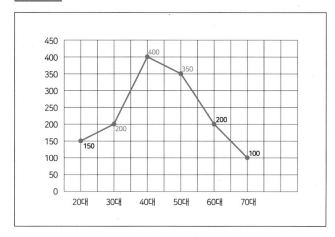

▲ 선(꺾은선)그래프로 나타낸 모습

After

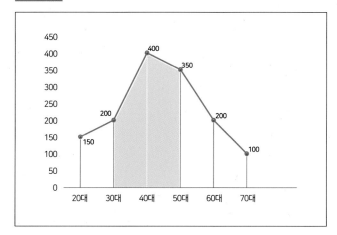

▲ 30대～50대 영역만 컬러로 강조한 모습

03 재미있는 그래프 3

3사 통신사 시장 점유율이 A사 50%, B사 35%, C사 15%로 나타났다.

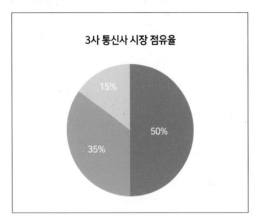

▲ 원그래프로 나타낸 모습

- 3사 통신사 시장 점유율 비교(무선인터넷 아이콘 png 파일 활용)

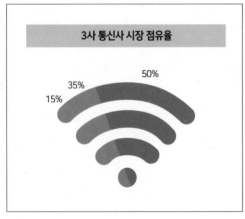

▲ 무선안테나 아이콘 그래프
(파워포인트 2013 이상 조각 모양 기능 활용)

주의해야 할
원그래프 사용법과 컬러 팁

학술적으로 원그래프의 사용에 대해 의문을 갖는 학자들도 있다. 원 넓이(엄밀하게 이야기하면 부채꼴 넓이) 차이를 '막대그래프' 만큼이나 사람들이 쉽게 인지하기 어렵다는 이유 때문이다. 그럼에도 오늘날까지 원그래프가 자주 사용되는 이유는 원그래프가 지닌 독창적인 아름다움 때문일 듯하다. 원그래프의 표현 방법 중 자주 문제가 되는 범례 위치, 컬러, 3차원 표현의 문제점에 대해 알아보자.

01 원그래프 사용법 1

Before

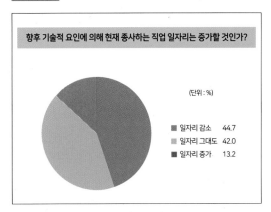

▲ 파이그래프 오른쪽에 범례를 표시한 방법

After

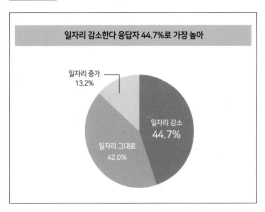

▲ 직접 데이터 표시 및 지시선 사용, 동일 계열 컬러로 명도에 차이를 두어 사용, 제목과 그래프 메시지 일치

02 원그래프 사용법 2

Before

3차원은 보는 방향에 따라 면적의 크기가 달라진다. 부채꼴의 면적을 3차원으로 그리면 보는 각도에 따라 크기가 다르게 나타날 수 있다. 첫째 조각(슬라이스)과 둘째 조각의 차가 적은 경우라면 더욱 주의가 필요하다.

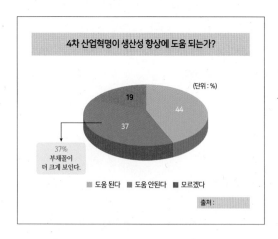

After (2차원 평면 그래프)

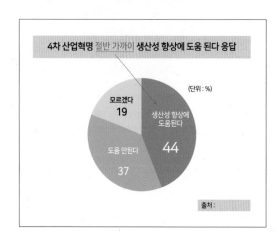

03 컬러 팁

20개 컬러로 이루어진 색상환을 알고 있으면 그래프 컬러 사용에 도움이 된다. 20개 컬러 색상환은 시계방향 순으로 무지개 색으로 구성되며, 따뜻한 색은 '난색', 차가운 색은 '한색'으로 불린다.

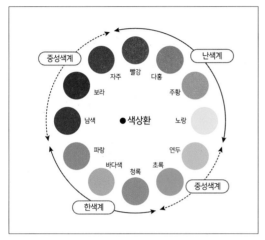

▲ 20개 컬러 색상환

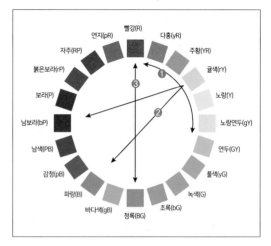

▲ 유사대비, 반대대비, 보색대비로 나타낸 모습

❶ **유사대비** : 색상환에 가깝게 근접해 있는 색상. 즉, 유사 조화란 같거나 비슷한 성격을 가진 색들이 배색되었을 때 얻어지는 조화

❷ **반대대비** : 대비 조화란 서로 다른 색이나 성격이 반대되는 색들이 배색되었을 때 얻어지는 조화

❸ **보색대비** : 색상환에 반대되는 색상끼리 배색되었을 때 얻어지는 조화

색을 선정할 때는 데이터 구분이 확실히 되도록 대비가 뚜렷한 색을 선택하는 것이 좋다. 명도의 차이를 두거나 보색을 사용할 수 있다. 불가피한 경우가 아니라면 2개 이상 인접한 그래프를 비교할 때는 색각 이상자를 고려하여 빨간색과 녹색, 파란색과 노란색 등을 함께 쓰는 것은 피해야 한다.

파워포인트를 활용한
데이터 인포그래픽 디자인 제작실무

초 판 발 행	2018년 4월 10일
저 자	이수동 · 김선주
발 행 인	정용수
발 행 처	예문사
주 소	경기도 파주시 직지길 460(출판도시) 도서출판 예문사
T E L	031) 955-0550
F A X	031) 955-0660
등 록 번 호	11-76호

정가 : 20,000원

• 이 책의 어느 부분도 저작권자나 발행인의 승인 없이 무단 복제하여 이용할 수 없습니다.
• 파본 및 낙장은 구입하신 서점에서 교환하여 드립니다.

예문사 홈페이지 http://www.yeamoonsa.com

ISBN 978-89-274-2691-2 13000

이 도서의 국립중앙도서관 출판예정도서목록(CIP)은 서지정보유통지원시스템
홈페이지(http://seoji.nl.go.kr)와 국가자료공동목록시스템(http://www.nl.go.
kr/kolisnet)에서 이용하실 수 있습니다.(CIP제어번호: CIP2018009801)